总策划：王保利

Report on the Development of Agricultural
Brands in Shaanxi Province

陕西省农业品牌
发 展 报 告

岳 英 蔡俊亚 张千军 岳 瑞／著

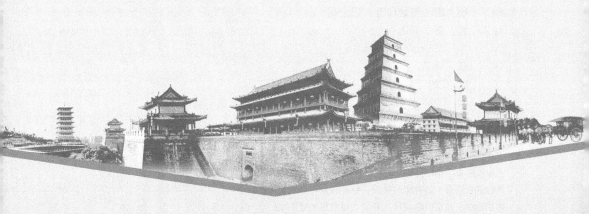

经济管理出版社
ECONOMY & MANAGEMENT PUBLISHING HOUSE

图书在版编目（CIP）数据

陕西省农业品牌发展报告 / 岳英等著. -- 北京 ：
经济管理出版社，2024. -- ISBN 978-7-5096-9845-7

Ⅰ. F327.41

中国国家版本馆 CIP 数据核字第 2024809TC1 号

组稿编辑：杨国强
责任编辑：赵天宇
责任印制：许　艳
责任校对：蔡晓臻

出版发行：经济管理出版社
　　　　　（北京市海淀区北蜂窝 8 号中雅大厦 A 座 11 层　100038）
网　　址：www.E-mp.com.cn
电　　话：(010) 51915602
印　　刷：唐山玺诚印务有限公司
经　　销：新华书店
开　　本：720mm×1000mm/16
印　　张：16.25
字　　数：320 千字
版　　次：2024 年 11 月第 1 版　　2024 年 11 月第 1 次印刷
书　　号：ISBN 978-7-5096-9845-7
定　　价：98.00 元

目　录

第一章　概述 ··· 1

　　第一节　背景分析 ··· 1

　　第二节　农业品牌相关概念及特征 ······················· 5

　　第三节　陕西省农业及农业品牌发展总况 ············ 13

第二章　陕西省农产品区域公用品牌发展现状 ········ 25

　　第一节　农产品区域公用品牌发展概况 ··············· 25

　　第二节　农产品区域公用品牌存量资源 ··············· 33

第三章　陕西省农业企业及产品品牌发展现状 ········ 78

　　第一节　农业企业发展概况 ································· 78

　　第二节　陕西省农业企业及产品品牌存量资源 ······ 85

第四章　陕西省农业品牌发展存在的问题 ··············· 116

第五章　陕西省农业品牌发展实例借鉴 ·················· 123

第六章　陕西省农业品牌发展对策及建议 ··············· 189

参考文献 ·· 254

第一章　概述

第一节　背景分析

农业是国民经济的基础，农民人口占中国人口的绝大多数，农村是关系社会稳定的"战略后院"。农业发展是实现全体人民共同富裕的必要途径，是全面建设社会主义现代化强国的必然要求。党的二十大报告指出，全面建设社会主义现代化国家最艰巨、最繁重的任务仍然在农村，坚持农业农村优先发展是党在农村领域的基本方针。《中共中央关于制定国民经济和社会发展第十四个五年规划和二〇三五年远景目标的建议》提出，优先发展农业农村，全面推进乡村振兴。

随着我国经济的高速发展，人民人均收入水平随之提高，居民的消费水平和消费结构不断增强和升级。相应地，在农业发展和农产品供给方面，民众的需求与追求已提升至新的层次，他们不再仅仅聚焦于农产品数量的多少，而更加倾向于追求农产品的质量。特别是脱贫攻坚任务取得胜利后，人们对美好生活的向往要求更高，对农产品质量、品牌有着更高的需求。没有品牌，消费者就无法辨识出优质农产品；没有品牌，农产品就无法实现产业价值和市场价值。

品牌是质量、技术、信誉和文化等方面的重要载体，品牌建设对产业提升、区域发展、一流企业创建的引领作用更加明显。深入实施品牌强农战略，对全面推进乡村振兴、巩固脱贫攻坚成果、加快农业农村现代化建设具有重要意义。

首先，农业品牌建设是构建"双循环"新发展格局的重要支撑。农业农村是形成强大国内市场"内循环"的重要环节，加强农业品牌建设，有利于激发乡村消费潜力，释放扩大消费潜能，畅通城乡经济循环，为构建"双循环"新发展格局提供强大动力和重要支撑。其次，农业品牌建设是全面推进乡村振兴的重要引擎。新发展阶段的"三农"工作重心转向全面推进乡村振兴，而乡村振兴需要品牌先行。以品牌共建共享为纽带，有利于形成品牌拉动资源积聚、品牌带动产业提质、品牌赋能乡村振兴的良性循环，从而实现农业高质高效、乡村宜居宜业、农民富裕富足。再次，农业品牌建设是巩固脱贫攻坚成果的重要抓手。当前，我国正处于脱贫攻坚与乡村振兴统筹衔接的历史交汇期。支持脱贫地区培育塑强农业品牌，能有效引领脱贫地区特色产业提质增效，推动脱贫地区产业可持续发展，为巩固拓展脱贫地区脱贫攻坚成果提供持久动力。最后，农业品牌建设是加快推进农业现代化的重要发力点。品牌化的过程是实现区域化布局、专业化生产、规模化种养、标准化控制、产业化经营的过程，也是农业现代化的过程。只有实现了品牌化才可以说是实现了农业现代化。

我国农业的区域性特征及其所面对的互联网时代、全球化竞争和多元化需求的背景，迫使其亟须闯出一条符合中国特色、适合自身发展的品牌化道路。"橘生淮南则为橘，生于淮北则为枳"。与工业品不同，农产品的生产依赖于产地的土壤、环境、文脉等因素，具有天然的地域差异性。我国不同的农村地域，有着不同的农业产业生产基础、农业生产方式、农产品加工工艺、特色种质资源以及民族的、区域的文化背景。这使得绝大多数在中国境内生产的农产品依然具有自然风物、区域独占、区域内相关资源共享等特征。区域性决定了农产品品质的独特性、资源的稀缺性和丰富性。

目前，我国农业生产与农产品营销面临着诸多挑战。首先，互联网时代，消费者需求呈现个性化、多元化等特点，我国农业不得不面对越来越"去中心化"的个性化、多元化、差异化、象征性的消费趋势。其次，信息技术的快速发展，数字化农业技术使得农产品生产、营销、消费等一系列过程发生翻天覆地的变化。此外，我国农业已经全面进入全球化经济竞争阶段，要应对欧美国家更加尖锐、更深入的竞争挑战。而这些国家不仅拥有先进的农业生产方式，如日本的精致农业、法国的地标产品管理等，其竞争也早已进入品牌化时代，如美国的"艾达华"土豆、新西兰的"佳沛"猕猴桃、日本的"神户牛肉"等。

由于我国农业的基本经营制度是"千家万户、分散经营"的家庭联产承包责任制度，大国小农是基本国情。一直以来，我国"三农"具有"多、小、散、特、贫、弱"的基本特征，这使得我国农业发展既不能完全照搬欧美国家，不能实现大规模生产、大机械作业、大企业经营、大品牌营销；也无法简单地参考如日本、韩国等国家，实现以国家补贴为主的小规模、精致化生产和小众品牌化经营。因此，我国农业在品牌建设过程中，需立足资源禀赋和产业基础，因地制宜走适合自身发展的品牌化道路，探索出一种具有中国特色、中国农业特色的竞争模式。

在此背景下，国家高度重视并出台了一系列政策推动农业品牌高质量发展，多省积极响应并开展有效探索。2014年5月，习近平总书记强调"推动中国制造向中国创造转变、中国速度向中国质量转变、中国产品向中国品牌转变"。2015年春，习近平总书记在吉林考察时谈到，大米也要打造品牌。与此同时，近几年的"中央一号文件"均包含品牌建设相关内容：2015年，文件明确"要大力发展名特优新农产品，培育知名品牌"。2016年，提出要"创建优质农产品和食品品牌""让农民共享产业融合发展的增值收益，培育农民增收新模式"。2017年，文件首次正式提出"推进农产品区域品牌建设，支持地方以优势企业和行业协会为依托打造区域特色品牌，引入现代要素改造提升传统名优品牌"。2018年，文件聚焦乡村振兴战略，提出推动农业由增产导向转为提质导向。2019年，文件提出要"加快发展乡村特色产业。因地制宜发展多样化特色农业，倡导'一村一品''一县一业'"，"创响一批'土字号''乡字号'特色产品品牌"。2020年，文件提出要"继续调整优化农业结构，加强绿色食品、有机农产品、地理标志农产品认证和管理，打造地方知名农产品品牌，增加优质农产品供给"。2021年，文件强调"深入推进农业结构调整，推动品种培优，品质提升、品牌打造和标准化生产"。2022年，文件提出要"大力发展县域范围内比较优势明显、带动农业农村能力强、就业容量大的产业，推动形成'一县一业'发展格局"。2023年，文件强调，要全面推进乡村振兴，加快建设农业强国，支持脱贫地区打造区域公用品牌。

在实践探索方面，从政府主管部门到省、市、县等各级政府职能部门，以及行业协会、农业企业、合作社、农户等，都开展了积极的尝试与突破。各级政府对农业品牌建设的参与热度持续不减，举办的各类农业品牌活动异彩纷呈，农业品牌建设成就取得可喜成绩。

例如，河北省借鉴工业设计理念，创新农业品牌建设。将农业品牌建设作为推进农业供给侧结构性改革、实现一二三产业融合发展的重要抓手，实施"区域、企业、产品"三位一体品牌发展战略，把工业设计理念融入农业品牌建设中，以标准化生产、产业化经营、品牌化营销为着力点，以提高品牌农产品的市场占有率、溢价能力为目标，按照省级主导、市县参与、专业设计、强化推广的思路，全力打造农产品系列"河北品牌"。

江苏省通过创新品牌赋能机制，推动品牌科学发展。江苏省通过创新品牌赋能机制，推动品牌科学发展。江苏省各级农业农村部门积极谋划品牌发展新路径，深入实施"品牌强农、营销富民"工程，聚焦打造"三高"（高知名度、高美誉度、高忠诚度）品牌，有效发挥政府引导和市场推动的协同作用。江苏省率先组织开展了一系列品牌活动，如"江苏省十强农产品区域公用品牌大赛"和"江苏省农业企业知名品牌30强大赛"，成功推选出高邮鸭蛋、盱眙龙虾、东台西瓜、洪泽湖大闸蟹等江苏十强区域公用品牌，以及"桂花行政鸭""卫岗"等知名企业品牌。此举初步构建了推进农业强势品牌的省级平台，形成了省级农业品牌赋能新机制，并探索出一套可复制、可推广的农业品牌培育新模式，有效提升了农业品牌的价值。

广东省探索出"12221"农产品市场体系+产业园建设模式，全产业链打造农业品牌。其中，第一个"1"是指一个农产品大数据，以大数据指导生产、助力销售；第一个"2"是指两支队伍，即组织销区采购商队伍和培养产区采购商助理队伍，连接生产端与消费端；第二个"2"是指两个市场，即拓展销区市场和完善产地市场，进一步加强市场销售渠道的开发；第三个"2"是指两场活动，通过产销对接活动让采购商走进产区，了解产地情况、品种结构、品质结构，让区域公用品牌农产品走进大市场，开展销区市场专项营销行动，加强终端消费者对区域公用品牌的认知；最后一个"1"是指一揽子目标，即实现品牌打造、销量提升、农民增收等目标。

广西壮族自治区通过塑强省域品牌形象，打造产业品牌联合体。广西壮族自治区在农业品牌建设中，积极推进品牌创建机制改革创新，探索"一县一产业一品牌一联合体"发展模式，打造农业产业化品牌联合体，持续推进农民增收，助力实现乡村振兴。

甘肃省通过加快培育"甘味"品牌，做强丝路寒旱农业。通过"寒旱农业—生态循环—绿色产品—甘味品牌"的发展模式，推动现代丝路寒旱农业高质量快速发展。加快培育"甘味"知名农产品品牌，将"甘味"品牌建设作为甘肃现代农业优势特色产业发展的重要引擎，建立并完善了"甘味"品牌体系，征集发布了"甘味"农产品品牌目录，携手新华社将产业"甘味"品牌纳入"民族品牌工程"并予以推广，通过农产品展示展销、洽谈签约、成果发布等活动，在大力度、全方位、多层次宣传推介下，"甘味"品牌的影响力和认可度显著提升，品牌效应逐步显现。

陕西省横跨亚热带、暖温带、中温带三个气候带，拥有长江、黄河两大水系，农业资源禀赋厚重，产地环境优良，为发展农业品牌提供了先发优势。陕西省作为农业资源大省，经济追赶超越离不开农业高质量发展，农业高质量发展亟须品牌引领。基于此，如何结合陕西省农业品牌发展的既有特征，探究陕西省农业品牌发展的现状、存在问题及问题成因，深入分析制约陕西省农业品牌发展的瓶颈问题，构建高质量的陕西省农产品区域品牌竞争力战略及提升路径，是陕西省在实施农业供给侧结构性改革、乡村振兴等战略方面面临的重要问题和挑战。

第二节 农业品牌相关概念及特征

一、相关概念界定

（一）农业

农业的概念主要分为狭义和广义两种。狭义的农业主要聚焦于以土地作为基本生产要素的种植业。广义的农业则涵盖了更为广泛的领域，包括林业、畜牧业、渔业，以及新兴的观光农业和创意农业等相关产业。本书所讨论的农业概念，主要基于这一更为全面的广义定义。

农业，是基础产业和第一产业，对第二、第三产业的蓬勃发展起着举足轻重的支撑作用。随着产业间的深度融合与跨界协同，农业正逐步突破传统第一产业的界限，实现产业链的延伸与拓展，形成与第二、第三产业紧密相连、相互促进的新型产业链结构。这一发展趋势不仅丰富了农业的内涵和外延，也为整个国民经济体系注入了新的活力。

（二）农产品

农产品指农业领域产出的物品，其概念包括狭义和广义两种。从狭义角度讲，农产品主要指以土地为主要生产资料，通过种植业产出的初级产品，如大米、小麦、高粱等粮食作物，及蔬菜、瓜果、棉花、甘蔗等经济作物，以及对这些初级产品进行初步加工后的产品。而从广义角度讲，农产品的范畴进一步扩展，它不仅涵盖了狭义农产品，还包括通过林业、畜牧业和渔业等多元生产经营过程所获得的产品，如木材、山货、畜禽、水产品等。此外，广义的农产品还包括来自副业生产的物品，如竹编品、采集药材等获得的物品。广义的农产品包括其初级产品和初级加工品。本书所讨论的农产品主要基于广义的概念。

（三）农业品牌

农业品牌是一个综合性概念，它不仅涵盖了直接面向消费者的农产品品牌，还包含了在农业生产与销售全过程中所涉及的品牌。主要包括为农业生产提供服务的农业服务品牌，如农业技术咨询、农机服务等，以及代表农业企业和农业商业流通领域的品牌等。

在农业品牌的整体品牌生态系统中，农产品品牌处于核心地位。农产品特别是初级农产品，是第二、第三产业的原点，依据初级农产品，可以进一步发展其后续产业链。从消费端而言，无论是作为生产资料的农产品还是作为生活资料的农产品，都是从初级农产品出发的。因此，本书所指的农业品牌主要基于农产品品牌展开。农产品品牌，是指由农民（包括新农人）等农业生产经营者，通过栽培农作物、饲养牲畜及发展观光农业、创意农业等生产经营活动，而获得的特定的产品（服务）品牌。

农业品牌可以按照品牌经营内容、品牌消费趋势、品牌形态和商标性质等分类标准进行划分。本书主要基于品牌注册的商标性质进行分类。按照品牌注册的商标性质来说，涉农商标可以分为商品商标、服务商标、集体商标、证明商标。其中，以商品商标、服务商标注册的品牌为企业品牌或产品品牌；以集体商标、证明商标注册的品牌被称为"区域公用品牌"。因此，本书中的农业品牌主要包括区域公用品牌、农业企业品牌和产品品牌。

二、农业品牌的品质基础

品质是品牌的基础，我国正持续开展农产品质量提升行动，近年来更着重强调"质量兴农、品牌强农"战略。由于农产品品牌的特殊性，品质独特、品质优良是创造具有差异化强势品牌的重要前提。因此，在"质量兴农，品牌强农"问题上的具体抓手主要包括"三品一标"建设以及"名特优新"农产品目录编制等。

（一）"三品一标"

"三品"是指不同层次的经质量认证的安全农产品，且其认证管理机构均要求生产者有生产规程、质量控制追溯等制度。具体包括无公害产品、绿色食品、有机食品（有机农产品）。"一标"是指地理标志产品。

1. "无公害产品"认证

无公害产品认证为公益性认证，不收取费用，认证定位为"保障基本安全，满足大众消费"，认证为初级农产品，产品质量要求达到我国普通农产品和食品标准要求，推行"标准化生产、投入品监管、关键点控制、安全性保障"的技术制度（禁止使用高毒农药）。该认证采取产地认定与产品认证相结合的方式，认证时进行产地环境、产品质量检测，认证有效期为三年。无公害农产品标志如图1-1所示。

图1-1 无公害农产品标志

为保证农产品品牌的高品质，2020年的"中央一号文件"中提出要"发展富民乡村产业"，要"继续调整优化农业结构，加强绿色食品、有机农产品、地理标志农产品认证和管理，打造地方知名农产品品牌，增加优质农产品供给"。这改变了以前"三品一标"的提法，去除了"无公害农产品"部分。从打造我国农产品品牌的品质基础而言，"无公害产品"因为其品质标准相对不高，已经不能满足创建高品质农产品品牌的要求，也不能满足消费者对高品质生活的需求。

2. "绿色食品"证明商标认证

"绿色食品"证明商标认证，由农业农村部登记并授权使用。该登记制度定位于满足比无公害食品更高级的需求层次，授权产品是指源于优质生态环境，严格遵循绿色食品标准化生产流程，经过全方位质量控制并成功获取绿色食品标志使用权的一类安全、优质食用农产品及其衍生产品。该登记制度采用质量认证与证明商标管理相结合的方式，推行"两端监测、过程控制、质量认证、标志管理"的技术制度（允许使用推荐的农药、肥料、食品添加剂）等"绿色食品"标准进行环境与产品检测，认证有效期为三年。绿色食品标志如图1-2所示。

图1-2 绿色食品标志

3. 有机食品（有机农产品）认证

有机食品（有机农产品）认证，强调与国际接轨，产品同样以初级及初加工农产品为主，按照有机农业方式生产、注重环境保护与生产过程监控、推行不使用化学投入品的农业可持续发展技术制度（禁止使用化学合成的农药、化肥、生长调节剂、饲料和饲料添加剂等物质），对产品质量安全不做特殊要求（销售时符合国家标准即可），国际上无通行标准，一年一认证。中国有机农产品标志如图1-3所示。

图 1-3　中国有机农产品标志

4. "地理标志"认证

"地理标志"是特定产品来源的标志。为确保农产品地理标志的规范使用，保障地理标志农产品的品质与特色，进而提升农产品的市场竞争力，中华人民共和国农业部于 2007 年 12 月 25 日颁布了《农产品地理标志管理办法》，对农产品地理标志（AGI）实施登记与管理工作。除农业农村部，原质量监督局、国家商标局都在此之前就开始了地理标志产品认证、保护和授权使用。原质量监督局主要认证 PGI（地理标志保护产品）、国家商标局认证 GI（地理标志商标）。PGI、GI、AGI 这三类地理标志产品认证，虽然登记、授权机构不同，相关规定与制度有一定的差异性，有效年限也不同，但在对地理标志产品的相关要求、技术制度、管理办法、标志使用等方面，均强调区域性地理与人文因素的特征。PGI、GI、AGI 均要求县级以上的相关部门审核推荐，协会或相关组织、企业等申请，依据各管理办法，经由省地标机构初审—专门组织专家评审—农业农村部或原质监局、原商标局准予登记保护。从整体流程可见，农产品地理标志具有政府及相关专业机构的多重背书。PGI、GI、AGI 标志如图 1-4 所示。

图 1-4　PGI、GI、AGI 标志

2020 年，PGI 与 GI 整合，统一采用"GI"专用标志这一官方标志。目前关于地理标志认证的主要是"GI""AGI"。其中，GI 由国家知识产权局负责登记保护，该局目前是国务院直属机构，为副部级单位；AGI 由中国绿色食品发展中心负责，该中心是隶属于农业农村部的正局级事业单位，与农业农村部绿色食品管理办公室合署办公。

因此，有关农产品品牌打造的品质要求，已经由"三品一标"变为"两品一标"。"两品一标"，是我国未来农产品品牌创建与经营管理的品质基础，也是发展富民乡村产业的基础，农业农村部强调通过"两品一标"，特别是地理标志产品，做大、做强、做响农产品地理标志品牌。

（二）名特优新

名特优新农产品是指在特定地域范围内生产，具备一定生产规模与商品量，展现出独特地域特征、优良产品品质以及广泛公众认知度和美誉度的农产品。此类产品需经农业农村部农产品质量安全中心严格审核、登记公告并颁发证书。编制名特优新农产品目录，有助于引导各地充分利用地域优势，因地制宜地发展符合市场需求的优势产业与特色产业，从而促进农业产值提升与农民收入增加。同时，能够加强对农产品生产全流程的质量监管，推动农业标准化生产，进一步提升农产品的质量安全水平。

三、农产品区域公用品牌

（一）概念界定

农产品区域公用品牌是指在具备独特自然生态环境及深厚历史人文底蕴的特定区域内，由诸多农业生产经营主体联合采纳并共同推广的农产品品牌，其命名通常由"产地名+产品名"构成。

根据《陕西省农产品区域公用品牌管理办法》，农产品区域公用品牌被定义为在具有特定的自然环境、人文历史或生产加工历史的特定区域内，由相关组织注册与管理，并授权给若干农业生产经营者共同使用的农产品品牌。该办法中所涉及的农产品，主要涵盖陕西省内生产的种植类、畜牧类、水产类等农产品及初级加工品。该类农产品品牌通常由产地名和产品（类别）名组合而成，表现为集体商标、证明商标或经国家区域产品保护制度注册确认的品牌类型。此类品牌与所在区域共同成长，积极促进区域形象与区域经济的正面联动发展。

农产品区域公用品牌大多是地理标志产品，但不是所有的地理标志产品都能叫做农产品区域公用品牌。农产品区域公用品牌具有以下显著特征：农产品属于某一固定的区域，品牌的使用权由该区域内的企业、农户或协会所共有；有清晰的交易边界；品牌背后有完整的价值链。农产品区域公用品牌的建设和发展受区域内的自然资源、规模化的产业集群、建设主体的配合、市场消费观念等多种因素影响。因此，地理标志产品等要形成区域公用品牌需经过时间与市场的检验。

（二）类型模式

农产品区域公用品牌根据产业和产品不同，主要包括单产品单产业、多产品单产业、多产品多产业、区域联合四种类型，不同类型的特点和适用性也不同。如图 1-5 所示。

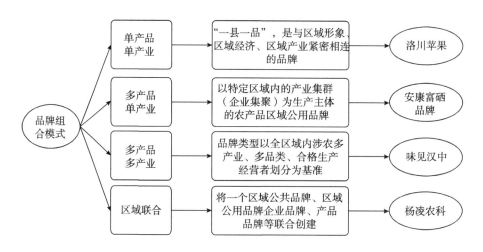

图 1-5　农产品区域公用品牌组合模式

1. 单产品单产业品牌组合模式

这是基于特定地理区域范畴之内，以特定区域内特定的农产品自然资源（环境、物种等）与人文因素（文化或工艺特色等）为基础，以单一产品品类划分为基准，以生产单一产品为共同生产特点的企业集群，并多以证明商标类型注册的区域公用品牌。基于单一农产品而在一定区域内形成一定的优势、主导产业，进一步通过品牌化产生品牌溢价，往往表现形式为"一县一品"或"一村一品"，是与区域形象、区域经济、区域产业紧密相连的品牌。所以，常被称为"单一产品单产业突破"的农产品区域公用品牌模式。

此类品牌的模式设计，因其能够集聚一个区域的整体力量，单兵突进，快速形成产业规模，并集聚资源突破市场限制，以精准的投入产生较大的产业规模化、产品标准化、品牌精准传播等效果，从而得到普遍的应用。我国目前具有一定市场影响力的品牌也基本属于此种模式，如陕西省的洛川苹果、眉县猕猴桃等。

2. 多产品单产业品牌组合模式

它是基于特定地理区域范畴内，以特定区域内的农产品产业集聚为基本前提，以特定区域内的产业集群（企业集聚）为生产主体的农产品区域公用品牌。该品牌模式基于产业而非单一的产品，品牌的基本构成是企业成员单位，品牌的商标注册为"地理标志集体商标"而非"地理标志证明商标"。

该模式的品牌形成，一般基于特定地域原有的产业资源禀赋（特殊物种、特殊工艺、特殊自然条件等），然后进行发展与再造，也可以是后天引进或创造的品牌，与特定区域的原有产业自然禀赋、人文因素并无天然关联，但随着农业产业的规模化、产业化发展，形成了规模化产业、一定的产业资源与产业集聚。该类品牌模式，有的以行业协会组织牵头注册并拥有相关集体商标；有的拥有特殊的地理产品保护标志、行业标志等，具有一定的部门规章与法律约束。单一产业的农产品区域公用品牌的标志识别设计，基本以"区域名称+产业类别名称"作为品牌命名，如山东省的"苍山蔬菜"品牌、陕西省的"安康富硒"产业品牌。

3. 多产品多产业品牌组合模式

农产品区域产业综合品牌是基于特定地理区域范畴之内，以区域内的自然资源、人文因素、产业、产品、生产经营者等综合划分为基准，并以集体商标注册的区域公用品牌。此类品牌类型以全区域内涉农全产业、全品类、合格生产经营者划分为基准。品牌注册一般由行业协会注册为集体商标。

该类品牌模式设计是基于中国农业的产区特征，我国70%的产区农业为山区（丘陵/高原）农业，这些山区农业的地理区域特征显著，但外界影响力弱，体现了农产品产区"多、小、散、特、贫、弱"的特征，不仅无法实现大规模、一体化生产，农业产区人民生活水平大多较低。因此，无法一个个打造单一产品、单一产业的品牌。该类模式主要以"丽水山耕"品牌为先例，这属于丽水市特定区域范畴内，基于丽水市特定区域文化或工艺特色，以丽水市农业全产业、多品类、区域内相关及合格生产经营者为生产主体的区域公用品牌。

4. 区域联合品牌组合模式

该模式是指将一个区域整体的区域公共品牌、区域公用品牌、企业品牌、产品品牌等进行联合创建，打造互为表里、互促互进的联合品牌模式。

浙江省衢州市的城市品牌"衢州有礼"与衢州市的全区域、多品类的农产品区域公用品牌"三衢味"，两者便是区域公共品牌、区域公用品牌两者"联合品牌创建"的典型案例。再如杨凌示范区的区域公共品牌"杨凌农科"等。

（三）评判标准

在区域公用品牌建设方面，陕西省农业农村厅印发了《陕西省农产品区域公用品牌管理办法（试行）》的通知。在开展农产品区域公用品牌认定时，主要考虑生态环境、人文历史以及生产加工历史的区域因素，同时对农产品区域公用品牌的申报主体、农产品性质等有一定要求。陕西省农产品区域公用品牌申报条件及禁止条件如表1-1所示。

表1-1　陕西省农产品区域公用品牌申报条件与禁止条件

申报条件	（1）符合国家有关法律法规和产业发展政策规定 （2）农产品为种养业产品或仅改变其物理性状而不改变其化学结构、不含各种添加剂的鲜活农产品及其初级加工品，一般为单一品种或某一类产品 （3）必须是依法登记，且注册地、农产品及原料产地均在陕西省境内，在特定的生产区域内具有一定规模化、标准化的生产基地，已取得合法有效的商标注册或国家区域产品保护制度注册确认的品牌 （4）生产地区自然环境和人文历史独特，有一定的生产传统、生产规模和文化传承 （5）3年内无质量安全事故，具有良好的品质、美誉度和发展空间，在当地农业和农村经济中占有重要地位
禁止条件	（1）近3年内产品在市（区）及以上质量安全例行监测、专项抽检和监督抽查等工作中有不合格记录的 （2）近3年内发生重大质量安全责任事件或有重大质量投诉经查证属实的 （3）被取消农产品地理标志等相关认证证书的 （4）使用国家禁止的农业生产资料、原材料以及不符合质量安全要求农业投入品等的 （5）有其他不符合区域公用品牌申请条件的

四、研究述评

在整体的农业产业链中，农产品是第二、第三产业的原点。初级农产品可进一步发展其后续产业链。农产品区域公用品牌的最大作用是在区域内的相关企业品牌、企业运营的产品品牌没有强大品牌力的情况下，能够借助区域的力量、产业的力量，为相关企业品牌、产品品牌集聚价值、提供平台。

自2017年区域公用品牌被提出以来，各地政府十分重视，将其视为拉动地区农业发展的重要抓手，学术领域不同学者也进行了相关研究。但由于区域公用品牌发展起步晚，各地都在探索不同的发展模式。另外，我国农业生产以小农居多，农业生产较为分散，农业产业化程度和收益相对较低，区域公用品牌与企业品牌的有机联动尚未形成一定体系。传统上，一般以地标产品来代表区域公用品牌，但二者间并不是完全等价的关系，一些获得认证的地标产品规模小、知名度低且尚未形成标识体系，其实质是有潜力发展成为区域公用品牌的资源，而不能称为真正意义上的区域公用品牌。

需要说明的是，本书所指地理标志产品是农产品地理标志（AGI）、地理标志保护产品（PGI）和地理标志商标（GI）的综合。本书在筛选区域公用品牌时，主要依据国家级、省级权威榜单以及品牌识别体系等筛选标准，从陕西省现存的地理标志产品中进行筛选。

第三节 陕西省农业及农业品牌发展总况

一、陕西省省情概述

陕西省简称"陕"或"秦"，地处中国内陆腹地，位于东经105°29′–111°15′和北纬31°42′–39°35′，东邻山西省、河南省，西连宁夏回族自治区、甘肃省，南抵四川省、重庆市、湖北省，北接内蒙古自治区，是连接中国东部、中部地区和西北、西南的交通枢纽。中国大地原点就位于陕西省泾阳县永乐镇。

全省土地面积20.56万平方千米，辖西安市、铜川市、宝鸡市、咸阳市、渭南市、延安市、汉中市、榆林市、安康市、商洛市10个省辖市和杨凌农业高新技术产业示范区，有7个县级市、69个县和31个市辖区。截至2023年末，全省常住人口3952万人，城镇人口比重为65.16%。

（一）地貌气候极具特色

陕西省地域狭长，地势南北高、中间低，地形复杂多样，北部是沟壑纵横的陕北黄土高原，中部是号称"八百里秦川"的关中平原，南部是陕南秦巴山地。秦岭山脉横贯陕西中部，为中国南北气候分界线。全省以秦岭为界，南北河流分属长江水系和黄河水系，主要有渭河、泾河、洛河、无定河和汉江、丹江、嘉陵江等。陕西省横跨三个气候带，南北气候差异较大。陕南属北亚热带气候，关中及陕北大部属暖温带气候，陕北北部长城沿线属中温带气候。

（二）风景名胜交相辉映

在陕西省这片神奇的土地上，自然的伟力塑造出一派雄奇峻秀的无限风光；文化的光芒辉映着无数令人放飞思绪的名胜古迹。自然与人文有机融合，构成了陕西省旅游的独特魅力。

陕西省被誉为中国天然的历史博物馆，文化遗存丰富，文物点密度大、数量多、等级高，拥有中国各个历史时期具有代表性的文物古迹。例如，号称"天下第一陵"的黄帝陵，"世界第八大奇迹"秦始皇兵马俑，中国历史上第一个女皇帝武则天及其丈夫唐高宗李治的合葬墓乾陵，佛教名刹法门寺，中国最大的石质书库西安碑林，中国现存规模最大、保存最完整的古代城垣西安城墙，以及钟楼、鼓楼、大雁塔、小雁塔、华清宫、大唐芙蓉园等众多古建筑和古园林。全省各地的博物馆内陈列的西周青铜器、秦代铜车马、汉代石雕、唐代金银器、宋代瓷器及历代碑刻等稀世珍宝，闪烁着耀眼的历史光环，昔日的周秦风采、汉唐雄风从中可窥一斑。

陕西省不仅文物古迹荟萃，而且山川秀丽、景色壮观。境内有以险峻著称的西岳华山、气势恢宏的黄河壶口瀑布、古朴浑厚的黄土高原、一望无际的八百里秦川、婀娜清秀的陕南秦巴山地、充满传奇色彩的骊山风景区、六月积雪的秦岭主峰太白山等。华山风景名胜区、临潼骊山风景名胜区、宝鸡天台山风景名胜区、黄帝陵风景名胜区、合阳洽川风景名胜区等均为国家级风景名胜区。

（三）物华天宝，资源富集

陕西省是我国矿产资源大省之一，矿产资源分布具有明显区域特色，陕北和渭北以优质煤、石油、天然气、水泥灰岩、黏土类及盐类矿产为主；关中以金、钼、建材矿产和地下热水、矿泉水为主；陕南以黑色金属、有色金属、贵金属及各类非金属矿产为主。陕西省矿产资源潜在价值占全国矿产资源潜在价值的1/3，保有资源储量列全国前十位的矿产达60多种，煤、石油、天然气、岩盐、水泥用灰岩、金、钼、钒等矿产资源丰富，保有储量居全国前列。

陕西省生态条件多样，植物资源丰富、种类繁多。有种子植物3700余种，其中包括红豆杉、银杏等在内的国家一、二级重点保护植物30种，药用植物近800种。中华猕猴桃、沙棘、绞股蓝、富硒茶等资源极具开发价值。红枣、核桃、桐油是传统的出口产品。药用植物天麻、杜仲、苦杏仁等在全国具有重要地位。以渭北苹果带的洛川、白水、礼泉等县为代表的苹果主产区已形成全国最大的绿色果品生产基地。2023年，全省苹果产量1372.1万吨，苹果面积、产量、品质位居全国第一。

陕西省野生动物资源丰富。现有陆生脊椎动物604种，鸟类380种，其中，大熊猫、金丝猴、羚牛、朱鹮等16种动物被列为国家一级保护动物。2021年，"秦岭四宝"大熊猫、朱鹮、羚牛、金丝猴组团成为第十四届全运会吉祥物"吉祥四宝"。陕西省是全国最大的奶山羊养殖基地、羊乳加工基地，羊乳制品占国内市场份额的85%，产销量稳居全国第一。

（四）科技教育实力雄厚

陕西省的科教综合实力位居全国前列，是全国航空、航天、机械、电子、农业等领域重要的科研和生产基地，也是全国高等教育的重要基地，有8所高校20个学科入选第二轮"双一流"建设名单。作为全国科技和高等教育大省，陕西省已成为国家高新技术产业发展的一支重要力量。在现代农业、电子信息、生物工程、空间技术、光机电一体化、新材料和高效节能等高新技术领域形成了独特的优势。西安高新区是中国首批向亚太经合组织开放的科技工业园区，杨凌示范区是国家唯一的农业高新技术产业示范区，均跻身于国家重要支持的五大高新区之列。2014 年，西咸新区成为经国务院批准设立的首个以创新城市发展方式为主题的国家级新区。2017 年，西安市被列入国家首批通用航空产业综合示范区。2022 年，全省研究与实验发展（R&D）经费投入 769.55 亿元，居全国第 14 位，投入强度 2.35%，居全国第 11 位、西部第 2 位。

（五）历史悠久，文化灿烂

陕西省历史源远流长，民族文化闻名遐迩。这里是中国古人类和中华民族文化重要的发祥地之一，是古丝绸之路的起点，是中国历史上多个朝代政治、经济、文化的中心，也是现代中国革命的圣地，为中华儿女的生存、繁衍和人类历史文明做出了独特的贡献。

陕西省是中华民族光辉灿烂的古代文明发祥地之一。大约在 80 万年前，蓝田猿人就生活在这块土地上，开始制造和使用一些原始的工具，采集果实和狩猎鸟兽。1963 年发现的"蓝田猿人"，是全国发现时间最早、最为完整的猿人头盖骨化石。约三四万年前，关中地区的原始人类逐步进入氏族公社时期。1953 年发现的西安市半坡村遗址，就是六七千年前母系氏族公社的一座定居村落。

陕西省是我国历史上建都朝代最多和时代最长的省份。大约在 4600 年前、公元前 28 世纪左右，传说夏部落的始祖黄帝、炎帝都曾在陕西省活动过，为中华民族的创立和发展做出了丰功伟绩。"秦中自古帝王都"，先后有周、秦、汉、唐等 10 多个政权或朝代在陕西省建都，周的崛起、秦的强大、汉的兴盛、唐的繁荣都是以陕西省为起点的。辉煌的周秦汉唐是中华民族历史的骄傲，更是陕西历史的骄傲。陕西省为中华民族创造了光辉的历史文明，留下了丰富的宝贵文物。

近代的陕西省是中国革命的摇篮。1935 年 10 月 19 日，红军长征到达陕北吴起镇。从此，中共中央在陕北战斗、生活了 13 个春秋。延安市成为中国革命圣地，中国共产党在这里领导了全国的抗日战争和解放战争。1936 年，震撼中外的"西安事变"，推动了国共两党联合抗日的历史进程。

二、陕西省农业发展的有利条件

（一）政策扶持

为落实中央"品牌兴农，质量兴农"的战略，加快陕西省农业生产高质量发展，促进陕西省区域农产品区域品牌的转型，推动陕西省乡村产业振兴发展，陕西省也陆续发布了相关政策文件，如表 1-2 所示。

表1-2　陕西省农业品牌政策汇总

年份	文件	内容
2018	《开展陕西农产品"三年百市"品牌营销行动意见》	在省政府的统一规划下，各级政府进行联动，相关农业部门要积极将产业发展资金向该活动倾斜，给予一定的补贴；同时通过此次活动，目标为培育出数十个知名农产品区域品牌，加快陕西省农业产业向多元化转型升级建设推进
2019	《加快推动农业品牌建设的意见》	从加强农产品品牌建设资源投入、加强农产品质量安全、强化区域品牌宣传推广、挖掘各区域品牌文化内涵等方面出发，加强区域品牌建设的顶层设计
2020	《关于促进乡村产业振兴的实施意见》	要建设集区域品牌、企业品牌、产品品牌于一体的陕西农业品牌体系，并给予品牌建设相关主体如龙头企业一些政策上的倾斜，进而促进地区农业经济实现质量型发展
2021	《陕西省农产品区域公用品牌管理办法》《陕西省农业品牌目录制度实施办法（试行）》	从健全陕西农业品牌建设保护机制、完善农产品生产质量安全标准、维护区域品牌的公信力和权威性等方面出发，设计了一系列具体的实施方案
2022	《关于做好服务农业产业化龙头企业工作的通知》《关于开展省级农业品牌申报认定和监测评估工作的通知》	政府鼓励和引导龙头企业参与农业区域公用品牌建设，积极为企业搭建产销对接平台，组织参与各类重大展销活动，并鼓励线上线下同步营销，以拓展产品销路。此外还鼓励企业建立和完善产品质量标准体系及可追溯体系，以提升质量安全水平，构建完整的产业链品牌体系。明确了省级农业品牌申报条件和安排，强调了农业品牌建设管理的重要性，提出了创新农业品牌宣传推广的要求，要求各地切实利用农业品牌培育资金，支持认定的省级农产品区域公用品牌规范有序发展
2023	《陕西省农产品区域公用品牌管理办法》《陕西省农业品牌目录制度实施办法》	修订《陕西省农产品区域公用品牌管理办法》《陕西省农业品牌目录制度实施办法》，完善省级农业品牌创建、认定、运行、监测、管理等工作机制
2024	《关于学习运用"千村示范、万村整治"工程经验有力有效推进乡村全面振兴的实施意见》	实施农业品牌精品培育行动，塑造"陕农优品"。深度融入共建"一带一路"大格局，创建一批农业国际贸易高质量发展基地，鼓励农业龙头企业"走出去"，打造一批具有国际影响力的"陕农品牌"

资料来源：陕西省人民政府官网、陕西省农业农村厅官网等。

（二）科技支撑

作为农业科技大省，陕西省科技支撑能力全国领先。以西北农林科技大学为首的农业科研单位数量众多、学科齐全、实力强大，不仅为农业发展提供了强大的技术支撑，而且培养了一大批农业技术人才。经国务院批准成立的杨凌农业高新技术产业示范区，是我国第一个国家级农业高新区，也是全国唯一的农业自贸区。目前，杨凌示范区已成为全国重要的农业科研中心和示范基地。

经过多年实践，陕西省在农业科研与技术服务体系方面已取得了显著成果。该体系以市场需求为导向，整合了科研示范、需求分析、技术推广以及生产消费等多个关键环节，形成了一套全面、高效的农业创新应用服务体系（如图1-6所示）。这一体系不仅为陕西省农技事业的快速发展提供了有力支撑，同时也推动了农业科技创新成果的转化和应用，为陕西省农业的持续健康发展奠定了坚实基础。

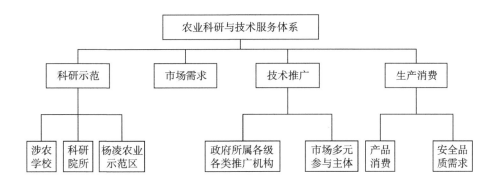

图1-6 陕西省农业科研与技术服务体系

在农业科技成果方面，陕西省取得了显著成就。2018年，陕西省农业科技成果总数达到427项。在"十三五"期间，陕西省新建了40个现代农业产业技术体系，组装集成推广技术500多项，推广轻简化技术200多项，有效提升了农业科技的普及率，推动了成果的转化应用。陕西省坚持以种为先的策略，培育了小麦、玉米等商业化育种联合体，使得全省主要农作物良种覆盖率达到95%以上，主要农作物耕种收综合机械化率达到68%，小麦生产基本实现全程机械化。同时，农药化肥使用量均实现负增长，农产品质量安全抽检合格率稳定在97%以上。

此外，以"西农979""小偃22"为代表的小麦新品种在陕西省累计推广超过1亿亩，增产25亿千克。油菜新品种"陕油8号"等累计推广1200多万亩，成为我国"双低油菜"推广面积最大的杂交油菜品种。玉米高产栽培模式创造了全国玉米高产纪录。值得一提的是，"西农8号"西瓜新品种在20多个省市累计种植6000万亩，荣获国家科技进步二等奖，这是国内西瓜种植领域的最高成就。

（三）人才支撑

陕西省农业科技队伍持续壮大，截至2021年底，农业科技人员总数突破2.5万人。陕西省涉农大学在植物病理学、土壤学、农业水土工程、果树学、动物遗传育种与繁殖等领域拥有 9 个国家重点学科。同时，陕西省建立了 8 个涵盖小麦、油菜、葡萄、节水农业、动物重大疫苗、牛羊胚胎工程等领域的省级农业科技创新团队。此外，6 家涉农高校在食品营养、化学农药、农产品加工、生物资源开发利用等方面具有特色优势。省、市 28 个农业科研机构紧密结合地方区域产业，在新品种、新技术的研究与推广方面发挥了重要作用。

三、农业经济发展现状

（一）从纵向维度来看，陕西省第一产业经济发展稳步增长

从《陕西省统计年鉴》公布的 2015～2022 年数据来看，陕西省第一产业生产总值稳步增长。第一产业在三大产业的占比虽略有浮动，但整体上趋于稳定，约在 8%～9%，如图 1-7 所示。

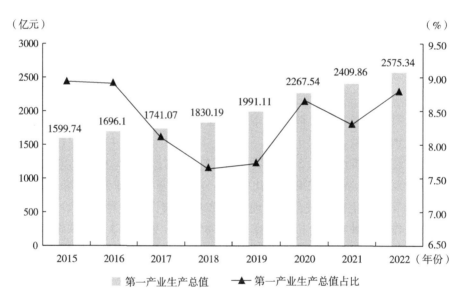

图 1-7 2015～2022 年陕西省第一产业生产总值及占比情况

资料来源：《陕西统计年鉴 2022》。

（二）从产值来看，陕西省第一产业总值排名第 18 位，处于中游水平

根据国家统计局公布的数据可以看出，2022 年陕西省第一产业生产总值为 2575.34 亿元，约占全国第一产业生产总值的 2.6%，处于全国中下游水平。从各省份排序来看，陕西省第一产业生产总值位于第 18，与辽宁省产值接近，但远低于排名前列的山东省、四川省等，约为二者的 2/5，如图 1-8 所示。

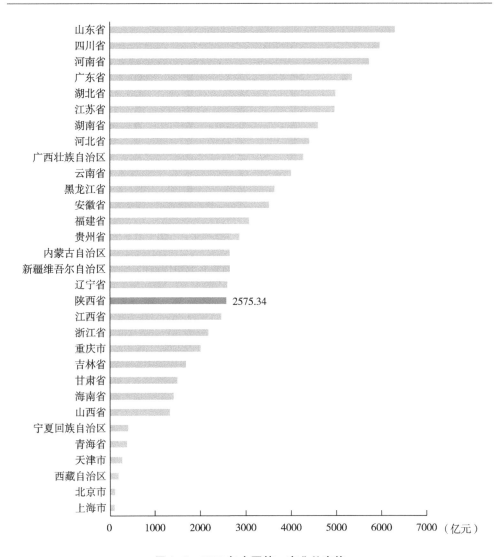

图 1-8　2022 年全国第一产业总产值

资料来源：国家统计局。

（三）从农业结构来看，种植业占据主导地位，牧业位居第二

从陕西省农业结构来看（见图 1-9），2015~2022 年农业种植业产值占比近 70%，处于主导地位。牧业虽位居第 2，但与农业种植业差距较大，产值约占农业总产值的 20%~30%，约为种植业产值的 1/3。

具体来讲，在种植业结构中，2022 年陕西省水果产值占比为 42.5%、蔬菜产值占比为 30%，两者的农业产值占比较大，两者之和超过 70%，如图 1-10 所示。

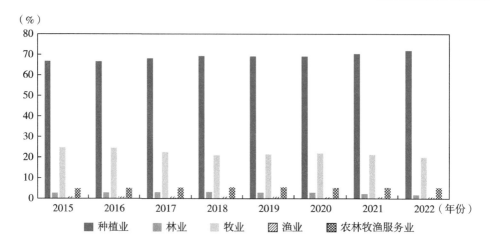

图 1-9　2015~2022 年陕西省农业结构占比

资料来源：《陕西统计年鉴 2022》。

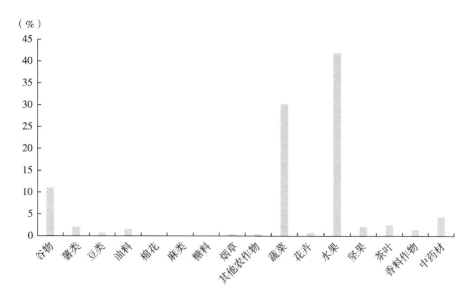

图 1-10　2022 年陕西省农业产值占比

资料来源：《陕西统计年鉴 2022》。

（四）从增产增收方面看，农村居民人均可支配收入稳步提升

从图 1-11 可以看出，2015~2022 年，陕西省农村居民人均可支配收入稳步提升，并于 2017 年破万元，2022 年达到了 15704 元。另外，城乡居民收入比逐年下降，由 2015 年的 3∶1 降到 2022 年的 2.7∶1。

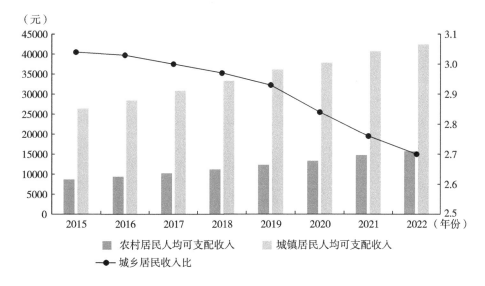

图 1-11 2015~2022 年陕西省人均可支配收入变动

资料来源：《陕西统计年鉴 2022》。

（五）从经营主体看，多种经营主体数量稳步增加，家庭农场数量占比最大

目前，陕西省已成功培育并吸引了众多符合新时代农业发展需求的新型农业经营主体。这些经营主体包括家庭农场、农业合作社和龙头企业，这些新型人力资本在农产品区域品牌建设方面，凭借其先进的知识和技能，为当地农业注入了新的活力，显著优化了人力资本供给结构，也推动了陕西省农业一、二、三产业的深度融合，有效促进了农业产业转型升级。

图 1-12 展示了 2009~2018 年陕西省家庭农场、农业合作社和龙头企业的数量变化。可以看出，家庭农场数量增速最为迅猛，2009 年仅为 4 家，至 2013 年还未突破 100 家，2014 年迅速增长到 401 家，并在随后的 4 年内快速增长，迅速提升至 2018 年的 1069 家，增长了 267 倍，是陕西省农业发展的重要力量。与此同时，农业合作社数量也有所增长，由 2009 年的 318 家增长至 2018 年的 848 家，增长幅度达到 148%。农业龙头企业数量增速相对平稳，增长率为 64.8%。

（六）陕西农业现代化发展水平稳步提升

农业现代化发展情况主要通过农机总动力数值变化进行分析。农业产业向现代化转型过程中，科技、电气和机械化在农业耕种、收获以及销售等环节扮演了关键角色。近年来，陕西省政府高度重视农业现代化发展，并制定了相关政策文件以推动其进展。2016 年发布的《陕西"十三五"现代农业发展规划》中明确指出要推动农业向现代化转型，提升农机装备水平，促进农机与农艺的深度融合，促进陕西省农业现代化实现快速且高质量的发展。

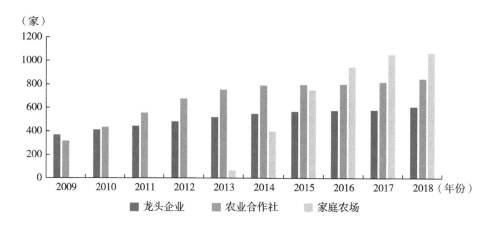

图1-12　2009~2018年陕西省三种农业新型经营主体数量
资料来源：陕西省农业农村厅官网。

图1-13展示了2009~2022年陕西省农机总动力的变化趋势。可见，陕西省农机总动力在2009~2015年由1832.98万千瓦提升至2667.27万千瓦。然而，2016年农机总动力相比上一年有所下降，降至2171.91万千瓦，但2018年又回升至2311.79万千瓦，并基本趋于稳定。总体来看，近10年来，陕西省农机总动力在波动中呈现增长趋势，极大地提高了农作物播种和耕作的效率，增强了陕西省农业的综合生产和产出能力，进一步推动了陕西省农业现代化的进程。

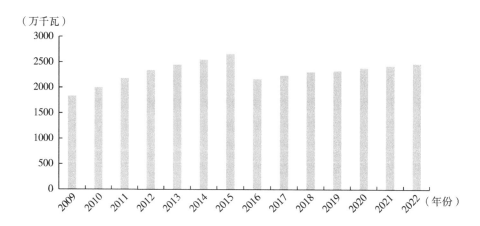

图1-13　2009~2022年陕西省农机总动力的变化趋势
资料来源：《陕西统计年鉴2022》。

四、农业资源分布

（一）陕西省农业资源禀赋优越，农产品品类丰富多样

陕西省地域广阔，气候类型多样，为农产品的生长提供了得天独厚的条件。在陕西北部地区，其独特的地理位置和气候条件使其成为中国马铃薯的重要产区之一，同时该地区还积极发展设施农业、小杂粮种植和羊子养殖业，为地方经济发展注入了新的活力。渭北和陕北南部地区，凭借其优越的自然条件，已经成为全球最大的优质苹果生产基地，为国内外市场提供了大量高品质的苹果产品。关中地区作为全省粮食生产和设施农业的主要区域，其在全国的地位不可忽视，特别是作为唯一的奶牛、奶山羊"双奶源"基地，为乳制品行业的发展提供了坚实的支撑。而陕南地区凭借其独特的地理位置和气候条件，成为我国第二大富硒区，同时还是世界纬度最高的茶叶产地，传统的生态养殖业在此地区也得到了充分的发展，盛产各种食用菌、中药材、核桃、魔芋等特色农产品。

（二）陕西特色产业优势突出，苹果、猕猴桃、奶山羊产量"三个全国第一"

陕西省特色产业具有显著优势，已成功培育出一系列在国内颇具影响力、国际竞争力强大的特色农产品。具体来说，陕西省的苹果、猕猴桃和奶山羊的产业规模均居全国首位。截至2022年底，陕西省苹果种植面积达到924.10万亩，年产量高达1302.71万吨，占全国总产量的1/4。猕猴桃种植面积99.91万亩，年产量达138.85万吨，占全国总产量的1/3。奶山羊存栏量达到265万只，羊奶产量达72万吨，羊乳制品产量达14万吨，分别占据全国总量的48.2%、61.4%和80%。此外，陕西省设施农业面积达到351万亩，居西北地区首位。红枣和樱桃产业规模分别位列中国第二，葡萄、梨、桃等产业也处于领先地位。

此外，陕西省还拥有全国唯一的国家级苹果批发市场、唯一的国家级猕猴桃批发市场、国家级苹果大数据中心。目前，全省已建成渭北黄土高原苹果优势产业带、秦岭北麓和汉丹江流域猕猴桃基地、无定河以南至渭河以北酥梨基地、黄河沿岸红枣基地、汉中盆地和秦巴山区柑橘基地、城市近郊时令水果基地。

（三）杨凌示范区作为首个国家级农业高新技术产业示范区，构建并形成多元立体化农业科技研发及推广体系

杨凌示范区，自创立之初便成为我国首个国家级农业高新技术产业示范区和农业特色自贸片区的代表。杨凌示范区逐步形成了以"成果转化标准化、技术标准体系化、示范带动产业化、推广服务品牌化"为理念的"杨凌农科"品牌。其品牌涵盖科研、服务、成果转化、产品等多领域，是一个综合性区域公共品牌，品牌价值超800亿元。近年来，示范区把特色农业品牌建设作为推动农业供给侧结构性改革、促进农业增效农民增收及旅游业提质升级的重要手段来抓，积极实施特色农业品牌战略，强化品牌意识，开展品牌宣传，重视扶持培育，形成了以"新集葡萄""青皮她园火龙果""百恒有机猕猴""菲格庄园无花果""汇承苹果"等为代表的农产品品牌；以"圣桑""妙味""恒兴""本香""秦宝"等为代表的农产品加工业品牌；以"王上村""崔西沟""马家底""田西村""尚特梅斯庄园"为代表的休闲农业旅游品牌，品牌创建工作覆盖一二三产全产业链，培育了一批又一批响彻全省、知名全国、走向世界的特色农业品牌。示范区在培育本土农业品牌的同时，也招引聚集了先正达、良科、大华等一大批国内外种业龙头企业，培育了"西农979""西农511""陕单650""瑞阳""瑞雪"等驰名全国的良种、果蔬新品种，年审定登记动植物新品种30个以上。

作为中国政府重点支持的四大科技展会之一，中国杨凌农业高新科技成果博览会（简称"农高会"）更在此地盛大举办。自1994年首届农高会以来，已历经三十载春秋，累计吸引了全球70多个国家和地区的众多涉农单位参与，参观群众和客商数量更是数以千万计。展示的项目及产品数量超过18万项，总交易额更是突破万亿元大关。它已成为农业科技领域的重要盛会，既是我国农业科技成果示范推广的关键平台，也是国际农业合作交流的重要窗口。

第二章　陕西省农产品区域公用品牌发展现状

第一节　农产品区域公用品牌发展概况

农产品区域品牌建设与维护的核心任务在于确保农产品的质量安全，捍卫区域品牌的良好声誉，并维护广大消费者的合法权益。为了达成这一目标，构建完善的农产品质量体系显得至关重要。通过这一体系，可以对农产品的生产与经营环节进行更为严格和规范的管理，从而确保农产品的卓越品质。在这一过程中，"三品一标"和"名特优新"认证扮演着举足轻重的角色，它们不仅是提升农产品质量的关键要素，更是衡量农产品质量体系建设成效的重要指标。

本部分将基于陕西省已注册和认证的"三品一标"与"名特优新"数量的变化数据，对陕西省农产品区域品牌建设过程中农产品质量安全监管水平进行深入剖析，以期为相关决策和实践提供有力的参考依据。

一、"三品一标"总体情况

在我国农产品市场中，农产品质量安全问题长期存在，对生产主体和消费者利益构成损害，同时不利于塑造农产品区域品牌的正面形象，也制约了区域农业经济的健康发展。针对此问题，陕西省的相关经济主体，包括政府部门、龙头企业以及专业合作社等，早在 20 世纪 80 年代初、90 年代末以及 2002 年便开始了对"三品一标"的认证工作。

近年来，随着绿色发展理念的普及和农业绿色发展的加速推进，绿色优质农产品的供给能力得到了显著提高。然而，传统的农业发展方式和农产品供给已无法完全适应当前消费升级的需求。因此，有必要加强引导、增加投入，以提高农业供给的适应性，并推动农业的高质量发展。

为了进一步深化农业绿色发展，拓展全产业链的增值空间，提升农产品的质量效益和竞争力，以及促进农业产业结构的优化升级，陕西省各级政府部门高度重视农业生产中的"三品一标"提升行动。为此，陕西省制定了《陕西省农业生产"三品一标"提升行动实施方案》，以加快农产品"三品一标"的认证和注册进程，坚定走上"品牌强农"的发展道路。通过这一行动，陕西省旨在推动农业向更高层次、更深领域发展，为农业绿色发展开启新的阶段，并为农业品牌建设注入新的活力。

从2009~2018年陕西省"三品"认证总数量的变化情况可看出（见图2-1），10年间，陕西省"三品"认证农产品数量增长迅速，从2009年的144个提升至2018年的2516个，累计增加了2372个，增幅较大。以上数据变化趋势，反映出陕西省各级政府及龙头企业等相关主体越来越意识到农产品区域品牌建设过程中对品牌农产品进行维护和监管的重要性。

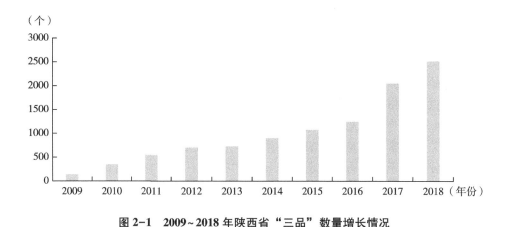

图2-1　2009~2018年陕西省"三品"数量增长情况

资料来源：陕西省农业农村厅、陕西省农产品质量安全中心、各地市农业农村局、中绿华夏。

二、"三品"总体情况

截至2020年6月底，陕西省已认证绿色食品38545个、有机农产品4548个、地理标志农产品3090个。但要清楚地看到，陕西省绿色食品级别较低，以初级产品为主，占比超过75%。初加工产品和深加工产品的数量较少，占比不到25%，如图2-2所示。

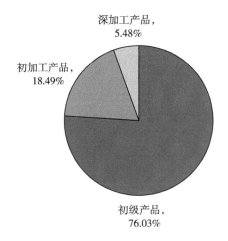

图2-2 陕西省绿色食品级别

资料来源："三品一标"—陕西省农业农村厅门户网站（shaanxi. gov. cn）。

陕西省有机农产品的认证主要集中在蔬菜和水果品类，两者之和超过50%，且认证主体主要集中在公司，占比超过70%。大多数公司只认证了1~2个有机农产品。存在个别公司认证数量较多、认证数量超过总数量的30%的现象。如图2-3、图2-4所示。

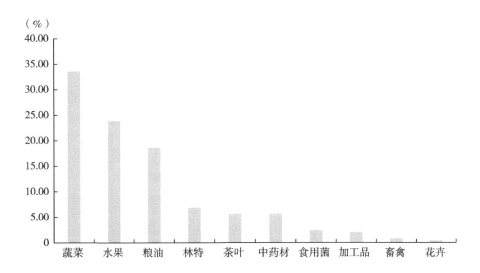

图2-3 陕西省有机农产品类别

资料来源："三品一标"—陕西省农业农村厅门户网站（shaanxi. gov. cn）。

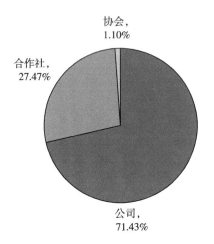

图2-4 陕西省有机农产品企业类别

资料来源："三品一标"—陕西省农业农村厅门户网站（shaanxi. gov. cn）。

陕西省无公害农产品认证主要集中在果品和蔬菜类，两者之和占比超过60%。其中，畜禽排名第3，约为前两者的1/2。如图2-5所示。

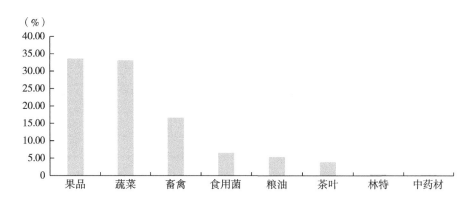

图2-5 陕西省无公害农产品类别

资料来源："三品一标"—陕西省农业农村厅门户网站（shaanxi. gov. cn）。

三、"一标"总体情况

需要指出的是，由于地理标志保护产品（PGI）和地理标志保护商标（GI）在全国的分布情况很难查到，因此，本书在对"一标"进行全国比较时，主要参考的是农业农村部登记保护的农产品地理标志（AGI）。

1. 从总量上看，陕西省农产品地理标志产品在全国排名居中

截至 2021 年 6 月，全国共有 3454 个农产品地理标志产品，其中，陕西省拥有 117 个，排名第 15，处于中间位置，如图 2-6 所示。从种类上看，陕西省农产品地理标志主要集中在果品，占比约为 40%。蔬菜紧随其后但数量不到果品的 1/2。

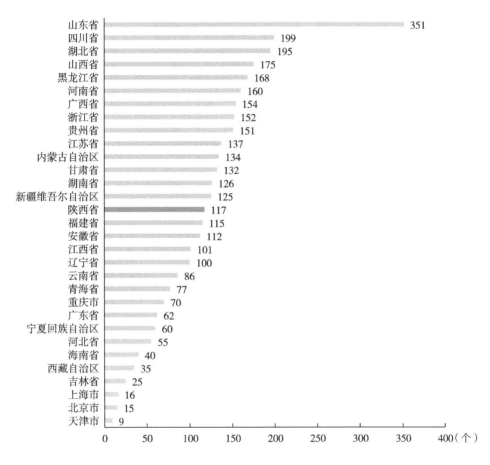

图 2-6　全国农产品地理标志产品

资料来源：地标查询（anluyun. com）。

2. 从地区分布上看，陕西省各地市农产品地理标志保护产品数量分布不均

由图 2-7、图 2-8 可见，陕西省农产品地理标志产品主要分布在陕南和关中地区。汉中市拥有 24 个农产品地理标志产品，排名第一。延安市农产品地理标志产品数量最少，仅有两个，主要原因是延安市虽然拥有众多的地理标志保护产品和地理标志商标，但向农业农村部申请农产品地理标志产品的种类较少。

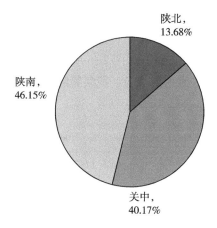

图 2-7　陕西省全国农产品地理标志产品分布

资料来源：地标查询（anluyun.com）。

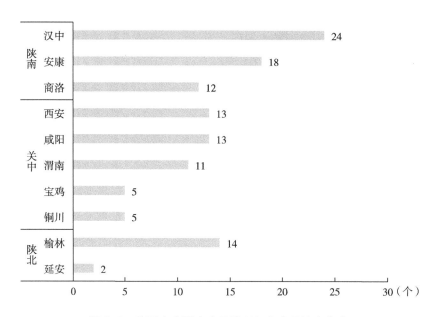

图 2-8　陕西省全国农产品地理标志产品地市分布

资料来源：地标查询（anluyun.com）。

3. 从品类上看，果品类占据主导位置

陕西省农产品地理标志产品主要集中在果品类，约为总数的 40%。蔬菜虽然次之，但数量远远比不上果品，仅有 20 个，约为果品的 1/2。如图 2-9 所示。

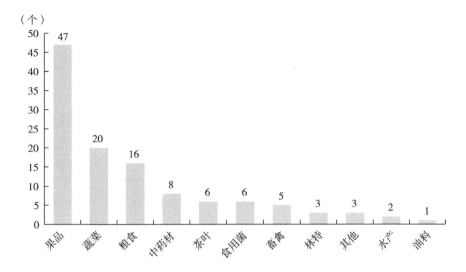

图 2-9 陕西省全国农产品地理标志产品种类分布

资料来源：地标查询（anluyun. com）。

四、名特优新

1. 总量优势明显，全国排名第四

陕西省对名特优新农产品区域公用品牌的培育给予了高度关注，并致力于引导农业生产经营主体塑造知名的农业品牌。通过提高品牌的知名度、认知度及美誉度，陕西省成功提升了优质农产品在市场中的占有率，有效促进了生产与市场的紧密结合，推动了优质优价机制的形成和完善。据统计，陕西省目前拥有全国名特优新农产品共计 152 个，位列全国第四。如图 2-10 所示。

2. 地市申报不均衡，主要集中在商洛和榆林

陕西省名特优新申报情况呈现出地域性不均衡的特点。具体来说，陕南地区的商洛、安康、汉中三市表现突出，共计成功申报 80 个项目，占据总数的一半以上，具体占比高达 52.64%。相比之下，关中地区的西安市、宝鸡市、咸阳市、铜川市、渭南市五市申报数量为 36 个，占比为 23.68%。陕北地区同样申报了36 个项目，亦占据 23.68%的比重。

值得注意的是，商洛市在申报中表现尤为亮眼，共计申报了 58 个项目，占到了总数的 38.16%，显示出较高的申报比重。然而，杨凌市、韩城市两市在此次申报中并未有推荐产品提交，需要引起关注。如图 2-11 所示。

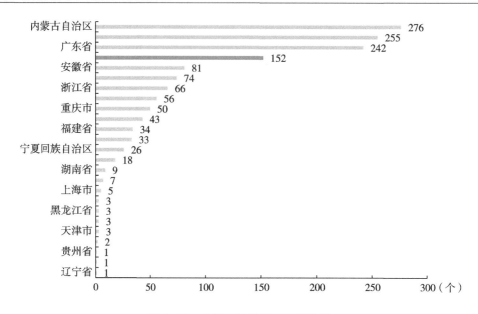

图 2-10 全国名特优新农产品数量

资料来源：http：//mtyx. aqsc. org/Home/Minglu/index. html。

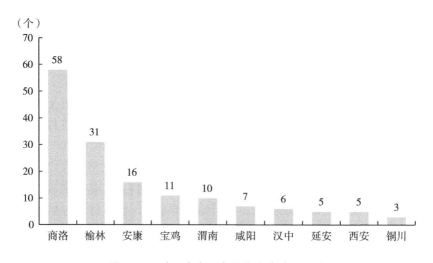

图 2-11 陕西省全国名特优新农产品分布

3. 全国名特优新农产品试点市、试验站创建

为深入实施农业农村部提出的质量兴农、绿色兴农、品牌强农的战略要求，陕西省正全力以赴推进农产品质量安全和优质化工作。为此，陕西省大力支持各地市特色农产品优势区域，开展全国名特优新农产品试点市和试验站的创建工

作。其中，商洛市勇于创新，成为全国首个"全国名特优新农产品试点市"；安康市也取得了显著成果，成功建立了"全国名特优新高品质农产品全程质量控制试点市"。此外，榆林市和商洛市相继设立了市级"全国名特优新农产品营养品质评价鉴定试验站"，为农产品质量的提升和品牌的强化奠定了坚实基础。

第二节　农产品区域公用品牌存量资源

陕西省农产品区域公用品牌的存量资源主要以地理标志农产品为基础，以获得 2019 年中国农业品牌目录、2021 年陕西省农业品牌目录、中欧地理标志协定保护产品和已形成品牌标识体系等标准，划分为有品牌影响力及品牌待培育的地标资源。根据农产品种类，将其分为果品、粮油、林特、蔬菜、中药材、畜禽、茶叶、食用菌、水产九大类。

一、果品

（一）存量资源分布

陕西省优越的自然条件、多样化的气候资源和丰富的品种资源，使陕西省成为优质水果生产的天择之地。陕西省水果种类丰富、品种多样，实现了周年供应，线上线下立体化营销，能满足多元化的市场需求。

陕西省果品中，地理标志农产品共有 80 个，其中有品牌影响力的为 21 个，品牌待培育的有 59 个。有品牌影响力的主要集中在苹果和猕猴桃两类。如表 2-1 所示。

表 2-1　陕西省果品区域公用品牌存量资源分布

种类	标准	资源种类
苹果 （20个）	有品牌影响力（8个）	洛川苹果、延安苹果、咸阳马栏红、白水苹果、旬邑苹果、铜川苹果、凤翔苹果、千阳苹果
	品牌待培育（12个）	陕西苹果、长武苹果、淳化苹果、旬邑马栏红苹果、天度苹果、富平苹果、印台苹果、榆林山地苹果、绥德山地苹果、延川苹果、安塞山地苹果、梁家河苹果
猕猴桃 （5个）	有品牌影响力（4个）	眉县猕猴桃、周至猕猴桃、武功猕猴桃、临渭猕猴桃
	品牌待培育（1个）	城固猕猴桃

种类	标准	资源种类
其他 (55 个)	有品牌影响力 (9 个)	大荔冬枣、蒲城酥梨、富平柿饼、户县葡萄、铜川大樱桃、灞桥樱桃、临潼石榴、阎良甜瓜、府谷海红果
	品牌待培育 (46 个)	枣类 (12 个): 阎良相枣、彬州大晋枣、直社红枣、清涧红枣、佳县红枣、吴堡红枣、佳县油枣、绥德红枣、延安酸枣、延川红枣、旬阳拐枣、柞水大红枣
		瓜类 (7 个): 阎良西瓜、大荔西瓜、蒲城西瓜、富平甜瓜、高石脆瓜、绥德芝麻蜜甜瓜、白河木瓜
		梨类 (4 个): 彬州梨、礼泉小河御梨、乾县甘河酥梨、黄陵翡翠梨
		葡萄 (4 个): 灞桥葡萄、杨凌葡萄、临渭葡萄、丹凤葡萄
		樱桃 (3 个): 蓝田樱桃、澄城樱桃、甘泉樱桃
		柑橘 (4 个): 城固柑橘、褒河蜜橘、城固蜜橘、旬阳狮头柑
		柿子 (3 个): 临潼火晶柿子、富平尖柿、孝义湾柿饼
		桃 (4 个): 王莽鲜桃、老堡子鲜桃、孟家塬桃、甘泉油桃
		杏 (2 个): 华胥大银杏 (华胥大杏)、蓝田大杏
		其他 (3 个): 潼关软籽石榴、瀛湖枇杷、长安草莓

2008 年以来，农业部先后发布实施的苹果、柑橘等水果优势区域发展规划，为品牌集群效应提供了产业基础。如今，中国果业市场呈现出明显的同类果品区域公用品牌集群竞争态势。在各地果业竞相以区域公用品牌争雄的同时，果业数字化、网络化发展异军突起，显示出旺盛的生命力和时代特征。从陕西省果业发展现状来看，经过多年努力，陕西省果业优势条件显著、产业基础扎实，但陕西省果品的品质及产业优势，在整体上尚未快速转换为品牌优势。

在此背景下，2021 年 3 月，陕西省果业管理部门策划以覆盖全省果业的背书品牌为战略工具，聚合各地果品区域公用品牌，助力陕西果品企业竞争，成立"陕果"品牌，这是陕西省省域单产业的区域公用品牌，详细信息如表 2-2 所示。

表 2-2　陕西省省域单产业的区域公用品牌

品牌名称	品牌形象	品牌口号
陕果	陕果 SHAANXI FRUIT 果然好吃	陕西水果，果然好吃

（二）苹果

1. 区域及产量分布

陕西省是世界公认的苹果最佳优生区，已建成全球最大的优质苹果集中连片种植基地。2022 年，陕西省苹果树种植面积 924.1 万亩，产量 1302.71 万吨，占全国的 27.03%，相当于全国每 4 个苹果就有 1 个来自陕西省。全省苹果产业带动农村人口 700 多万，以洛川、白水为代表的 48 个苹果基地县种植面积占全省总规模的 95% 以上，形成苹果产业一二三产融合发展的集群效应（见图 2-12）。绝大多数苹果产自咸阳市、延安市和渭南市地区，且区域公用品牌发展快于其他地区。

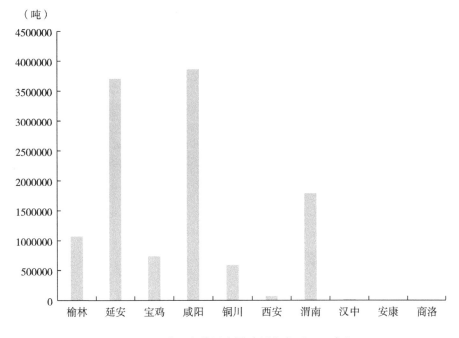

图 2-12　陕西省苹果产量地域分布（2020 年）

陕西省苹果产业集聚效应日益凸显，品牌影响力不断扩大。陕西省苹果先后成为奥运会、世博会、G20 峰会等重大活动指定产品，出口 80 多个国家和地区。陕西省延安市苹果于 2021 年 6 月和 10 月成功搭载神舟载人飞船进入太空。陕北黄土高原丘陵沟壑区生产的山地苹果，较普通苹果色泽更艳、香气更浓、甜度更高、口感更好、品质更优，深受消费者喜爱，生动诠释了习近平总书记倡导的"绿水青山就是金山银山"的绿色发展理念。

2. 有品牌影响力的农产品地理标志资源

虽然陕西省苹果资源丰富，但有品牌影响力的地标资源却不多。本书按照前述的区域公用品牌评价标准，筛选出以下 8 个苹果区域公用品牌，分别是：洛川苹果、延安苹果、咸阳马栏红、白水苹果、旬邑苹果、铜川苹果、凤翔苹果和千阳苹果。

其中，洛川苹果、延安苹果、咸阳马栏红和白水苹果品牌建设较好（见表 2-3）。2020 年果品区域公用品牌价值名录中，均排名在前十，远销东南亚、欧美等众多国家。铜川苹果虽排名第 37 位，但被评为中欧地理标志协定保护产品，这是对铜川苹果质量的充分肯定，也能够有效阻止假冒地理标志产品，使欧洲消费者能买到货真价实的高品质商品。

表 2-3　有品牌影响力的苹果地标资源

地区	名称	品牌 LOGO 及口号	品牌价值（亿元）/排序	品牌认证
延安	洛川苹果	LUOCHUAN APPLE 洛川苹果 上户口、带皮吃、论个卖	74.2/3	2019 年中国农业品牌目录 2021 年陕西省农业品牌目录
	延安苹果	延安苹果	73.62/4	
咸阳	咸阳马栏红	咸阳马栏红 Xianyang Malan Hong 咸阳马栏红来自大自然的馈赠 红色之果献礼世界	66.82/5	

续表

地区	名称	品牌 LOGO 及口号	品牌价值（亿元）／排序	品牌认证
渭南	白水苹果	白水苹果亿万人民的口福	52.89/10	2019 年中国农业品牌目录
咸阳	旬邑苹果		28.61/28	2021 年陕西省农业品牌目录
铜川	铜川苹果	铜川苹果，中华名果	24.67/37	中欧地理标志协定保护产品 2019 年中国农业品牌目录
宝鸡	凤翔苹果	凤翔苹果，香飘九州	15.94/60	2019 年中国农业品牌目录
	千阳苹果	千阳好风光，苹果自然香		2021 年陕西省农业品牌目录

资料来源：2020 年第六届中国果业品牌大会、中国农业品牌目录及 2021 年陕西省农业品牌目录。

3. 品牌待培育的苹果地理标志资源

除有品牌影响力的苹果外，陕西省还存在众多品牌待培育的苹果地标资源。虽然有些苹果地标资源在区域内拥有一定知名度，抑或已远销新西兰等国家。但由于其品牌待培育，品牌知名度、品牌溢价效应仍显不足，需进一步加强品牌培育。如表 2-4 所示。

表 2-4　品牌待培育的苹果地标资源

地区	地标保护产品	是否来自不发达地区
陕西	陕西苹果	否
咸阳	长武苹果	否
	淳化苹果	否
	旬邑马栏红苹果	是
宝鸡	天度苹果	否
渭南	富平苹果	否
铜川	印台苹果	否
榆林	榆林山地苹果	否
	绥德山地苹果	否
延安	延川苹果	否
	安塞山地苹果	否
	梁家河苹果	否

4. 有影响力的区域公用品牌概述

（1）洛川苹果。洛川苹果自 1947 年引进以来，已有 70 余年的种植历史，主要生产区域位于黄河中游的黄土高原丘陵沟壑区，拥有得天独厚的自然条件。该地区平均海拔 1100 米、土层深 80~140 米、降雨量 622 米、日照时数 2552 小时、昼夜温差 12.6℃、年均气温 9.2℃，无霜期 170 天，土壤、大气、水资源洁净，无任何工业污染源，是世界上完全符合苹果生长 7 项气象指标的区域，是全国优势农产品区域化布局确定的最佳苹果优生区，具有发展苹果得天独厚的自然资源优势。所产苹果具有果型端庄、色泽艳丽、风味浓郁、营养丰富、绿色安全、耐贮藏等品质特色，富含钙、镁、锌等多种有益于健康的微量元素，在全国同类苹果中脱颖而出，享誉中外，深受广大消费者的喜爱。

洛川苹果在品牌建设方面取得了显著成就，先后获得北京奥运会、中国女排、人民大会堂、上海世博会等 30 余项重大冠名权，累计荣获国家及部省名优产品奖 200 多个。2020 年，洛川县苹果种植面积达到 53 万亩，农民人均 3.3 亩，居全国之首，产量达到 95 万吨，综合产值高达 100 亿元。此外，洛川县洛川苹果中国特色农产品优势区于 2017 年入选中国特色农产品优势区名单（第一批）。2019 年，农业农村部正式批准"洛川苹果"实施国家农产品地理标志登记保护。同年，洛川苹果入选中国农业品牌目录。在 2020 年中国果业品牌大会上，洛川苹果以 74.2 亿元的品牌价值排名第 3，充分展现了其在国内外的知名度和影响力。

（2）延安苹果。"延安苹果"已成功获得国家地理标志证明商标，其商品生产地域范围明确界定为延安市下辖的宝塔区、安塞区、吴起县、志丹县、子长县、延长县、甘泉县、富县、宜川县、黄龙县、黄陵县，共覆盖二区九县。2020年统计数据显示，延安市的苹果种植面积已达到 400 万亩，产量高达 370 万吨，占全球份额约 1/20，全国约 1/9，在陕西省内占据了 1/3 的比重。当年全市农村居民人均可支配收入 11876 元，其中果业收入占农民经营性收入的 61%，苹果重点县、镇、村的农民收入中，超过 90% 的部分均源自苹果产业。苹果产业对农民收入的贡献率逐年提高，成为当地覆盖面最广、从业人数最多、持续效益最佳，且对农民增收贡献最大的特色产业。

（3）咸阳马栏红。"咸阳马栏红"苹果产区属于黄土高原国家优势苹果产业带，完全符合苹果生产的 7 项气象指标，是我国苹果生产最佳适宜区之一。整个产区涵盖了咸阳北部的长武、旬邑、永寿、淳化、彬州 5 县市全境。只有在上述地域范围内生产，并严格执行"咸阳马栏红"标准综合体的才是"咸阳马栏红"苹果，它是咸阳苹果中的高端产品。目前，"咸阳马栏红"苹果产区建成绿色苹果基地 100 万亩、有机苹果认证 1.5 万亩，先后荣获"国家原产品地域保护区""中国优质苹果基地""全国苹果标准化示范区"等多项殊荣。

2017 年"咸阳马栏红"苹果成功注册地理标志证明商标，其 LOGO 外形采用了苹果的轮廓，内部有马栏地标性建筑"七孔桥"；有代表希望与回忆的麦田，奔跑的儿童；有代表思乡情怀的屋檐与渺渺轻烟，标志主色彩基于绿、红、灰三种颜色，文字部分采用了咸阳著名书法家陈天民为"咸阳马栏红"的题字，字体为行楷。在 2020 年第六届中国果业品牌大会上，"咸阳马栏红"苹果以品牌价值 66.84 亿元荣登价值榜第 5 位。"咸阳马栏红"苹果不仅走俏国内，更是远销俄罗斯、印度、新加坡等多个国家。

（4）旬邑苹果。旬邑苹果地处渭北黄土高原，产地海拔较高，光照良好。苹果生长期内昼夜温差较大、降水适宜、土层深厚、土质疏松、环境无污染，十分适合苹果生长，产地内的苹果色泽艳丽、果皮较薄、汁液丰富、果肉细腻、香味浓郁。旬邑苹果果个匀称，单果重 200 克左右；果粉均匀、果点较小、果面光洁、蜡质层厚、色泽艳丽、果皮较薄、脆甜爽口、汁液丰富、果肉细腻、香味浓郁、耐储耐运。2017 年 9 月 1 日，农业部批准对"旬邑苹果"实施国家农产品地理标志登记保护。旬邑优质苹果基地先后被评为"个大、形正、色艳、质脆、汁丰、甜香、耐贮""中国优质苹果重点县""全国园艺产品出口示范区""全国无公害农产品（果品）生产示范基地""全国优势农产品产业带建设示范县""十五陕西果业强县""陕西省果业生产先进县"等称号。2017 年，农业部批准对"旬邑苹果"实施国家农产品地理标志登记保护。在 2020 年第六届中国果业品牌大会中，以 28.61 亿元的品牌价值排名第 28 位。

（5）白水苹果。白水县，位于关中平原与陕北高原的交汇地带，享有中国"苹果之乡"的美誉，并且是全国优势农产品产业带建设示范县之一。其独特的地理环境符合苹果生长的 7 项指标优生区要求，因而被誉为中国的有机苹果第一县。该县苹果种植面积广阔，达 55 万亩，其中挂果面积为 48 万亩，人均占有 2.3 亩。年均苹果产量稳定在 60 万吨左右。

依托强大的苹果产业，白水县每年能出口苹果约 15 万吨。1996 年，"白水"牌苹果商标正式被国家工商总局注册并启用，这是我国首例以地名注册的苹果商标。同年，白水苹果荣获了国家"绿色食品"标志使用权，并被授予"中华名果"称号。截至 2007 年，"白水苹果"商标进一步被认定为中国著名商标。2019 年 11 月 15 日，白水县成功入选中国农业品牌目录。多年来，白水苹果在中国苹果区域公用品牌价值榜上持续名列前 10 强，展现了其强大的品牌影响力和市场竞争力。

（6）凤翔苹果。凤翔海拔适宜、土壤有机质含量高、降水充足、昼夜温差大，是全国苹果生产最佳优生区和标准化生产区。所产苹果以嘎拉优系、富士优系为主。先后 70 多次获"部优""省优"产品奖。现有苹果种植面积达 22 万亩，挂果面积 14 万亩，年产苹果 29.5 万吨，主要销往北京市、上海市、四川省、重庆市、湖北省、湖南省、广东省、浙江省、黑龙江省等省市，出口到俄罗斯、东欧以及东南亚大部分国家地区。

凤翔地区是陕西省政府最早确定的优质苹果基地，全国矮砧苹果生产第一县，先后荣获国家苹果原产地保护、国家标准化示范区、国家绿色苹果基地、农产品地理标志登记产品、中国果品区域公用品牌 50 强、全国现代苹果产业 30 强、2017 年陕西省苹果优秀区域公用品牌、2017 年度最受欢迎的十大水果品牌、2018 年度中国最受欢迎的苹果区域公用品牌 10 强、2019 年中国最有价值的 20 大水果区域公用品牌等称号，入选全国名特优新农产品名录、中国农业品牌目录、CCTV17 央视展播品牌，连续 5 年荣登中国果品区域公用品牌价值榜，品牌价值跃升至 15.91 亿元。

（7）千阳苹果。千阳县属渭北旱塬苹果最佳优生区和适生区，苹果种植面积 12 万亩，是全省优质苹果基地县，全国最大的矮砧苹果格架集约化种植示范基地。生产的苹果以"果形高桩、色泽艳丽、果面光滑、肉质脆蜜、香甜醇厚"而著称。先后被国家标准委认定为全国矮砧苹果综合标准化示范区，荣获中国苹果强县、连续两年荣获农业品牌"金麒麟奖"。2019年，"千阳苹果"已成功入选全国名特优新农产品名录。2021年，名列陕西省农业品牌目录。

（8）铜川苹果。铜川市位于陕西省中部，地处关中平原向黄土高原的过渡地带，是我国优质苹果的最佳优生区之一。铜川苹果产自海拔高、光照足、土壤肥沃的渭北黄土高原核心产区，独特的自然条件造就了铜川苹果易着色、糖分高、果肉脆、香气浓，硬度大、耐贮运的显著特点，具有"果型端庄、色泽艳丽、脆甜爽口、风味浓郁"的品质特征，苹果品质和营养价值高，是健康美味的"绿色食品"。截至2021年底，苹果种植面积56.35万亩、产量达63.38万吨，水果产值达27.87亿元，占全市农业产值46.81亿元的59.54%。全市有30万亩果园通过国家绿色食品苹果基地认证，耀州、印台、宜君相继成为陕西省绿色苹果基地区县，耀州进入全省苹果产业转型升级示范县，印台跨入全国现代苹果产业50强县行列，宜君建成全省首家苹果供港基地。

铜川苹果先后荣获"全国第一放心果盘子产品奖""全国最佳畅销产品奖""2008年北京奥运推荐果品评选一等奖"，被誉为"中华名果"称号。在中国·陕西国际苹果博览会上，铜川苹果累计获得优质苹果19金、48银大奖。2013年，"铜川苹果"被核准注册为中国地理标志证明商标；2015年，被认定为陕西省著名商标；2017年，被评为陕西省优秀区域公用品牌；2019年，成功入选中国农业品牌目录；2020年，铜川苹果荣获中国苹果产业榜样100品牌；在中国好苹果大赛总决赛中，铜川苹果斩获3金、3银等多个奖项。2021年3月，铜川苹果地理标志产品正式纳入《中欧地理标志协定》互认清单，也是第一批进入中欧地理标志协定保护产品目录；荣获2021年受市场欢迎果品区域公用品牌100强；同年，在第七届中国果业品牌大会上，铜川苹果品牌价值达24.8亿元，连续五年荣登"中国果品区域公用品牌价值榜"。

（三）猕猴桃

1. 区域及产量分布

陕西省是世界猕猴桃原产地，主要集中在秦岭北麓、汉丹江流域两大产业带。2020年种植面积达91.82万亩，产量为115.83万吨，占全国产量的36%，全国排名第1。全国每3个猕猴桃就有1个产自陕西省。秦岭与渭河、汉丹江为陕西猕猴桃生长创造了优美生态环境，果实品质优良，红、黄、绿等多色系新品种的推广，果干、果酒等系列加工品的开发，满足了消费者的多元化消费需求。如图2-13所示。

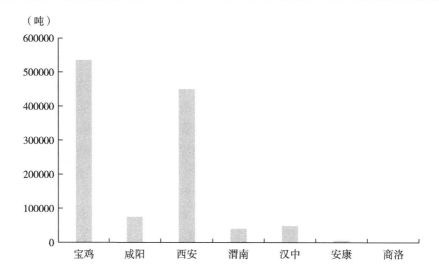

图 2-13 陕西省猕猴桃产量分布

资料来源：陕西省 2021 年统计年鉴。

2. 有品牌影响力的地标资源

近年来，随着猕猴桃播种面积快速增长、种植品种趋同化、种植技术普及化，各产区所产猕猴桃之间的差别越来越小。在终端市场，消费者也难以辨别各产区猕猴桃的区别。从品牌角度看，差异性已难以凸显。在此背景下，陕西省各市区借助品牌力量提升市场竞争力，抢占消费者心智。

目前，陕西省已形成 4 个猕猴桃区域公用品牌：眉县猕猴桃、周至猕猴桃、武功猕猴桃和临渭猕猴桃。其中，眉县猕猴桃提出了"眉县猕猴桃，酸甜刚刚好"的品牌口号。为了进一步提升品牌影响力，眉县还组织了百名大学生参与代言，并拍摄了微电影等一系列活动。周至猕猴桃则以"周至猕猴桃，鲜甜自有道"为品牌口号，巧妙地将"道"文化、鲜甜口感和自然品质融入其中，既展现了产品的独特魅力，又满足了消费者对新鲜美味的追求，有效激发了消费者的购买欲望。武功猕猴桃则提出了"下功夫，成好果"的品牌口号，将区域名称与传统文化紧密结合，同时借助虚拟品牌代言形象"武功小子"进行广泛传播。临渭猕猴桃则以"塬生就是好"为品牌口号，通过"塬"的概念，向消费者传递了临渭猕猴桃产区的生态优势、传统特色和肥沃土壤等信息。这些品牌口号不仅准确传达了产品的核心价值，而且与市场需求紧密契合，有效提升了各产区猕猴桃品牌的知名度和美誉度。值得一提的是，眉县猕猴桃和周至猕猴桃的品牌建设较为成熟，周至猕猴桃在 2020 年果品区域公用品牌价值名录中荣登第 11 位。

如表2-5所示。

表2-5 有品牌影响力的猕猴桃地标资源

地区	名称	品牌LOGO及口号	品牌价值（亿元）/排序	品牌认证
宝鸡	眉县猕猴桃	眉县猕猴桃，酸甜刚刚好	—	中欧地理标志协定保护产品 2019年中国农业品牌目录 2021年陕西省农业品牌目录
西安	周至猕猴桃	周至猕猴桃，鲜甜自有道	52.09/11	中欧地理标志协定保护产品 2021年陕西省农业品牌目录
咸阳	武功猕猴桃	下功夫，成好果	—	—
渭南	临渭猕猴桃	塬生就是好	—	—

3. 品牌待培育的地标资源

陕西省在猕猴桃品类区域公用品牌建设方面走在前列。目前，在猕猴桃地理标志保护产品中仅有少数品牌待培育。如表2-6所示。

表2-6 品牌待培育的猕猴桃地标资源

地区	地标保护产品	是否来自不发达地区
汉中	城固猕猴桃	否

4. 有影响力的区域公用品牌概述

（1）眉县猕猴桃。眉县位于陕西省秦岭北麓百万亩猕猴桃产业带的核心区，这里区位优势明显，交通运输便利，气候温和、雨量适中、土层深厚肥沃、自然条件得天独厚，是猕猴桃的最佳优生区。盛产的"眉县猕猴桃"，果型标准、果肉细腻、风味独特、酸甜爽口、营养丰富，深受国内外消费者青睐。眉县先后被农业农村部、质检总局等部委确定为全国优质猕猴桃生产基地县、全国猕猴桃种植标准化优秀示范区。

眉县猕猴桃连续多年获得殊荣，先后被授予"国家级猕猴桃地理标志示范样板""国家级出口猕猴桃质量安全示范区""中国特色农产品优势区""全国'互联网+'农产品出村进城工程试点县"等称号，眉县猕猴桃先后获得"国家生态原产地保护产品""全国名特优新农产品"等国家级荣誉二十多项，居全国猕猴桃区域公用品牌百强第 40 位。不仅连续被评为"消费者最喜爱的 100 个中国农产品区域公用品牌"以及"最具影响力中国农产品区域公用品牌"，2017 年荣获百强农产品区域公用品牌称号，2018 年成功入选首个中国农民丰收节 100 个农产品区域公用品牌。为了保障其品质与特色，2010 年，农业部批准对"眉县猕猴桃"实施农产品地理标志登记保护，2014 年，获得了国家工商总局地理标志证明商标。2019 年，眉县猕猴桃入选了中国农业品牌目录。2020 年，陕西省眉县猕猴桃中国特色农产品优势区被认定为第三批中国特色农产品优势区，同年还入选了中欧地理标志首批保护清单，充分展示了其在国内外的卓越品质与品牌影响力。

（2）周至猕猴桃。周至县是全国种植规模最大的猕猴桃产区，也是世界上最重要的猕猴桃生产基地之一，每年面市的国产猕猴桃中，有将近 1/5 来自周至。周至县坐落于猕猴桃的天然分布区域，自古以来便是野生猕猴桃的原生栖息地。自唐朝起，周至人开始将猕猴桃种植于庭前屋后，作为观赏植物，从而与猕猴桃结下了不解之缘。周至县位于八百里秦川的腹地，南部依傍秦岭，北部濒临渭河，四季分明，日照充足，降水适宜，同时拥有微酸性的沙质土壤，这些条件共同构成了猕猴桃生长的理想环境。得益于这样的自然环境和悠久的种植历史，周至地区的猕猴桃产业不断发展壮大，最终形成了具有地方特色的周至猕猴桃，并成为了地理标志农产品之一。

2007 年，国家质检总局批准对"周至猕猴桃"实施地理标志产品保护。2015 年，周至猕猴桃代表西安名优水果赴上海参加第七届亚洲果蔬产业博览会，"周至猕猴桃"品牌荣获 2015 年度华东地区最受欢迎的十大果蔬品牌。2020 年，周至猕猴桃入选中欧地理标志第二批保护名单。

（3）武功猕猴桃。武功县是农业始祖后稷教民稼穑的圣地、中国农耕文明的发祥地之一，文化底蕴十分丰厚。当地政府和专家团认为：要想成就高品质猕猴桃，必须在每一招每一式上都下足功夫。基于武功人勤恳耕耘、下足功夫成就高品质好果的精神，结合消费者对于"武功"与"功夫"的天然联想，确立武功猕猴桃的核心价值，品牌口号为"下功夫，成好果"。该口号巧妙地将武功猕猴桃与"功夫"二字相融合，不仅在字面意义上形成关联，更在品牌内涵上进行了深入的拓展。这一口号旨在引导消费者产生积极的联想，强化其消费认知：武功猕猴桃之所以品质卓越，是因为武功人倾注了大量的心血与努力，是他们下足了功夫才培育出的好果。最终以此为根基，加上当地文化的加持，武功猕猴桃的形象 IP 应运而生，形象展现以功夫小子为主形象，打造了富有文化又不失现代气息的卡通形象。同时，品牌名称和口号在字体设计上，粗犷、随性，符合功夫气质与互联网审美。经调研，"武功小子"品牌形象、品牌名称以及品牌口号，三者共同构筑了武功猕猴桃独一无二的品牌标识。这一设计在猕猴桃品牌中独树一帜，其特点在于采用了拟人化卡通人物作为主要视觉元素，不仅使武功猕猴桃在市场中独树一帜，而且为其在差异化品牌竞争中提供了有利的条件。

"功夫小子"猕猴桃形象一经推出，便引起了良好的市场反响，有利带动了当地的产业发展，以品牌形象为基础所辐射出的活跃度表现也十分可观。2018年初，武功县政府工作报告指出，2016～2017年，"功夫小子"打响了"武功猕猴桃"区域公用品牌，因销售势头好，种植规模在原有的 8 万亩的基础上扩展到 10 万亩，进入"全球百大优质原产地·天猫直供"，成为"亚洲果蔬产业博览会 2018 年度中国最受欢迎的区域公用品牌"前 3 强。"功夫小子"的品牌形象和概念，充分迎合了网民年轻化、趣味性的审美，因此在互联网端反响热烈。在阿里巴巴平台县域农产品电商排名中，武功县排名全国第 5、西部第1。2020 年 4 月，武功县猕猴桃产业带整体入选阿里巴巴"春雷计划"首批标杆品牌农业产品带。

（四）其他

1. 区域分布及产业规模

除苹果、猕猴桃外，陕西省还出产众多富有区域特色的水果，如梨、枣、葡萄、樱桃、石榴等。这些水果知名度虽不及苹果，但产量位居全国前列，形成了大荔冬枣、临潼石榴、临渭葡萄、富平柿饼、城固柑橘等特色区域公用品牌。其中陕西红枣产业规模居全国第 2 位，葡萄产业规模居全国第 3 位，梨产量居全国第 6 位。如图 2-14 所示。

2. 有品牌影响力的地标资源

在 2020 年果品区域公用品牌价值名录中，大荔冬枣、蒲城酥梨、户县葡萄和铜川大樱桃均榜上有名。其中，大荔冬枣排名第 13 位、蒲城酥梨排名第 24位。户县葡萄和铜川大樱桃排名靠后，在 50 位开外。如表 2-7 所示。

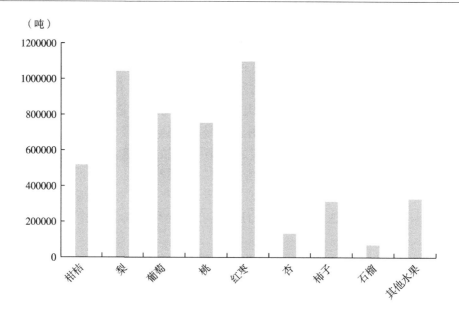

图 2-14   2020 年陕西省水果产量分布

资料来源：陕西省 2021 年统计年鉴。

表 2-7   其他有品牌影响力的地标资源

地区	名称	品牌主形象	品牌辅助形象及口号	品牌价值（亿元）/ 排序	品牌认证
渭南	大荔冬枣		大荔冬枣，脆甜早知道	48.57/13	2019 年中国农业品牌目录 2021 年陕西省农业品牌目录
渭南	蒲城酥梨		蒲城酥梨，多汁多润	30.21/24	2019 年中国农业品牌目录 2021 年陕西省农业品牌目录

续表

地区	名称	品牌主形象	品牌辅助形象及口号	品牌价值（亿元）/排序	品牌认证
渭南	富平柿饼			16.52/59	中欧地理标志协定保护产品 2021 年陕西省农业品牌目录
西安	户县葡萄		户县葡萄，粒粒香甜醉秦岭	11.71/80	2019 年中国农业品牌目录 2021 年陕西省农业品牌目录
铜川	铜川大樱桃		铜川樱桃，人间仙果	1.89/126	2019 年中国农业品牌目录
西安	灞桥樱桃		寻踪白鹿原 此物醉红颜		
西安	临潼石榴		盛世御果，丝路飘香		
西安	阎良甜瓜				2021 年陕西省农业品牌目录

中

续表

地区	名称	品牌主形象	品牌辅助形象及口号	品牌价值 （亿元）/ 排序	品牌认证
榆林	府谷海红果	府谷海红果	黄土高坡，稀罕好果 府谷海红果，新钙念水果		

3. 品牌待培育的地标资源

陕西省红枣产量较大，约占全国产量的 13.71%（见图 2-15），排名第 2。但与排名第 1 的新疆维吾尔自治区相比差距悬殊，约为新疆维吾尔自治区产量的 1/5。陕西省枣类主要分为陕北黄河沿岸红枣带和关中地区鲜食枣生产基地。枣类地理标志资源近 50% 都在陕北地区，绝大多数来自贫困地区，其他则零星散落在关中和陕南地区（见表 2-8）。除大荔冬枣形成品牌效应外，其余 12 个地标资源均品牌待培育，品牌溢价效应未显现。据调研，佳县红枣售价仅为 0.5 元/斤（2021 年 3 月，赴佳县泥河沟村调研数据），在带动农民增收方面还有相当大的提升空间。

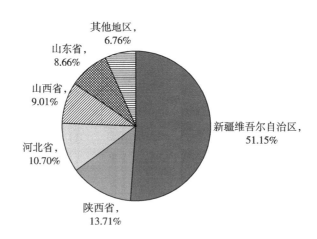

图 2-15　2019 年中国红枣主要地区产量占比

资料来源：2020 年中国红枣产量、进出口及消费量分析：新疆维吾尔自治区占比约为总产量的一半—产业信息网（chyxx.com）。

表 2-8 枣类品牌待培育的地标资源

地区	地标保护产品	是否产自不发达地区
西安	阎良相枣	否
咸阳	彬州大晋枣	否
渭南	直社红枣	否
榆林	清涧红枣	否
	佳县红枣	是
	吴堡红枣	是
	佳县油枣	否
	绥德红枣	否
延安	延安酸枣	否
	延川红枣	否
安康	旬阳拐枣	是
商洛	柞水大红枣	否

在瓜类地标资源中，大部分分布在渭南，包括大荔西瓜、蒲城西瓜、富平甜瓜；在梨类地标资源，主要集中在咸阳，包括彬州梨、礼泉小河御梨和乾县甘河酥梨，还有延安的黄陵翡翠梨；葡萄类大多在关中地区，其中丹凤葡萄、临渭葡萄具有一定的出口潜力；柑橘类主要集中在汉中，其中，城固蜜橘出口至欧盟、东南亚等国家。如表 2-9 所示。

表 2-9 其他品牌待培育的地标资源

品类	地区	地标保护产品	是否产自不发达地区
瓜	西安	阎良西瓜	否
	渭南	大荔西瓜	否
		蒲城西瓜	是
		富平甜瓜	否
		高石脆瓜	否
	榆林	绥德芝麻蜜甜瓜	否
	安康	白河木瓜	是
梨	咸阳	彬州梨	否
		礼泉小河御梨	否
		乾县甘河酥梨	否
	延安	黄陵翡翠梨	否

续表

品类	地区	地标保护产品	是否产自不发达地区
葡萄	西安	灞桥葡萄	否
	咸阳	杨陵葡萄	否
	渭南	临渭葡萄	否
	商洛	丹凤葡萄	是
樱桃	西安	蓝田樱桃	否
	渭南	澄城樱桃	否
	延安	甘泉樱桃	否
柑橘	汉中	城固柑橘	否
		褒河蜜橘	否
		城固蜜橘	是
	安康	旬阳狮头柑	是
柿子	西安	临潼火晶柿子	否
	渭南	富平尖柿	是
	商洛	孝义湾柿饼	否
桃	西安	王莽鲜桃	是
		老堡子鲜桃	否
	铜川	孟家塬桃	否
	延安	甘泉油桃	否
杏	西安	华胥大银杏（华胥大杏）	否
		蓝田大杏	否
石榴	渭南	潼关软籽石榴	否
枇杷	汉中	瀛湖枇杷	是
草莓	西安	长安草莓	否

4. 有影响力的区域公用品牌概述

（1）大荔冬枣。大荔冬枣，其表皮色泽鲜亮、皮薄如纸、肉质细腻且多汁，口感甘甜并伴有清香。其内在品质亦属上乘，含有高达39.5%的可溶性固形物，维生素C的含量更是苹果的70倍、柑橘的16倍，在海内外市场享有盛誉。近年来，大荔冬枣因其具有最佳优生区、设施规模大、成熟早、品质优、品牌亮、货架期长、标准化高、效益好等特色，而受到了社会各界的广泛关注。为了进一步提升其品牌形象和市场竞争力，大荔县于2015年成功注册了"大荔冬枣"商标。目前，大荔冬枣已经获得了绿色产品基础认证和国家地理标志产品认定，标志着其在品质和安全方面达到了国家标准。全县已有 20 家冬枣企业通过了三品认证，共计 25 万亩的冬枣获得了绿色食品证书。这些成绩不仅体现了大荔县在冬枣产业上的专业性和领先地位，也为其赢得了更多的市场机会和消费者的信任。

在 2019 年中国果品区域公用品牌评估价值百强榜中，大荔冬枣排名第 11 位，品牌价值突破了 44.94 亿元。这一成绩不仅彰显了其在果品行业的卓越地位，也进一步巩固了大荔县作为"中国枣乡"的美誉。2020 年，大荔冬枣再次入围果品区域公用品牌价值榜，品牌价值达到了 48.57 亿元，排名提升至第 13 位，这充分展现了大荔冬枣在市场上的强劲势头和巨大的发展潜力。

（2）蒲城酥梨。蒲城县因其土层深厚、光照充足、昼夜温差大以及丰富的灌溉资源，被国内外专家公认为"世界优等酥梨最佳生态区"。蒲城酥梨，以其优美的形态、硕大的果实、薄而亮丽的果皮、清脆的口感、高含糖量以及宜人的香气和卓越的耐储存特性而备受赞誉。其品质之卓越，素有"大如拳、甜如蜜、脆如菱"的美誉。蒲城酥梨在全国名特优果品展销会上荣获"中华名果"的尊称，并多次斩获各类金奖，包括中国昆明博览会金奖、杨凌农博会后稷金像奖等。此外，蒲城酥梨还连续多年获得陕西省优质水果奖和农产品金奖，并被选定为国庆宴会专用水果，充分体现了其在水果界的卓越地位。

鉴于蒲城县在酥梨种植方面的卓越表现，1998 年被授予"中国酥梨之乡"荣誉称号。同时，中国流通协会也评定蒲城县为"中国优质果品基地县"。而在 2020 年的果品区域公用品牌价值榜中，蒲城县的酥梨品牌价值高达 30.21 亿元，位列第 24，进一步彰显了蒲城酥梨在国内外的广泛认可和卓越价值。

（3）富平柿饼。富平县坐落于"八百里秦川"的东北部渭北高原之中，是世界知名的柿子优生区。富平县的柿子栽培历史深厚，可追溯至汉代初期，从那时起，当地人民便开始了柿子种植的传统。至明代，富平柿饼的制作技艺已臻于完善。如今，这里更是建立了占地 10 万亩的优质柿子基地，为柿饼生产提供了丰富的原料。

富平柿饼，以其独特的制作过程和原料，成为了地方的传统名品。它选取当地著名的"富平尖柿"为原材料，经过精细的制作过程，包括清洗削皮、日晒压捏、捏晒整形、定型掐霜等多道工序，最终呈现出其独特的品质。在富平县，有一种特别的传统，那就是"吊柿饼"。经过晾晒的成熟柿饼，一排排整齐地从架上垂挂下来，宛如一面面橘黄色的珠帘，散发着淡淡的果香，成为了富平的一道独特风景。

富平柿饼的特点鲜明，主要表现在"甜、软、糯、无核"四个方面。其柿饼肉多霜厚、入口即化、甜而不腻，深受人们喜爱。根据中国品牌建设促进会发布的《2021 中国品牌价值评价结果》，富平柿饼的品牌价值高达 51.59 亿元，居陕西省参评的 23 个地理标志产品的第 4 位，充分展示了其在国内外市场上的影响力和竞争力。

（4）户县葡萄。户县隶属于陕西省西安市，是蜚声中外的"中国第一画乡""中国诗词之乡""中国鼓舞之乡"。该地位于关中平原的核心地带，气候类型为暖热带半湿润大陆性季风气候，四季分明、干湿有序。其光照充足、热量丰富、水资源充沛，为农业生产和多元化经营提供了得天独厚的条件，因而素有"银户县"的美称。

户县葡萄栽种历史悠久，早在周朝就有栽培葡萄的记载，距今已有三千多年的历史，并留有"风驰夕阳下，鸟鸣不夜天"的佳话。唐代诗人王翰"葡萄美酒夜光杯"的诗句流传千古。葡萄作为户县的优势特色产业，其种植技术和规模在陕西省一直居于前列。户县自然条件非常适合葡萄生长，被评为"中国户太葡萄之乡"和"中国十大优质葡萄基地"。2012 年，国家质检总局批准对"户县葡萄"实施地理标志产品保护。2017 年，"户县葡萄"在第二十三届全国葡萄学术研讨会上获得全国"金奖"荣誉称号。2018 年，"户县葡萄"荣获国家农产品地理标志认证。2019 年，户县葡萄入选中国农业品牌目录。

（5）铜川大樱桃。铜川市地处黄土高原的南缘，海拔高、昼夜温差大、土层深厚、光照充足、雨量充沛，铜川市所产樱桃不仅具有成熟早、果个大、色泽艳、口感好、风味香、耐贮运、无污染等优点，而且营养丰富、安全放心，可以直接食用。樱桃富含碳水化合物、蛋白质、钙、磷、铁等多种维生素和人体必需的营养物质，其铁的含量尤为突出，超过梨和苹果 20 倍以上，居水果首位，营养价值和商品价值极高，是名副其实的绿色健康果品，被当地农民形象地誉为"人间仙果"。

铜川市从 2000 年开始引进推广种植欧美大樱桃，由政府调整土地，集中规划，统一购苗，连片发展大樱桃基地，重点打造"一村一品"高效果业。经过多年的发展，铜川市种植樱桃已遍布全市 5 个区县，樱桃种植农户掌握了先进的生产管理技术，红灯、拉宾斯、布鲁克斯、萨米脱、吉塞拉等一大批樱桃良种、砧木得到了推广应用。截至 2020 年底，全市大樱桃种植面积 3.8 万亩，产量 2.0万吨，樱桃亩均收入普遍达 3 万元以上。大樱桃产业现已成为铜川发展农村经济、增加农民收入基础最实、优势最大、效益最高、前景最好的富民产业。

2010 年，中国果品流通协会授予铜川市"中国优质甜樱桃之都"称号。2013 年，"铜川大樱桃"地理标志证明商标被国家工商总局商标局正式核准注册。2015 年，"铜川大樱桃"荣获中国果品区域公用品牌 50 强，同年 12 月，铜川大樱桃荣获陕西省著名商标。2019 年，入选中国农业品牌目录。2017 年，铜川大樱桃作为陕西省唯一一个果品类地标品牌首次亮相第八届世界地理标志大会。2019 年中国农产品市场协会举行的中国农产品目录制度建设启动发布会上，"铜川大樱桃"荣获"2019中国十大好吃樱桃"称号,成功入选中国农业品牌目录。2021年,荣获"中国最受市场欢迎的樱桃区域公用品牌20强";同年,铜川大樱桃正式获批入选省级特色农产品优势区;在第七届中国果业品牌大会上,"铜川大樱桃"品牌价值达2.26亿元,连续五年荣登"中国果品区域公用品牌价值榜"。

（6）灞桥樱桃。西安市灞桥区气候资源优越,是鲜食大樱桃优生区。灞桥樱桃主要种植在白鹿原、洪庆山地区,该地海拔高度700米左右,土层深厚无污染,日照充足温差较大,相传灞桥白鹿原在唐代就有樱桃种植的历史,俗称"玛瑙"。樱桃享有"春果第一枝"的美誉,灞桥是全国樱桃种植区域成熟最早的地区之一,也是全国樱桃种植优生区,独特的气候优势和自然禀赋造就了优质的樱桃品质。

截至2021年底,灞桥区樱桃总面积已达4万亩,挂果面积3.8万亩。栽培品种包括红灯、艳阳、美早、布鲁克斯等30余个,早中晚熟品种结构基本达到3:5:2,年产鲜果近3万吨,年销售额突破6亿元,面积和产量均居全市前列。全区设施栽植面积100余亩,双子叶园区新建的25连栋为目前全国最大的樱桃大棚,主要栽植红灯、美早、布鲁克斯等早中熟品种,亩产1000千克,产量100余吨,平均售价50~60元/斤,产值突破1000万元。

"灞桥樱桃"以其果大、色艳、口感好、耐贮运而闻名,2012年被农业部、国家质量技术监督总局认定为国家地理标志保护产品,被中国果品流通协会评定为"中华名果""中国消费者最喜爱的著名农产品区域公用品牌",灞桥区被评定为"中国樱桃之乡""全国名特优新农产品"等荣誉称号。

（7）临潼石榴。临潼区是中国古代丝绸之路重镇,也是中国石榴的起源地。最早在西晋时期陆机的《与弟云书》和张华的《博物志》中,就记载着张骞从西域将石榴引种至临潼的历史。临潼区现存石榴古树712株,50年以上的石榴大树上万株。栽植于5A级景区"华清池"的2棵石榴古树被纳入"西安市古树名木"名录,其中一棵据传为杨贵妃亲手栽植,距今已有1300余年历史。石榴花是西安市的市花,2011年,石榴花被列为西安世界园艺博览会的吉祥物,石榴树还多次被移植到人民大会堂、毛主席纪念堂等地。临潼石榴深厚的历史底蕴和文化内涵,已成为临潼区乃至西安市对外形象展示的一张名片。

临潼区石榴生产区域位于海拔高400~800米的骊山丘陵及山前洪积扇地带,地势南高北低,空气流通好,年平均气温13.5℃,极端高温41.7℃,极端最低温-17℃,生长期≥10℃有效积温为4500℃以上,全年无霜期219天,临潼年总辐射量111.7千卡/CM$_2$,石榴生长期日照总时数1413.6小时,有利于石榴进行光合作用,年降雨量591毫米。该区域土壤由红色黏土、砂层及黄土类组成,石榴核心区域土壤由山前洪积扇砂、卵、砾及夹砾组成,土壤透气性极好。临潼石榴生产区域日照时间长,春季温暖,秋季温差大,全年无霜期长,土壤透气性好，确保了石榴产品的高产优质。临潼石榴有着色泽艳丽、果大皮薄、口味饱满、酸甜适口、籽肥渣少的口感和特点。石榴营养丰富，果实富含维生素 C、石榴多酚和花青素，具有软化血管，降血脂、血糖、胆固醇，抗衰老、美容养颜的功效，是养生保健和馈赠礼品的绝佳选择。

临潼石榴于 2006 年获得中国地理标志保护产品认证，2017 年获农业部农产品地理标志登记。先后多次荣获全国农交会金奖、农高会后稷奖、最受消费者喜爱的公众品牌、中国地理标志产品果品 50 强、中国果品品牌 100 强等荣誉。2019 年，被农业农村部确定为全国农村一二三产业融合发展先导区创建单位。2020 年，石榴区域公用品牌成功发布，全区取得农业农村部绿色认证种植企业 7 家。

（8）阎良甜瓜。阎良位于关中平原腹地，土质肥沃、雨量适中、灌溉条件优越、光照充足，春季回暖早、升温快，所生长的甜瓜大小适中，甜度高、口感好、耐储运、品质优。1997 年，西北农林科技大学园艺学院蔬菜所（原陕西省蔬菜所）甜瓜课题育成早熟、抗病、优质丰产的中小果型厚皮甜瓜新品种——"早蜜 1 号"，并对其大棚栽培技术进行总结后，在阎良农村引起轰动，2000 年在阎良区康桥乡、武屯乡示范推广，普遍获得成功，每 667 平方米甜瓜收入均超过 4000 元，最高达 8000 元以上，取得较高的经济效益和社会效益。近年来，阎良甜瓜面积达 6.5 万亩，总产达 20 余万吨，并带动周边富平、临潼等地种植甜瓜 4 万多亩，形成以阎良为核心全国最大的早春甜瓜生产基地。

"阎良甜瓜"先后荣获中国农产品地理标志、杨凌农高会"后稷奖"，阎良区被中国果品质量流通协会授予"中国甜瓜之乡"荣誉称号。2019 年，通过国家知识产权局核准注册，阎良区正式启用"阎良甜瓜"地理标志证明商标。

（9）府谷海红果。海红果树属蔷薇科苹果属西府海棠种，是中国稀有果树资源，距今 2000 多年栽培历史。由于海红果对其生长环境有特殊的要求，它的适种区域不是很广泛，主要在中国黄河中游秦晋蒙三省（区）交界黄土丘陵沟壑地区有一定量的栽培，其中，85% 以上的产量集中在中国陕西省的府谷县。府谷县最早关于海红果的文字记载出现在清乾隆四十八年《府谷县志》特产篇。据《府谷县古树名木集》收录，府谷海红果至少有 260 年以上人工栽培历史。2008 年，"府谷海红果"获得国家地理标志保护产品认证，2010 年，府谷县被中国特产之乡组委会授予"中国海红果之乡"称号。

府谷海红果营养特别丰富，含有人体所需的多种营养成分，含有钙、铁、锌、镁、铜、钾、钠、锰、硒以及多种氨基酸、黄酮、单糖、双糖和微量元素等，尤其是含钙量高达 19 毫克/100 克以上，是同等质量山楂的 2.7 倍，苹果的 7.37 倍，被誉为"果中钙王"，具有显著营养保健价值。由于府谷特殊的地理和气候环境，以及世代果农精心耕作，府谷海红果无论外观颜色与品质明显优于其他产区。

二、粮油

由于气候和土壤等差异，使陕西省粮食种植生产呈现多样性，陕南多产稻谷，关中主要种植小麦，陕北盛产小杂粮。小杂粮实际上是小宗粮食的俗称，其特点是生长发育较快、种植面积较小、有着较为明显的地域性、种植方法也有特殊性。陕北小杂粮种类多、分布广，具有生产规模的多达 16 大类 100 多个品种。

（一）区域及产量分布

从 2020 年陕西省各地区粮食及油料产量来看，榆林市与渭南市粮食产量相差不大，位列全省第 1、第 2；油料（油菜籽、花生）主要集中在汉中、安康、榆林 3 个地区。如图 2-16、图 2-17 所示。

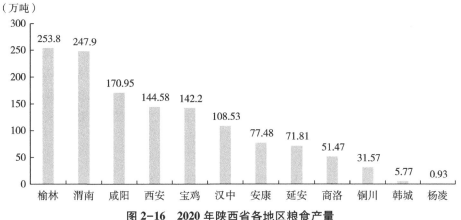

图 2-16　2020 年陕西省各地区粮食产量

资料来源：陕西省 2021 年统计年鉴。

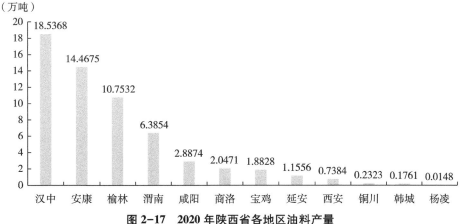

图 2-17　2020 年陕西省各地区油料产量

资料来源：陕西省 2021 年统计年鉴。

（二）有品牌影响力的地标资源

陕北地区的小杂粮种类繁多，如小米、荞麦、洋芋、红豆等多种小杂粮种类，不少农产品获得中国农产品地理标志或证明商标，但大部分农产品都还未形成有影响力的品牌。目前，在粮油品类，有影响力的地标品牌为榆林市的横山大明绿豆和米脂小米。如表 2-10 所示。

表 2-10 粮油有品牌影响力的地标资源

地区	名称	出口情况	认证
榆林	横山大明绿豆	日本	中欧地理标志协定保护产品
榆林	米脂小米		

（三）品牌待培育的地标资源

近年来，陕北地区大力发展小杂粮特色产业，逐步实现从品质增收向品牌增效转变，打造出了一批在全国范围内广受好评的小杂粮名优品牌。2020 年，陕北小杂粮区域公共品牌正式发布，"陕北小杂粮"被当作全国人民了解陕北杂粮的核心品牌，作为陕西省好粮油区域核心公共品牌被大力宣传，也是陕西省"中国好粮油"行动打造重点品牌。如表 2-11 所示。

表 2-11 粮油品牌待培育的地标资源

地区	地理标志产品	是否产自不发达地区
铜川	宜君玉米	是
咸阳	淳化荞麦	是
渭南	大荔花生	否
汉中	洋县黑米	是
	洋县红米	是
延安	甘泉红小豆	否
	安塞小米	否
	直罗贡米	否
	甘泉小红豆	否
	延安小米	否
	志丹荞麦	否
	志丹小米	否

续表

地区	地理标志产品	是否产自不发达地区
榆林	子洲黄豆	是
	定边荞麦	是
	靖边苦荞	否
	靖边小米	否
	靖边荞麦	否
	神木小米	否
	神木黑豆	否
	府谷黄米	否
	绥德山地小米	是

（四）有影响力的区域公用品牌概述

1. 横山大明绿豆

中欧地理标志协定保护产品。横山区是陕西省绿豆主产区，已有 2000 多年的绿豆种植史。大明绿豆粒大、色泽荧绿，是国内绿豆产品中的顶级产品，是优质小杂粮加工、出口的重要组成部分。

2. 米脂小米

米脂县"以地有米脂水，沃壤宜粟，米汁淅之如脂"而得名，历来有"小米之乡"的美誉。以现存于县博物馆的碳化小米为证，种植历史至少已有 4000～5000 年。明清两代为上缴皇家之供品，被誉为我国"四大著名小米"之一。米脂黄土层深厚，海拔 800～1100 米，光照充足，昼夜温差大，土壤类型主要为黄绵土，占土壤总面积的 96%，且缺氮、少磷、钾丰富，疏松软绵，通气透水性良好，宜植性广，有机质养分较高，保水保肥性能好，加之常年光照充足，昼夜温差大，是谷子的最佳适生地，所产谷子品质、色泽独特，营养丰富，据西北农林科技大学测试中心测定，蛋白质含量为 13.4%，脂肪含量为 4.5%，比外地普通小米高出 1%～3%，所含蛋白质、脂肪均高于大米、面粉。

2007 年，米脂被"首届中国榆林国际荞麦节"认定为谷子优势生长区。2008 年，米脂小米获首批中华人民共和国农业部授予的"农产品地理标志公共标识登记证书"。2012 年，米脂县被中国绿色生态农业发展论坛授予"中国绿色生态小米之乡"称号。2015 年，米脂小米入选全国"一县一味"老物种。米脂小米颗粒饱满、色泽金黄、清香甘甜、黏糯爽口、米油浓厚、营养丰富。米脂小米的蛋白质、锌、脂肪等含量均优于参考的同类产品。

2023 年，米脂县谷子种植面积达 15 万亩、产量达 3.6 万吨，实现产值

7.5 亿元。主要生产区域以无定河为界，分为河东种植区和河西种植区，其中河东区种植面积占全县谷子种植面积的 67% 以上。主要生产区域为山峁缓坡地带，通风良好、光照充足。米脂县聚焦米脂小米全产业链发展，目前，全县培育加工销售龙头企业 9 家，开发小米系列产品 8 种，建成米脂小米国家农村产业融合发展示范园，引进 6 家加工企业入驻并全部建成投产，全县加工能力达到 18 万吨，创造就业岗位 700 余个。

三、林特

（一）区域分布及产量分布

陕西省林特产品种类主要包括干果、蜂蜜、花椒等。陕西多地盛产核桃，且因核桃的品质上佳而获得消费者的喜爱与信赖。很多地区的核桃入选国家地理标志产品，如宝鸡市的"麟游核桃"，商洛市的"山阳核桃"，延安市的"黄龙核桃"等。汉中市盛产蜂蜜，"留坝蜂蜜""佛坪土蜂蜜"等都入选农产品地理标志，有一定的出口潜力。

（二）有品牌影响力的地标资源

林特有品牌影响力的地标资源如表 2-12 所示。

表 2-12　林特有品牌影响力的地标资源

地区	名称	出口情况	认证
渭南	韩城大红袍花椒	东南亚	中欧地理标志协定保护产品 2021 年陕西省农业品牌目录
安康	石泉蚕丝	欧盟，日韩	中欧地理标志协定保护产品

（三）品牌待培育的地标资源

林特品牌待培育的地标资源如表 2-13 所示。

表 2-13　林特品牌待培育的地标资源

地区	地理标志产品	是否产自不发达地区
西安	蓝田白皮松	否
铜川	宜君核桃	是
	耀州花椒	是
宝鸡	凤县大红袍花椒	否
	麟游核桃	是
	陇州核桃	是

续表

地区	地理标志产品	是否产自不发达地区
宝鸡	宝鸡蜂蜜	否
	陈仓核桃	否
咸阳	永寿槐花蜜	否
汉中	留坝蜂蜜	否
	留坝白果	否
	留坝板栗	否
	佛坪土蜂蜜	否
	汉中银杏	否
	留坝棒棒蜜	否
商洛	洛南核桃	是
	丹凤核桃	是
	柞水核桃	是
	山阳核桃	否
	镇安大板栗	是
	镇安板栗	是
	商洛核桃	否
延安	黄龙核桃	否
	黄龙蜂蜜	是
	黄龙中蜂蜂蜜	否
榆林	绥德山地核桃	是

（四）有影响力的区域公用品牌概述

1. 韩城大红袍花椒

韩城具有"七山一水二分田"的地貌特征，600～1500米的海拔高度，"北纬35度"的地理位置，富铁富硒的土壤环境，造就了韩城大红袍花椒"粒大肉丰、色泽鲜艳、香味浓郁、麻味适中"的独有品质。全市建有55万亩、4000万株韩城大红袍花椒优质生产基地。2021年全市花椒总产量达2900万公斤，三产突破40亿元。花椒加工企业30多家，其中，国家级林业产业重点龙头企业2家，省级林业产业重点龙头企业3家。先后研发出了花椒芽菜、花椒啤酒、花椒酸奶、花椒锅巴等7类35个花椒系列产品，获得相关专利100多项。建有国家花椒产业园区及西庄、西塬等多个花椒专业贸易市场。在北京市、重庆市、四川省等地设有花椒直销网点100多个，产品出口东南亚及欧美

· 59 ·

等地。

"韩城大红袍花椒"是全国花椒中首个国家地理标志保护产品，品牌价值达213.61亿元，成为全国花椒产业第一品牌。韩城先后荣获"中国花椒之乡""中国花椒之都""中国特色农产品优势区"等多项国家部委荣誉称号。

2. 石泉蚕丝

石泉县养蚕事业可追溯至西汉时期，当时该县已成为中国蚕桑丝绸的核心生产区和丝绸外贸的重要出口基地。其深厚的"鎏金铜蚕"文化底蕴，使得石泉的桑蚕茧及蚕丝制品蕴含了丰富的历史和文化价值。石泉县所产的"白厂丝"，以其"细、圆、匀、坚"和"白、净、柔、韧"的卓越品质著称，经过国家蚕丝标准检验，其纤度偏差、纤度最大偏差、清洁度、洁净度、均匀二度变化这五大指标均达到5A级以上的高标准。

目前，石泉县作为国家重点生态功能区，依然是西北地区蚕桑生产的领军县。全县桑园面积广阔，达到7.3万亩，年养蚕量超过7万张。此外，当地的蚕丝企业年产白厂丝630吨、真丝捻丝600吨、丝织家纺用品20万套，蚕桑产业综合年产值高达16亿元。这一产业已形成包括制种、养蚕、缫丝、织绸、制衣以及副产品开发在内的完整产业链。石泉县的蚕丝产品已成功列入第二批中欧地理标志协定保护产品名录，充分体现了其在国际市场上的卓越品质和广泛认可。

四、蔬菜

（一）区域及产量分布

经过多年发展，陕西省蔬菜生产逐步进入平稳发展期。截至2020年底，全年蔬菜播种面积784.64万亩，增长3.1%，产量1964.74万吨，增长3.6%（见图2-18）。有秦岭太白、西安周至、渭南南沙村等多个天然蔬菜种植基地，陕西省蔬菜产业呈现区域化布局、规模化发展的态势。

借助政府的大力扶持，各个市县蔬菜基地和蔬菜园区的建设情况得到很大的改善，如渭南市华州被农业农村部授予"国家无公害蔬菜基地县""全国农业标准化蔬菜示范县"，安康市汉滨区也完成了无公害产品基地的整县环评，这不仅推动了陕西蔬菜的品牌建设，同时使得其所产出的蔬菜质量得到了保证，为后续的品牌推广奠定了坚实基础。陕西省蔬菜不仅在国内畅销，还远销韩国、日本、泰国、新加坡等国家和地区。

图 2-18 2020 年陕西省各地市蔬菜产量

资料来源：2021 年陕西统计年鉴。

（二）有品牌影响力的地标资源

蔬菜有品牌影响力的地标资源如表 2-14 所示。

表 2-14 蔬菜有品牌影响力的地标资源

地区	名称	认证	LOGO
宝鸡太白县	太白高山蔬菜 （太白甘蓝）	2021 年度陕西省农业品牌目录	
咸阳兴平市	兴平辣椒	2021 年度陕西省农业品牌目录	
榆林市	榆林马铃薯 （定边、靖边马铃薯）	中欧地理标志协定保护产品	

（三）品牌待培育的地标资源

陕南、陕北独特的气候条件以及地理优势，为不同品种的蔬菜种植提供了优良的条件，形成了一定的区域优势和特色产业（见表 2-15）。但受陕北、陕南山地地形的影响，难以进行大规模的机械化生产，加之当地交通不便、经济发展水平落后等原因，致使蔬菜产出效益并不高。因此，陕西蔬菜的品牌建设就任重而道远，如何根据各地实际情况挖掘省内特色蔬菜的品牌价值，将是未来一个时期的重要工作。

表2-15　蔬菜品牌待培育的地标资源

地区	地标保护产品	是否产自贫困地区
渭南	华县大葱	否
	大荔黄花菜	否
	富平九眼莲	是
	合阳九眼莲	是
	沙底辣椒	否
	沙苑红萝卜	否
	渭南华州山药	否
	合阳红薯	是
榆林	靖边胡萝卜	否
	靖边辣椒	否
	米脂红葱	是
汉中	汉中冬韭	否
	镇巴树花菜	否
	镇巴花魔芋	否
	南郑红庙山药	是
	洋县槐树关红薯	是
延安	甘泉青椒	否
	甘谷驿红薯	否
	子长洋芋	否
咸阳	兴平大蒜	否
	漠西大葱	否
	秦都红薯	否
安康	岚皋魔芋	是
	石泉黄花菜	是
	镇坪洋芋	是
宝鸡	宝鸡辣椒	否

续表

地区	地标保护产品	是否产自贫困地区
西安	耿镇胡萝卜	否
商洛	山阳九眼莲	是

资料来源：陕西省商务厅。

（四）有影响力的区域公用品牌概述

1. 太白县高山蔬菜

陕西省宝鸡市太白县地处秦岭腹地，由于山地多、海拔高，昼夜温差大，是高山反季节无公害蔬菜和绿色有机农产品的适生区，也是全省率先实施了蔬菜质量安全追溯制度的县域，先后荣获"全国农产品标准化生产综合示范区""中国绿色生态蔬菜十强县"等称号。太白县自 20 世纪 80 年代开始发展蔬菜产业，至今已有 30 余年种植历史。其蔬菜以个大心实、肉叶厚嫩、纤维细、口感好、维生素矿物质含量高、无污染、反季节等特点，深受消费者青睐。其中，甘蓝、紫甘蓝、西兰花、荷兰豆、生菜等多种蔬菜尤为出名。太白甘蓝获得国家农产品地理标志保护认证，生菜、花椰菜等 11 个品种取得了欧盟认证机构 ECOCERT 颁发的有机认证证书。太白县将蔬菜作为全县主导产业，全县 86% 的耕地用来种植蔬菜，85% 的群众从事蔬菜生产，种植蔬菜 10 万亩，总产量达 46 万吨。目前有 6 家龙头企业、30 多家合作社和 382 家经纪人组织，种植的反季节高山蔬菜涵盖 28 大类 390 余种，畅销全国，成为群众增收的强力支撑。

2. 兴平辣椒

兴平种植辣椒历史悠久，据民国二十二年（1933 年）《校订兴平县志》记载：辣椒是明代中叶，由外国引进，至今已 500 多年，素有"辣蒜之乡"的美称。兴平辣椒保护区位于渭河北岸，四季分明，光照充足，降雨充沛、昼夜温差大，是辣椒最佳适生区。辣椒地理标志保护区属渭河河阶地区，土壤质地为砂轻壤至中壤，土壤上松下实、保水保肥、通透性好。加之适宜的光照、气温，充足的水资源，充分保证了辣椒生长各个阶段的生理需求。且辣椒成熟期昼夜温差大十分有利于辣椒素等营养物质的积累。通过辣椒育苗移栽、重施基肥、整枝抹芽、分批采收、及时干制等特定生产方式，使兴平辣椒具有"椒身细长，褶皱均匀，色泽深红光亮，肉厚籽多，香味醇、辣味浓、油分大"的特点。

目前，发展辣椒种植的合作社和家庭农场有 128 家，种植大户 600 余户，加工厂 30 多家，种植面积 3.2 万多亩，年产辣椒 48000 吨。兴平辣椒已出口到新加坡、泰国、美国等 10 多个国家和地区，年出口量 1000 吨以上，创汇 100 万美元。兴平辣椒还成为康师傅、锦丰方便面和阿香婆辣椒酱等著名食品企业的重要原料。王堡辣椒交易市场，已成为西北最大的辣椒交易集散地。辣椒产业已成为群众增收致富的优势产业、兴平农村经济新的增长极。

2010 年，"兴平辣椒"被国家质检总局授予"地理标志保护产品"；2019年，被国家知识产权局注册为"地理标志证明商标"；2021年，获得农业农村部"农产品地理标志登记"，同时入选 2021 陕西省农业品牌目录。

3. 榆林马铃薯

榆林市是中国马铃薯五大优生区和高产区之一，种植面积稳定在 260 万亩左右，位居全国地级市第 4，总产量位居全国地级市第 2，平均亩产 1200 千克以上，其中规模化、标准化生产的马铃薯已经达到 3500 千克以上。沙绵透气的土壤特性、雨热同季的气候条件和种薯脱毒的技术保障，让榆林马铃薯具有表皮光洁、高钙低钠、糖分低、耐储运的独特品质，蒸、煮、炸、炒皆宜，曾专供 2008年北京奥运会。已开发出粉条、粉丝、全粉、面包、面条、馒头等深加工产品，深受消费者青睐。榆林马铃薯因生产规模大、产量高、薯形好、品质优，深受国内外消费者青睐，是国家地理标志保护产品、中欧地理标志互认产品。

榆林市对马铃薯产业的发展给予了高度重视，将其确立为农业产业化的重要支柱之一，并列为全市四大百亿级产业进行深度打造。为推进马铃薯产业的标准化和规范化，榆林市积极制定并实施了相应的生产标准和产品标准，确保了马铃薯生产流程的科学性和产品质量的可靠性。此外，政府还出台了一系列政策措施，以推动马铃薯产业的高质量发展，进一步提升其市场竞争力。目前，"榆林马铃薯"区域公共品牌已经发布，旨在进一步提升榆林马铃薯的知名度和美誉度，打造榆林"沙地绿色土豆"品牌，增强产品在国内外市场上的竞争力。

五、中药材

（一）区域及产量分布

陕西省，因其得天独厚的地理环境，自古以来便享有"秦地无闲草"的美誉，被誉为"天然药库""生物资源基因库"及"中药材之乡"。这片土地上，孕育了诸如炎帝、扁鹊、孙思邈等历代名医，并留下了丰富的医学遗产和经典名方。

陕西省拥有丰富的中药资源，涵盖了药用植物、动物及矿物等多个领域，共计 4700 余种。其中，植物药种类高达 3291 种，占全国药材种类的 30% 以上。在全国中药材资源普查所确定的 364 个重点品种中，陕西占据了 283 种，占比高达77.7%。更值得一提的是，有 340 种药材被正式收录进《中国药典》。

秦巴山区、关中平原以及陕北高原等地，是陕西优质药材的主要产地。这些地方盛产的地道药材达 32 种，大宗药材更是多达 400 余种。全省范围内，超过 72 个县已经建立了药源种植基地，致力于规范化、规模化的药材种植。

目前，陕西省的丹参、山茱萸、天麻、绞股蓝、柴胡、五味子、黄芪、猪苓等中药材，已在国内享有盛名，成为市场上的热门选择。

（二）品牌待培育的地标资源

中药材品牌待培育的地标资源如表 2-16 所示。

表 2-16 中药材品牌待培育的地标资源

地区	地标保护产品	是否产自不发达地区
西安市	周至山茱萸	是
铜川市	耀州黄芩	是
	宜君党参	是
宝鸡市	太白贝母（咀头产区）	是
	陈仓西山柴胡	否
汉中市	略阳杜仲	是
	略阳黄精	是
	汉中附子	否
	略阳猪苓	是
	略阳天麻	是
	宁强华细辛	是
	佛坪山茱萸	否
	镇巴天麻	否
	镇巴大黄	否
	城固元胡	是
	留坝西洋参	否
	留坝猪苓	否
安康市	平利绞股蓝	是
	镇坪黄连	是
	宁陕猪苓	是
	宁陕天麻	是
商洛市	商洛丹参	否
榆林市	子洲黄芪	是

六、畜禽

（一）区域及产量分布

陕西省畜牧业发展特色鲜明，有全国唯一的奶牛、奶山羊"双奶源"基地，奶山羊存栏、羊奶产量、羊乳粉产能均居全国第1；原产于关中平原的秦川牛被誉为"国之瑰宝"。

2020年，陕西省猪、牛、羊、禽4类肉总产量达106.41万吨，其中猪肉产量为77.7万吨，占全省肉产量的73%，汉中市、安康市、渭南市、咸阳市（包括杨陵区）猪肉产量均超过10万吨；宝鸡市牛肉产量最高，超过2万吨，汉中市、渭南市、安康市、咸阳市（包括杨陵区）牛肉产量超过1万吨；陕西省羊肉主要产自榆林市，2020年，榆林市羊肉产量为5.3万吨，占总产量的54.6%，安康市羊肉产量超1万吨；2020年，商洛市禽肉产量最高，达到1.9万吨，占总产量的18.4%，除榆林市、延安市、铜川市3市外，其余地市禽肉产量均超1万吨；渭南市禽蛋产量最高，达14.64万吨，占总产量的22.8%，除延安、铜川市外，其余地市2020年禽蛋产量均超5万吨；2020年，陕西省奶类总产量为161.5万吨，其中牛奶108.7万吨，占奶类总产量的67.3%。如图2-19所示。

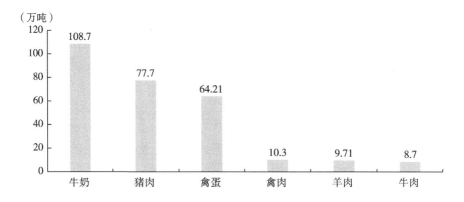

图2-19　2020年陕西省主要畜产品产量

资料来源：2021年陕西统计年鉴。

陕西省人民政府办公厅发布了《关于加速推进全省畜牧业高质量发展的指导意见》，该文件明确指出，畜牧业作为农业结构调整的核心方向，应以农业供给侧结构性改革为主线，坚持实施绿色循环的种养结合模式，并致力于提升畜产品加工业的竞争力。围绕"扩大生猪规模，增强奶山羊产业实力，优化奶牛品质，发展肉羊肉牛产业，提升家禽产业效益"的战略布局，依托科技支持，转变生产模式，优化产业布局，以加快构建现代畜牧业产业体系、生产体系和经营体系，推动畜牧业实现高质量发展。该文件还强调，要积极实施品牌战略，充分发挥奶山羊、秦川牛、陕北白绒山羊等资源优势，加大宣传力度，着力打造陕西羊乳、秦川牛肉、陕北羊肉、陕南富硒猪肉等具有地方特色的畜产品公共品牌。

（二）有品牌影响力的地标资源

畜禽有品牌影响力的地标资源如表2-17所示。

表2-17　畜禽有品牌影响力的地标资源

地区	名称	认证	LOGO
渭南市富平县	富平奶山羊	2019年中国农业品牌目录	
榆林市横山区	（陕北）横山羊肉	2021年陕西省农业品牌目录	

（三）品牌待培育的地标资源

当前畜牧产业政策环境不断优化，全国畜牧业布局正在"西进北移"，陕西省承接产能的空间很大。陕南优越的自然环境、陕北广袤的土地资源孕育着巨大的发展潜力，稳定的粮果茶和蔬菜种植面积为畜禽粪污消纳创造了新的空间，丰富的中药材资源将对提高畜禽保健水平、探索动物防疫新途径发挥重要作用。陕西省畜牧业发展迎来了前所未有的历史机遇，各地应坚持以创新发展理念为指引，因地制宜、因地施策，发挥比较优势，做大主导产业，打好特色品牌，实现产业总量和质量同步提升。如表2-18所示。

表2-18　畜禽品牌待培育的地标资源

地区	地标保护产品	是否产自不发达地区
榆林	定边羊肉	是
	定边羊羔肉	是
	清涧土猪肉	是
	靖边羊肉	否
延安	志丹羊肉	否
	安塞地椒羊肉	否

续表

地区	地标保护产品	是否产自不发达地区
汉中	勉县黑河猪	是
	略阳乌鸡	是
	汉中白猪	否
咸阳	兴平关中黑猪	否
商洛	镇坪乌鸡	是

资料来源：陕西省商务厅。

（四）有影响力的区域公用品牌概述

1. 富平奶山羊

富平县从 20 世纪 30 年代养殖奶山羊，70 年代大力发展，被农业农村部认定为中国特色农产品优势区。富平全县奶山羊存栏 65 万只，年产鲜羊乳 16.5 万吨，拥有 6 家羊乳加工龙头企业，羊乳制品加工能力达 8.3 万吨，开发了羊奶粉、液态奶、羊奶食品等系列产品，连续多年出口中东、东南亚等 10 多个国家地区。"富平奶山羊"成功入选 2019 年中国农产品区域公用品牌名录。"富平羊奶粉"获国家地理标志区域品牌，荣登 2021 年地理标志百强榜，品牌强度为 833，品牌价值为 80.55 亿元。

陕西省视奶畜产业是本省畜牧业发展的关键环节，其中，奶山羊产业更是被确立为"3+X"特色农业产业工程中的核心产业之一。在全省范围内，奶山羊的存栏数量、羊奶产量、良种规模、加工能力、乳制品产量及市场占有率，以及羊乳品牌数量和研发实力等八项关键指标，均居全国领先地位。目前，陕西省已拥有超过 30 个知名的羊乳品牌。

2. 横山羊肉

横山区是陕北白绒山羊的核心培育区和优势养殖区。陕北白绒山羊是以辽宁绒山羊为父本、陕北黑山羊为母本，经杂交改良、横交固定和选育提高培育而成的绒肉兼用型品种，2003 年被农业农村部正式命名"陕北白绒山羊"新品种。陕北白绒山羊是绒肉兼用品种，羊绒细长洁白，被誉为纺织工业的"软黄金"；羊肉紧实细嫩，口感细腻，无膻味，被誉为"肉中人参"，2010 年获国家地理标志认证产品。

根据统计，2020 年全区羊饲养量 260.31 万只，占全市羊饲养量的 1/5，羊产业产值达 17.35 亿元，占畜牧业总产值的 75% 以上，占农业总产值的 51% 左右。全区农民人均可支配收入 14038 元，其中养羊人均收入超过 5000 元，约占人均可支配收入的 35%。全区大中型规模养殖场户数量 2688 家，年均存栏 100

只以下的散养户 16059 户，规模化养殖比重达到 16% 左右。饲养量 10 万只以上的养羊大镇 5 个，万只养羊示范村 28 个，培育省级龙头企业 1 家，市级龙头企业 3 家，建成陕西省陕北白绒山羊科技养殖示范园 1 个，成立了区羊产业协会，镇办、村两级成立养殖协会及养殖合作社 50 多个。2020 年横山陕北白绒山羊被国家绒毛用羊生产技术体系考察确定为"一县一业"样板创建区。

七、茶叶

（一）区域及产量分布

从省内看，2020 年，陕西省茶园总种植面积为 152722 公顷，茶叶总产量达到 86965 吨，相较上年增加 9.72%。其中，汉中市的茶叶产出占比全省最高，约占全省总产量的 56.45%；其次分别为安康市、商洛市等地。

2020 年，全国茶园面积总量为 4800 万亩，陕西省拥有茶园面积 229.08 万亩，名列全国第 9，但相较于种植面积位于第 1、第 2 的云南省、福建省仍有较大差距，仅为两者的 30% 左右。如图 2-20 所示。

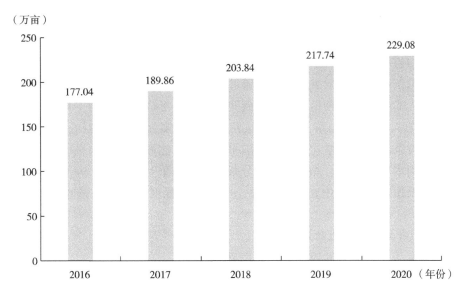

图 2-20　2016~2020 年陕西省茶园面积总况

资料来源：陕西省 2021 年统计年鉴。

2019 年，全国茶叶产量为 280 万吨，陕西省茶叶产量为 8 万吨左右，名列全国第 10，但相较于产量第 1、第 2 的福建省、云南省仍有较大差距，其茶叶产量分别为 40.1 万吨和 39.8 万吨，陕西省茶叶产量仅为福建省、云南省的 1/5 左右。如图 2-21 所示。

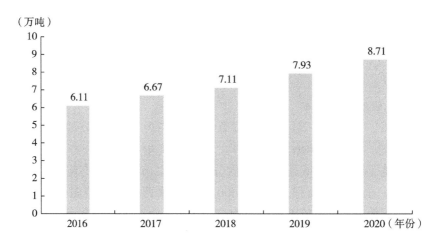

图 2-21　2016~2020 年陕西省茶叶产量情况

资料来源：陕西省 2021 年统计年鉴。

在陕西省政府决定将茶叶种植的管理权由省供销社转移至省农业厅后，陕西省积极推进茶叶产业的发展。目前，茶叶种植面积正持续扩大，茶叶品种也日益丰富。原先的单一绿茶种植格局已得到突破，现已形成以绿茶为主导，同时涵盖黑茶（茯茶）、红茶、白茶、乌龙茶等五大类别的多元化茶品结构。根据数据分析，陕西省茶园面积的增速已超越全国平均水平。然而，茶叶的平均亩产量却低于全国平均水平近一半。此外，大部分茶园仍面临茶叶品种单一的问题，销售周期也相对较短，主要集中在七八月份，这在一定程度上限制了茶农收入的持续增长。

（二）有品牌影响力的地标资源

茶叶有品牌影响力的地标资源如表 2-19 所示。

表 2-19　茶叶有品牌影响力的地标资源

地区	名称	认证
咸阳	泾阳茯茶	2021 年陕西省农业品牌目录 中欧地理标志协定保护产品
汉中	汉中仙毫	2021 年陕西省农业品牌目录 中欧地理标志协定保护产品

续表

地区	名称	认证
安康	安康富硒茶	2021 年陕西省农业品牌目录 中欧地理标志协定保护产品

（三）品牌待培育的地标资源

茶叶品牌待培育的地标资源如表 2-20 所示。

表 2-20　茶叶品牌待培育的地标资源

地区	地标保护产品	是否产自不发达地区
汉中	宁强雀舌	否
	午子仙毫	否
安康	平利女娲茶	否
商洛	商南茶	是
	镇安象园茶	是

陕茶品种丰富，各具特色，在种植技术和规模方面有着可观的优势。虽然如此，"大而不精、大而不强"是陕茶发展所面临的瓶颈问题。在 2021 中国茶叶区域公用品牌价值评价结果中，前 20 强除"信阳毛尖"及"安康富硒茶"属于北方地区外，其余品牌均属于我国南方省份。除地理原因外，北方省份的品牌建立全方位落后南方也是茶叶品牌发展的共性问题。安康富硒茶作为陕茶代表，进入全国茶叶品牌 20 强值得肯定，但相较于榜首的西湖龙井（品牌价值达 74.03 亿元）仍有极大差距。如何建设品牌，宣传品牌，打开销售渠道，拓宽销售思路，打响陕茶的知名度，是相关政府部门及企业亟待解决的问题。

（四）有影响力的区域公用品牌概述

1. 安康富硒茶

位于秦巴腹地的陕西省安康市，北部依秦岭，南部为巴山屏障，冬季不冷，夏季不热，是我国最大的天然硒产地。大秦岭雄伟壮丽，生态环境悠久，秦岭是中国北部和南部的分界线，气候上是温暖、亚热带、黄河与长江的交界处，陕西省秦岭位于大秦岭腹地，是中国生态环境最好的地区，素有"国家中央公园"之称。

安康市是迄今为止发现的最大的天然富硒土壤，最厚的硒含量，最适宜开发的富硒地区。通过科学调查，安康市已形成一个以紫阳县为核心的自然富硒区，全国平均硒含量达 54.2%，并具有"中国硒谷"的美誉。

安康富硒茶历史悠久,始于西周、盛于唐宋、名扬古今,也是古丝绸之路丝茶产品的重要来源地,安康市是中国最早生产贡茶、最早人工栽培茶树的地方。安康富硒茶是中国地理标志产品,产区位于陕西省东南部,汉江上游,大巴山北麓,海拔落差大、云雾概率高、生态环境好,同时也是全国最大的天然富硒区,且富硒浓度适中,易于被植物吸收,所产茶叶汤色嫩绿、清香高长、滋味鲜醇、爽口回甘,所产茶叶硒元素含量高,具有特种保健功效。

2. 汉中仙毫

汉中茶园多位于竹木繁茂、雨量丰沛的大巴山北麓海拔 800~1600 米的缓坡地上。这里冬无严寒、夏无酷暑,气候温和,森林覆盖率达 60% 左右,被公认为是地球上同纬度地带中适合人类生活和适合茶树生长的地方,是国家实施南水北调中线工程的重要水源保护地,也是联合国教科文组织授予的"世界人与自然生物圈保护区",生态环境优越。汉中仙毫为汉中市特产,中国国家地理标志产品。

3. 泾阳茯茶

"自古岭北不植茶,唯有泾阳出名茶"。泾阳位于秦岭之北,嵯峨之南,泾水之滨,是茯茶发源地。泾阳茯茶,距今已有 600 多年的历史,早在 2000 多年前,班超便把茯茶带去了西域用以交换物资,同时茯茶因其具有许多功效被誉为古丝绸之路上的"神秘之茶",在边疆地区广受好评。

因其是在夏季伏天加工制作,其香气和作用又类似茯苓,且蒸压后的外形成砖状,故称为"茯砖茶"。泾阳茯砖茶又称"封子茶""泾阳砖",是再加工茶类中黑茶紧压茶的一种。1368 年,朝廷为方便茶马贸易上的税收,官方规定每块茯茶茶砖必须是六斤四两的规格标准,茶人们一直延续原料选配、筛制加工、汽蒸渥堆、蒸茶收汁、压制定型、发花干燥 6 个阶段 30 道工序,将散茶制作成黑褐油润、金花璀璨、橙红明亮、醇厚回甘的茶砖。泾阳茯茶工艺复杂,多达 30 道筑茶工艺,并有三不制之说"离开泾阳水制不了、离开泾阳人制不了、离开泾阳气候制不了"这三大无法复制的硬性条件。

全国 1000 多种茶品中,唯泾阳茯茶中生长繁殖有一种独特的金花菌——"冠突散囊菌"。中国工程院院士刘仲华教授高度赞誉,以"金花"主导发酵、发花的茯茶,在降血脂、减肥、降血糖和调理肠胃上面,表现生物活性比较优越。2020 年,全县茯茶企业 58 家,产量 5023 吨,产值 11 亿元。泾阳茯茶先后荣获各种奖项 200 余个,国家专利 51 个,泾阳县被授予"中国茯茶之源""全国重点产茶县""茶业品牌建设十强县""茶业百强县"等称号,泾阳茯茶成为国家地理标志保护产品、入选中欧地理标志第二批保护名单,其制作技艺入选陕西省非物质文化遗产保护项目。2021 年,"泾阳茯茶"区域公用品牌价值 7.36 亿元。

八、食用菌

(一) 区域分布及产量分布

陕西省在特色现代农业建设以及"3+X"工程的助力下,食用菌产业的发展与品牌建设取得了令人瞩目的成绩。截至 2019 年底,陕西省食用菌的总产量达到了 125.06 万吨(鲜品),总产值高达 96.07 亿元,在全国 27 个食用菌生产省市中位列第 13。食用菌产业已经逐渐成为促进脱贫攻坚、增加菌农收入的重要支柱产业之一。

陕西省在人工栽培食用菌方面拥有超过 40 年的丰富经验,长期以来,主要以香菇、木耳、平菇等大宗食用菌为主导。然而,随着市场需求的不断演变,高档珍稀菌类的增长势头迅猛。目前,全省食(药)用菌的人工栽培种类已经扩展至 30 多个,其中,食用菌主要包括香菇、平菇、黑木耳、杏鲍菇、双孢菇、金针菇、大球盖菇、秀珍菇、姬菇、白灵菇、茶树菇、鸡腿菇、猴头菇、滑菇、凤尾菇、草菇、姬松茸、鲍鱼菇、灰树花、银耳、蛹虫草、海鲜菇、毛木耳、竹荪、榆黄蘑、羊肚菌等。而药用菌主要有猪苓、天麻、灵芝、茯苓、桑黄等。

陕西省的食用菌产业正呈现出多样化、高质量的发展趋势,为推动农业结构调整、增加农民收入、促进乡村振兴做出了积极贡献。

陕西省食(药)用菌人工栽培种类 30 多个 200 余个品种,以木耳、香菇为代表,主要分布在汉中、安康、商洛三市。香菇作为生产规模最大的品种,占食用菌总产量的 55%,平菇占 20%,黑木耳占 13% 左右,其他种类约占 12%。陕西省围绕食用菌区域公用品牌建设成效显著,"商洛香菇""柞水木耳"等 9 件产品成为国家地标保护产品,其中包括宁强香菇、柞水木耳获得地理标志证明商标;宁陕香菇等 5 种为农产品地理标志。

食用菌是一项集高效、循环、低碳、环保为一体的有较高科技含量的优势特色产业,其经济、社会和生态效益较为显著,是具有广阔发展前景的朝阳产业,一直是陕南的优势特色产业。因此,如何建立起食用菌品牌将是未来一段时期内的重点工作。

(二) 有品牌影响力的地标资源

食用菌有品牌影响力的地标资源如表 2-21 所示。

表 2-21 食用菌有品牌影响力的地标资源

地区	名称	认证	LOGO
商洛	商洛香菇	2021 年度陕西省农业品牌目录, 2019 年中国农业品牌目录	

续表

地区	名称	认证	LOGO
商洛	柞水木耳	2021 年度陕西省农业品牌目录，2019 年中国农业品牌目录	柞水木耳 小木耳·大产业

（三）品牌待培育的地标资源

食用菌品牌待培育的地标资源如表 2-22 所示。

表 2-22　食用菌品牌待培育的地标资源

地区	地标保护产品	是否产自不发达地区
汉中	留坝黑木耳	否
	留坝香菇	否
	镇巴香菇	否
	镇巴黑木耳	否
	宁强香菇	否
安康	宁陕香菇	是

目前，陕西省食用菌产业在菌种、管理技术、精深加工等方面存在的短板还比较突出。数据显示，陕西省食用菌品类主要产品尚未实现对外出口，仅半数品牌具有出口潜力，说明陕西省食用菌规模、标准和品牌影响力仍然不强；与食用菌产品资源相比较，陕西省平菇生产规模位居食用菌品类第 2，但围绕平菇尚未建成知名区域公用品牌，也未申请地理标志保护，陕西省平菇产业特色挖掘和区域公用品牌建设需要高度重视；部分食用菌产品产自贫困地区，需要重视其产业扶持，提高区域公用品牌知名度和影响力，推动产品质量标准形成和提高，将出口潜力转化为出口能力，提高产业对地区经济和农民增收起到带动作用。

（四）有影响力的区域公共品牌概述

1. 柞水黑木耳

柞水县地处秦岭南麓，商洛西部，是陕南距离省会西安最近的县，境内生态环境优美、自然资源富集、区位条件优越，年均气温为 15.9℃，植被覆盖率为 88%，森林覆盖率为 76%，被誉为"中国天然氧吧"。柞水县因柞树多而得名，柞树是生产食用菌黑木耳、香菇的优等菌材。柞水始终坚持把产业扶贫作为治本之策，结合县情实际，决定把木耳作为主导产业，乡村旅游和林下经济作为优势产业，形成了"一主两优"的产业发展思路。

柞水黑木耳具有味道鲜美、个大肉厚、营养丰富等特点，具有很高的药用价值，是外界公认的保健食品，有山珍之称。2010 年，农业部批准对"柞水黑木耳"实施农产品地理标志登记保护。2020 年，习近平在陕西省考察调研时，点赞柞水木耳，称"小木耳、大产业"。

2. 商洛香菇

商洛香菇鲜菇：子实体单生、伞状，菌肉厚而紧实，闻之淡香，食之滑嫩、细腻、鲜美。菌盖直径 5~8 厘米，丰满肥厚，呈浅褐色，部分上布白色裂纹；菌柄中生至偏生，长 3~6 厘米，粗 0.5~1.5 厘米，淡白色。商洛香菇干菇：香味浓厚、嫩滑筋道。菌盖肥厚，呈深褐色或栗色，略带光泽，部分上布菊花状白色裂纹，下缘微内卷、直径 3~4 厘米；菌褶淡黄色、细密匀整；菌柄短小。

与其他地方香菇相比，商洛香菇具有高蛋白、高糖、低脂肪等特点，经检测干菇中蛋白质含量≥21.0%，总糖含量≥35.0 克/100 克，脂肪≤3.5%，纤维含量≥6.7%，富含铁、钙、磷等多种矿物质及维生素 D、维生素 B1、维生素 B2。

九、水产

（一）区域及产量分布

全省水产品养殖基地主要分布在榆林市、商洛市、渭南市、汉中市等市，其中，榆林市占全省养殖面积比例最高为 28.9%，其次为商洛市和渭南市，分别为 24.46% 和 12.28%；而水产品的输出地却主要分布在渭南市、汉中市、安康市等市，分别占陕西省水产品总产量的 29.87%、25.76%、22.04%。

陕西省渔业发展的关键在于因地制宜的策略实施。在关中区域，依托黄河、渭河沿岸的低洼易涝盐碱滩涂资源，陕西省积极推动集约化、规模化、产业化的养殖模式，并充分利用秦岭北麓、渭北高原的冷水资源，发展工厂化微流水养殖。而在陕南地区，则利用汉江、丹江等大水面资源以及秦巴山区的冷水和稻田资源，大力发展绿色养殖。至于陕北地区，则凭借库坝群、黄河、无定河等资源优势，实施池塘养殖、大水面增殖等生态养殖方式。

目前，陕西省的大鲵、中华绒螯蟹、南美白对虾等特色水产品种植养殖已经初步形成规模。全省范围内，渔业相关的龙头企业、专业合作组织、渔业园区等已超过 300 家，同时，渔家乐、垂钓园等休闲渔业项目也超过 2000 家。这些生态、绿色、高端的水产品正逐渐走入寻常百姓的餐桌，为陕西省的渔业发展注入了新的活力。如图 2-22、图 2-23 所示。

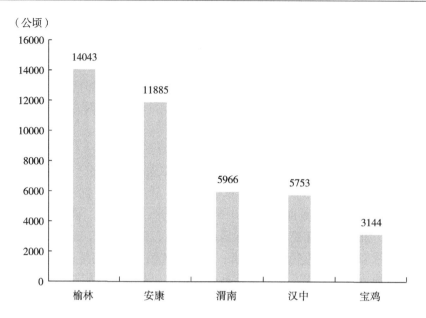

图 2-22　2020 年陕西省主要地市水产养殖面积

资料来源：陕西省 2021 年统计年鉴。

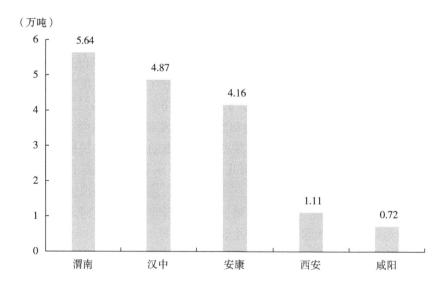

图 2-23　2020 年陕西省主要地市水产品产量

资料来源：陕西省 2021 年统计年鉴。

（二）品牌待培育的地标资源

水产品牌待培育的地标资源如表 2-23 所示。

表 2-23　水产品牌待培育的地标资源

地区	地标保护产品	出口情况	是否产自不发达地区
渭南	洽川乌鳢	无	是
汉中	汉中大鲵	无	否
安康	安康钱鱼	无	否
	安康花鲢	无	否

总体来看，陕西省水产资源较少，区域公用品牌在全国知名度和影响力较弱，受品种和产量限制，很难达到出口条件。但对汉中、安康等水产分布的主要市县，水产作为区域特色和优势，给区域经济发展带来很大助力。因此，各市县应立足区域优势，深挖产品特色，依靠差异化实现水产区域公用品牌高质量发展。

第三章 陕西省农业企业及产品品牌发展现状

本章中，产品品牌特指由涉农企业生产、在市场上普遍流通的鲜活农产品及其初代加工品的品牌，因其直接由企业注册、生产、销售，其在品牌名称、标识等方面与企业品牌多有重合包含关系，相互依存难以简单区分，故农业篇报告将企业品牌及产品品牌一同分析。陕西省农业企业多以小型企业、合作社为主，为保证数据翔实、结果可靠，本部分结合陕西省农业企业发展实际情况，主要选取国家级、省级龙头等已具备一定生产规模、盈利能力及品牌效应的企业进行分析。

第一节 农业企业发展概况

农业企业指通过种植、养殖、采集、渔猎等生产经营而取得产品的盈利性经济组织。我国自1992年开始进行农业现代化以来，经过多年发展，打造了一批农业知名企业，我国农业企业自主品牌建设取得初步成效。

农业产业化龙头企业是乡村全面振兴和农业农村现代化的核心驱动力，对于构建农业全产业链、塑造现代乡村产业体系具有举足轻重的地位。同时，这些企业也是农民就业增收的主要推动者，对于乡村全面振兴的推进起着至关重要的作用。据农业农村部发布的《关于促进农业产业化龙头企业做大做强的意见》所述，我们需要强化龙头企业在品牌建设上的能力，引导它们紧密结合地方特色，培育并发展特色产业，进而推进区域公用品牌的构建。此外，我们鼓励龙头企业将特色产业与生态环保、文化传承相结合，发扬精益求精的"工匠精神"，塑造出具有企业特色的知名品牌。同时，我们也支持龙头企业遵循高标准、高质量的原则，加强顶层设计，提升产品附加值和综合效益，从而打造出一批在国内外具有广泛影响力的产品品牌。

　　农业农村部通过示范认定、完善利益联结机制、项目扶持等政策措施，支持龙头企业做大做强，引领和带动特色产业发展。截至 2020 年底，农业农村部共认定国家级重点龙头企业 1547 家，同时，推动各地培育县级以上龙头企业 9 万家，初步形成国家、省、市、县 4 级联动的乡村产业龙头企业"新雁阵"。陕西省培育认定各级龙头企业总数达到 2058 家，其中国家级农业产业化龙头企业 44 家，在全国排名第 18 位，占全国总量的 2.84%。

一、地区分布

（一）全国分布情况

　　我国国家级农业产业化重点龙头企业分布广而不均，主要分布在传统农业大省和东部沿海省份，数量最多的前 5 个省依次为山东省（108 家）、江苏省（77 家）、河南省（76 家）、四川省（75 家）、广东省（68 家），占据全国总量的 26.12%。陕西省拥有国家级农业产业化重点龙头企业 44 家，占全国总量的 2.84%，在全国排名第 18 位，与陕西省丰富的农产品资源相比位次相对靠后。如图 3-1 所示。

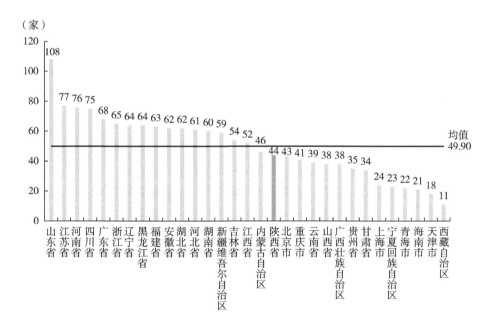

图 3-1　2020 年全国各省市国家级农业产业化重点龙头企业数量

（二）省内分布情况

1. 国家级农业产业化重点龙头企业

从地域分布来看，陕西省内各地市国家级农业产业化重点龙头企业主要集中在关中地区，陕北、陕南各地市农业龙头企业数量均较少，表现出明显的地区差异。具体而言，在 44 家国家级农业产业化重点龙头企业中，关中地区共有 31 家，占总量的 70.45%，其中，西安市 12 家、咸阳市 7 家（包含杨凌示范区 3 家）、宝鸡市 5 家、渭南市 5 家、铜川市 2 家；陕北地区共有 6 家，占总量的 13.64%，其中，榆林市 4 家、延安市 2 家；陕南地区共有 7 家，占总量的 15.91%，其中汉中市 3 家，商洛市、安康市各 2 家。如图 3-2 所示。

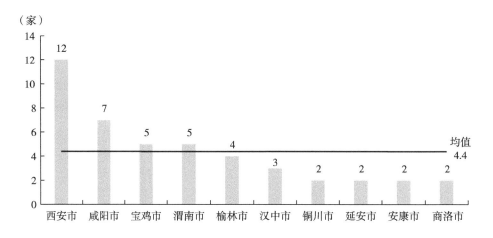

图 3-2 2020 年陕西省各地市国家级农业产业化重点龙头数量

2. 省级农业产业化重点龙头企业

经过市县审核推荐、专家评审、省农业产业化联席会议审定以及社会公示等多个环节的严格筛选，陕西省农业农村厅确定了 2021 年省级农业产业化重点龙头企业监测合格企业名单和递补企业名单。其中，497 家省级龙头企业成功通过监测，保持了其省级农业产业化重点龙头企业的地位。同时，有 164 家企业被递补为"陕西省农业产业化经营重点龙头企业"。截至 2021 年 10 月，陕西省省级农业产业化重点龙头企业总数已达到 661 家，为陕西省农业产业的发展注入了新的活力和动力。

陕西省省级农业产业化重点龙头企业中，关中地区共有 333 家，占总量的 50.38%，其中，西安市 61 家、咸阳市 93 家（包含杨凌示范区 16 家）、宝鸡市 64 家、渭南市 101 家（包含韩城市 5 家）、铜川市 14 家；陕北地区有 117 家，占总量的 17.70%，其中榆林市 85 家、延安市 32 家；陕南地区共有 211 家，占总量的 31.92%，其中安康市 88 家、汉中市 80 家、商洛市 43 家。如图 3-3 所示。

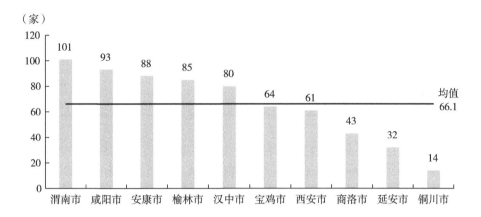

图 3-3 陕西省省级农业产业化重点龙头企业地区分布

（三）陕西省农业产业化龙头企业百强

"2019 年农业产业化龙头企业 500 强"榜单，以营业收入为农业产业化龙头企业评价指标，入围门槛为 6.7 亿元，按照 2017 年企业营收额进行排名。榜单显示，2017 年营业收入达到 100 亿元以上的农业企业仅有 62 家。从龙头企业的省份分布来看，入围企业数量位于前十的省份分别是：江苏省（131 家，26.2%）、山东省（96 家，19.2%）、江西省（35 家，7%）、河南省（32 家，6.4%）、浙江省（23 家，4.6%）、四川省（22 家，4.4%）、福建省（15 家，3%）、吉林省（14 家，2.8%）、广东省（10 家，2%）、湖北省（9 家，1.8%）。陕西省入围企业共 8 家，占企业总量的 1.6%。如表 3-1 所示。

江苏省和山东省所拥有的龙头企业的数量占企业总量的 45.4%。中国东部沿海地区，地理位置优越，有利于农作物的生长，这一区域开放程度高，劳动者文化素质较高，有较强的技术能力，因而东部地区比西部地区所拥有的龙头企业数量多，且在东部地区内分布相对均匀。

表 3-1 2019 年陕西省农业产业化龙头企业 500 强排名

企业名称	排名	营业收入（万元）	税后收入（万元）
陕西石羊（集团）股份有限公司	121	428252.26	12098
西安国维淀粉有限责任公司	230	210198	6114

续表

企业名称	排名	营业收入（万元）	税后收入（万元）
陕西恒通果汁集团股份有限公司	275	171361	9707
陕西陕富面业有限责任公司	276	170938	5028
西安银桥乳业（集团）有限公司	293	154962	479
陕西海升果业发展股份有限公司	301	150787	17640
陕西华秦农牧科技有限公司	444	81696	607
陕西恒兴果汁饮料有限公司	455	79020	12893

2021 年 4 月，在农业农村部乡村产业发展司指导下，中国农业产业化龙头企业协会发布 2020 年农业产业化龙头企业百强名单，陕西粮农集团有限责任公司、石羊农业集团股份有限公司、益海嘉里（兴平）食品工业有限公司 3 家陕西企业入选。如表 3-2 所示。

表 3-2　2020 年全国农业产业化龙头企业百强名单陕西省上榜企业

企业名称	排名
陕西粮农集团有限责任公司	38
石羊农业集团股份有限公司	75
益海嘉里（兴平）食品工业有限公司	97

二、行业分布

国家级农业产业化重点龙头企业行业分布类别及数量，分别为粮油（441 家）、其他（423 家）、畜禽（393 家）、水产（83 家）、瓜果（71 家）、茶叶（71 家）、蔬菜（65 家），其中，"其他"类别包括药材、菌类、种子、饲料等相关领域。陕西省国家级农业产业化重点龙头企业行业分布类别及数量，分别为瓜果（12 家）、畜禽（11 家）、粮油（9 家）、其他（9 家）、茶叶（3 家）。如图 3-4 所示。

与全国数据相比，陕西省龙头企业在瓜果、茶叶方面高于全国均值。陕西省是瓜果大省，主要瓜果种类有苹果、红枣、猕猴桃等，主要分布在陕北和关中地区；茶叶龙头企业主要分布在陕南和咸阳，陕南地处中国茶叶适生区北缘，汉中市、安康市是陕茶主要产地，缘于秦巴山区和富硒带等特殊地理地形和生态影响，造就了汉中仙毫、紫阳富硒茶、平利女娲茶等知名茶叶品牌，泾阳茯茶近年来表现优异。

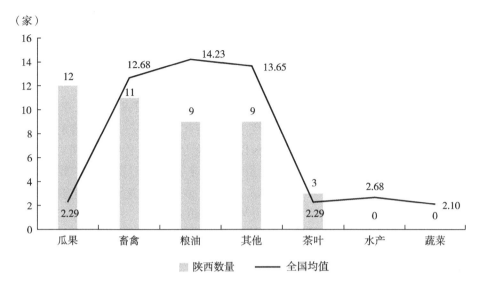

图3-4 2020年陕西省国家级农业产业化重点龙头企业行业分布

陕西省畜禽行业龙头企业数量略低于全国平均水平，但一半以上企业主营业务为乳业，乳业又可分为奶牛和奶山羊两种主要品类，与陕西省畜禽资源相类似；其他畜禽企业主要集中在猪、鸡品类的繁育养殖及其肉制品加工和销售等领域。

陕西省在水产和蔬菜行业没有国家级农业产业化重点龙头企业，这与陕西省地理生态条件和农业生产单位特点有关。陕北、陕南处于黄土高原和秦巴山区，关中平原狭长，与河南、山东等农业大省相比，陕西省农业规模化、产业化条件差，农业生产主要以家庭为单位，规模小且难以实现标准化；缺乏水产领域龙头企业，主要原因可能是陕西省地处内陆，水产资源匮乏，水产养殖规模小，行业发展受限。陕西省现有的汉水鱼、汉中大鲵等水产资源还需进一步挖掘和发展，以尽快实现产业化和品牌化。

从行业分布来看，陕西省由于独特的地理环境，省内不同区域农产品品类表现出不同的区域特点。陕西关中、渭北地区地处奶山羊最佳优生区，是行业公认的羊奶黄金带，优生区的自然条件、合理优良的产业布局、健全先进的服务体系和持续有力的政策推动，培育造就了产业基础深厚、集聚度高、竞争力强的奶山羊产业。陕北以瓜果、畜禽为主。延安市是我国十大苹果生产基地之一，全市种植面积140万亩，年产量约10亿千克，是延安市重点产业，培育出"洛川苹果"这一知名区域公用品牌。陕北特产小米、糜子等优质杂粮，但目前没有形成龙头企业。陕南三市深处秦岭山脉和秦巴山区中，是陕西省茶叶和食用菌的主产区，同时特殊的地理环境造就了品类丰富的山地农产品，如板栗、核桃、木耳等，相关产业尚待进一步挖掘和扶持。

三、发展特点

（一）从区域分布来看，陕西省农业企业地区发展不平衡，产业分布不均

陕西省的关中地区，作为该省的政治、经济和文化中心，对全省的经济发展起着引领和带动作用。然而，陕北地区以农牧业为主导，工业基础相对薄弱，农业与企业发展的联动不足。陕南地区虽然拥有丰富的自然资源，主要以农业为主，但面临着缺乏现代工业发展的问题。因此，陕西省的龙头企业主要集中在关中地区，导致了产业布局的不合理和发展不平衡的现象。

进一步分析，陕西省的龙头企业多数仍处于发展阶段，主要依赖于传统的农业生产，产业结构多以初级产品加工为主。这导致了产品结构的趋同，缺乏科技含量，从而在一定程度上制约了企业的创新能力和市场竞争力。为了促进陕西省经济的全面、协调、可持续发展，需要进一步优化产业布局，加强陕北和陕南地区的工业发展，同时推动关中地区龙头企业的技术创新和产业升级。

（二）从商标收集过程看，陕西省农业企业商标系统混乱、标识信息等获取困难

课题组成员通过农业龙头企业网站首页、图片搜索引擎、第三方推广网站等形式，对陕西省龙头企业及其产品的最新标识进行收集，但仅从网络途径无法获取全面、准确的标识，主要原因如下：①各种网络搜索途径均无法取得有关企业标识；②商标系统混乱，同时存在多种企业商标，无法辨别；③网络传播中商标的分辨率过低，几乎无法用肉眼识别。

而收集到的商标中，许多企业商标在网络上传播较少，缺少商标高清图片，只能从产品图或其新闻中，通过截图方式收集，部分省级农业龙头企业规模有限，没有建立企业官网，其标识信息等获取更为困难。由此可见，陕西省农业龙头企业中相当一部分由于自身规模、发展阶段以及品牌建设与维护意识缺乏等因素影响，目前还没能跟上互联网时代的步伐，通过网络途径进行品牌的商标符号传播。

（三）根据规模和收益来看，陕西省农业龙头企业少、规模小，带动力弱

陕西省龙头企业固定资产净值 650.29 亿元，实现销售收入 1559.33 亿元，净利润 95.4 亿元。其中，全省农产品加工龙头企业销售额过 5000 万元的 248 家，销售额过 5 亿元的企业仅 24 家。在销售额超过 5000 万元的 248 家中，国家级 22 个，省级 191 个，市级 35 个。总销售收入 870.44 亿元，带动农户 222.68 万户，加工类型涉及粮食加工与制造、粮食原料酒、植物油、蔬菜、精制茶、肉类、蛋品、乳品、饲料、中药制造业及其他食用类农产品加工业共 11 大类，农产品加工值与农业总产值比为 1.93：1，低于全国平均水平（2.3：1）。

全省 78% 的企业销售收入未过亿元，主要加工品类、上万种加工产品中，70% 左右属初加工或粗加工，精深加工、高附加值加工不够，农产品加工值与农业总产值比远低于全国平均水平，农产品加工业"不大不强"是当前陕西省农产品加工业的基本现状，与构建现代乡村产业体系、加快产业融合发展、带动农民增收致富的要求不相适应，后续应采取有效措施统筹推进以县域为主的农产品加工业快速发展。

第二节　陕西省农业企业及产品品牌存量资源

一、果品

陕西果业虽然是陕西省农业靓丽的名片，但目前依然存在许多问题，处于大而不强、多而不优的阶段。虽然"洛川苹果""白水苹果"等区域品牌叫得比较响，但企业品牌在全国名气不大，导致陕西省优质水果的质量信誉在消费者心中不高，对优质优价销售造成很大影响。目前陕西创建出了一些果品品牌，如西安市的"华圣""恒通""枝纯"，宝鸡市的"齐峰缘"，延安的"美域高""顶端果业"等，但知名度有待提升。陕西省农业企业上市很少，目前中国海升果汁控股有限公司是唯一一家农业上市企业。

（一）国家级农业产业化重点龙头企业

国家级农业产业化重点龙头企业如表 3-3 所示。

表 3-3　果品企业及产品品牌（国家级）

企业名称	简介	地区	企业品牌
陕西华圣企业（集团）股份有限公司	该企业为首批被官方认定的国家级农业产业化重点龙头企业，同时也是全国农业产品出口示范企业和陕西省苹果产业化重点企业	西安	HUASH

企业名称	简介	地区	企业品牌
陕西恒通果汁集团股份有限公司	深圳市东部开发（集团）有限公司在 2011 年 4 月通过资本运营的方式，对陕西通达果汁集团股份有限公司与陕西恒兴果汁饮料有限公司的资源进行了有效整合，成功构建了以产权关系为纽带的产业联合体	西安	
陕西海升果业发展股份有限公司	主要从事浓缩果汁及浓缩果汁相关产品的生产和销售，产品包括浓缩苹果汁、浓缩苹果清汁、脱色脱酸浓缩苹果汁、浓缩梨汁、浓缩草莓汁、浓缩胡萝卜汁及浓缩苹果汁相关产品和香精等	西安	
陕西九州果业有限公司	该企业荣获"农业产业化国家重点龙头企业"及"陕西省农业产业化重点龙头企业"双重认证，业务涵盖果品生产、加工、销售，致力于果业新技术的推广及示范基地建设，形成了一体化的产业链	铜川	
陕西齐峰果业有限责任公司	依托国家级（眉县）猕猴桃产业园区，本公司已深耕猕猴桃产业达22年之久，注册资本高达3千万元。我们专注于构建猕猴桃的全产业链业务体系，涵盖农资服务、育苗培育、种植管理、果实收购、储藏保鲜、分选包装以及销售推广等各个环节，致力于为客户提供全面、高效、专业的服务	宝鸡	
陕西恒兴果汁饮料有限公司	公司下辖年产各2.5万吨的苹果汁加工基地2个，建设高酸苹果基地，现已形成对苹果的种植、储藏、运输、深加工、销售一体化经营的产业格局	咸阳	
白水县盛隆果业有限责任公司	自2008年成立以来，该公司已成为一家集苹果种植、储存、销售、电子商务、外贸出口及苹果期货交割于一体的省级农业产业化龙头企业，展现出强大的综合实力和行业影响力	渭南	
陕西省白水县宏达果业有限责任公司	自1993年创立以来，始终致力于打造一个集新鲜苹果基地的建设、分选加工、冷链物流、出口内销以及品牌建设于一体的综合性农业产业化企业。我们专注于整个苹果产业链的每一个环节，力求为消费者提供高品质、新鲜美味的苹果产品	渭南	

续表

企业名称	简介	地区	企业品牌
白水县兴华果蔬有限公司	于 2000 年成立，经营范围包括果品蔬菜类种植、储存、销售、代购代销、果品包装物加工等。2019 年，入选"农业产业化国家重点龙头企业名单"	渭南	
陕西富县绿平果业有限责任公司	经营范围包括现代农业开发、果业、林业、畜牧、养殖、农产品的生产、加工、储藏；进出口销售、农业投入品经销、直营连锁店建设	延安	
富县宏佳果贸有限责任公司	一家以苹果加工、生产、销售（外贸出口）为一体的综合性企业，属国家扶贫龙头企业，延安市农业产业化重点龙头企业	延安	
清涧县巨鹰枣业有限责任公司	我国大枣行业领头军企业之一。目前公司的产品为四大系列六十余种规格，代表产品为巨鹰滩枣	榆林	

（二）省级农业产业化重点龙头企业

省级农业产业化重点龙头企业如表 3-4 所示。

表 3-4 果品企业及产品品牌（省级部分）

企业名称	简介	地区	LOGO
陕西果业集团有限公司	省政府组建的国有企业。集团在全省范围内大力开展良种苗木、基地示范、物资装备、贮运加工、产品促销、科技服务"六大板块"业务	西安	
铜川市三联果业有限公司	成立于 1999 年，是以规模化繁育果树脱毒种苗为主，融引进试验、示范推广及生产经营为一体的科技型企业，同时公司业务还延伸到果品及花卉进出口贸易，为陕西省农业产业化重点龙头企业	铜川	

企业名称	简介	地区	LOGO
铜川市欣之农现代农业科技股份有限公司	于2013年成立，经营范围包括：农业开发、农技推广，果蔬、粮食种植及销售；苗木的繁育和销售，农副产品初加工与购销等	铜川	
陕西高塬农业有限公司	于2007年成立，经营范围包括：农产品生产、收购、加工及销售，果品生产、收购、加工及销售，育果袋生产、农业生产资料经营、果树、中药材种植、苗木、农作物种子繁育、经销、养殖业繁育、生产、收购、加工及销售，各种农业技术咨询（金融、证券、期货、基金投资咨询除外）及培训等	铜川	
宝鸡太白山美源果品有限公司	是一所集科研、种植、生产、储藏、销售为一体的科技型猕猴桃深加工企业。立足农村，服务果业，让利农民。已被评为市级产业化龙头企业、省民营科技企业，"秦美源"荣获陕西省著名商标，2014年被陕西省评为陕西省农业产业化重点龙头企业	宝鸡	
陇县盛源果品有限责任公司	成立于2012年，是一家集果品基地建设、果业技术服务、果品购销、果品对外贸易为一体的综合性果品生产经营企业	宝鸡	
杨凌秦岭山现代农业股份有限公司	成立于2008年，在杨凌拥有孵化园和创新园两块现代农业示范基地	咸阳	
陕西德盛源现代农业发展有限公司	成立于2012年，采取"企业+基地+专家+合作社+贫困户"的模式服务于苹果全产业链。先后荣获陕西省电子商务示范企业、陕西省农业产业化重点龙头企业、省级"万企帮万村"先进企业、省级电商及科技扶贫先进企业等荣誉称号	咸阳	
陕西美好家园农业科技发展股份有限公司	2016年被认定为渭南市市级龙头企业，2019年被认定为省级农业产业化经营重点龙头企业。是陕西省省级农业星创天地牵头企业，连续三年被评定为陕西省科技型中小企业，是渭南市果业十强种植企业，被省市县政府多部门、多年、多次评为先进集体等	渭南	

续表

企业名称	简介	地区	LOGO
西乡县鼎丰源农业发展有限公司	公司主要经营猕猴桃种植、储藏、加工，苗木培育等	汉中	
洛川美域高生物科技有限责任公司	是 2010 年成立的一家以苹果农资服务、标准化种植、冷链运输、深加工、市场营销为一体的苹果全产业链企业	延安	
陕西顶端果业科技有限公司	成立于 2014 年，近几年来依托互联网电商平台，着力打造以线上推广、品牌宣传、服务销售、种植托管为一体的全产业链经营的综合性电商企业	延安	
延安中果生态农业科技股份有限公司	公司是一家集果品和小杂粮生产、储藏、加工、包装、销售为一体的中国果业百强品牌企业、陕西省农业产业化重点龙头企业、陕西省优秀品牌和优秀电商企业、郑州商品交易所首批苹果期货交割仓库签约企业（延长苹果 1805）、延安市信用"红名单"企业、延长县党建引领示范企业、四星级非公有制企业党组织	延安	
吴堡县黄河红枣业生态开发有限公司	是从事红枣研发、加工、销售为一体的民营企业，主要产品有滩枣、红枣深加工和杂粮三大系列，单品多达 50 余个，年加工量 3000 吨，预计 3 年内达到 6000 吨	榆林	

（三）区域公用品牌授权企业

区域公用品牌授权企业如表3-5所示。

表3-5　果品类区域公用品牌授权企业

区域公用品牌	企业品牌	产品品牌
阎良甜瓜	西安市阎良区国强瓜菜专业合作社	富秦牌阎良甜瓜
	西安市阎良区科农瓜菜专业合作社	甜蜜使者牌阎良甜瓜
	西安幸福园果蔬专业合作社	忆晨香牌阎良甜瓜
	西安市阎良区飞宇果蔬专业合作社	御东牌阎良甜瓜
	西安市阎良区让民果蔬专业合作社	让民牌阎良甜瓜
周至猕猴桃	陕西悠乐果果业有限责任公司	悠乐果牌猕猴桃
	陕西杨氏农业发展有限公司	泓象牌猕猴桃
	周至县姚力果业专业合作社	秦星仙果牌猕猴桃
	西安异美园现代农业有限公司	异美园牌猕猴桃
	西安周至周一有机猕猴桃专业合作社	周一村牌猕猴桃
户县葡萄	西安毅朝种养殖业专业合作社	张毅朝牌葡萄
	西安东山果品专业合作社	昕东利牌葡萄
	西安荣华农业科技发展有限公司	西荣农业牌葡萄
	西安天益美生态农业科技有限公司	鄂益美牌葡萄
	西安天菊葡萄酒庄园有限公司	邑恋牌葡萄酒
眉县猕猴桃	陕西齐峰果业有限责任公司	齐峰牌猕猴桃
	眉县金桥果业专业合作社	眉香金果牌猕猴桃
	陕西千裕酒业有限公司	千裕果窖牌花果酒
	眉县秦旺果友猕猴桃专业合作社	秦旺牌猕猴桃
	陕西百贤酒业有限公司	百贤牌猕猴桃果酒
千阳苹果	千阳县鸿福果业专业合作社	西秦竞秀牌苹果
	宝鸡海升现代农业有限公司	米奇拉牌苹果
	宝鸡华圣果业有限责任公司	华圣牌苹果
	木美土里生态农业有限公司	木美土里牌苹果
	宝鸡乾亨农业发展有限公司	田亨牌苹果
旬邑苹果	陕西马栏乐田园农业有限公司	幽乐园牌苹果
	陕西石门生态农业有限公司	马栏红石门臻果牌苹果
	陕西第一季现代农业科技有限公司	渭北第一季牌苹果
	旬邑金明苹果专业合作社	旬丰牌苹果
	陕西旬邑泉源果品有限公司	泉源牌苹果

续表

区域公用品牌	企业品牌	产品品牌
洛川苹果	洛川美域高生物科技有限责任公司	美域高牌苹果
	洛川绿佳生态农业有限责任公司	黄土印象牌苹果
	洛川延刚经贸果业有限责任公司	延刚牌苹果
	陕西顶端果业科技有限公司	顶端牌苹果
	洛川优洛有机果业有限责任公司	优洛牌苹果
大荔冬枣	大荔县新禧冬枣专业合作社	新禧牌冬枣
	大荔县安友果品专业合作社	荔友牌冬枣
	大荔绿源农庄冬枣专业合作社	小坡牌冬枣
	大荔县百果王冬枣专业合作社	百果王牌冬枣
	大荔县果农果品专业合作社	一品缘牌冬枣
蒲城酥梨	陕西蒲城金农源果蔬有限公司	秦智牌酥梨
	陕西蒲城建平实业有限公司	JP 牌酥梨
	渭南卤阳湖众聚果品专业合作社	众聚牌酥梨
	蒲城县四方果业专业合作社	鼎四方牌酥梨
	蒲城勇奔果业有限公司	勇奔果业牌酥梨
澄城樱桃	陕西润强现代农业发展有限公司	润府庄园牌樱桃
	澄城县永成现代农业种植有限公司	樱桃媚牌樱桃
	澄城县樱之恋农产品交易有限公司	樱之恋牌樱桃
	澄城县真仕佳樱桃专业合作社	真仕佳牌樱桃
	澄城县尖岨云浪设施果蔬农民专业合作社	尖岨牌樱桃
富平柿饼	富平县华丽柿子专业合作社	富柿花牌柿饼
	富平县洋阳柿饼专业合作社	洋阳牌柿饼
	陕西富平大方天玺绿色农业发展有限公司	柿柿红牌柿饼
	富平县渭鸿金果柿业有限公司	渭鸿金果牌柿饼
	陕西新农人电子商务有限公司	庄里合儿饼牌柿饼

二、粮油

陕西省现存 9 家国家级粮油龙头企业，分别是：汉中市天丰米业有限责任公司、汉阴县新鑫米业有限责任公司、陕西陕富面业有限责任公司、西安爱菊粮油工业集团有限公司、陕西老牛面粉有限公司、西乡县利民粮油工贸有限责任公司、陕西金福海油脂工业有限公司、合阳县雨阳富硒农产品专业合作社、绥德县兰花花生态食品有限责任公司。

（一）国家级农业产业化重点龙头企业

国家级农业产业化重点龙头企业如表3-6所示。

表3-6　粮油企业及产品品牌（国家级）

企业名称	简介	地区	LOGO
西安爱菊粮油工业集团有限公司	始建于1934年，老字号粮食企业。爱菊产品产销量综合指标连续10年居西安市同行业第一，被评为国家、省、市农业产业化重点龙头企业，全国食用植物油加工50强企业，全国面粉50强企业，中国粮食行业"放心面""放心米""放心油"，陕西省、西安市名牌等	西安	
陕西福锦米业有限公司	是西北地区规模最大的集专业化大米生产、加工、销售于一体化的国家级农业产业化重点龙头企业，现已被陕西省粮食局确定为重点扶持的粮食企业，纳入陕西省大米储备企业行列	西安	
西安国维淀粉有限责任公司	始建于2000年，是鄠邑区人民政府招商引进的民营企业。生产玉米淀粉、玉米油等产品，畅销于国内各大医药、食品、啤酒、油脂、化工、饲料和养殖等行业，生产规模位居全国同行业第五，西北西南地区前列	西安	
陕西老牛面粉有限公司	自1995年创立以来，经过不懈努力和持续发展，荣获了全国食品工业优秀龙头食品企业、全国农产品加工业示范企业、陕西省优秀民营企业、陕西省优秀龙头食品企业等多项殊荣。同时，该公司也被评为农业产业化国家重点龙头企业，以及被中国粮食行业协会评为中国粮油企业100强。在产品质量方面，该公司更是获得了"陕西省名牌产品"和"国家免检产品"等荣誉称号，充分展现了其严谨、稳重、理性的企业风格和高度的社会责任感	宝鸡	
宝鸡祥和面粉有限责任公司	公司具有50余年小麦粉加工历史，现为陕西省专业面粉加工骨干企业，是集粮食收储运、面粉加工销售、产品自主研发、产学研相结合、产业化经营为一体的农业产业化国家重点龙头企业，全国小麦粉加工50强	宝鸡	
益海嘉里（兴平）食品工业有限公司	成立于2007年，经营范围包括食用油料、食品用塑料容器（含瓶坯）、蛋白饲料、食用植物油（全精炼、半精炼）的生产加工、灌装、仓储、中转，油脂副产品的收购、加工、销售自产产品等	咸阳	

续表

企业名称	简介	地区	LOGO
陕西陕富面业有限责任公司	自 1984 年创立以来，该企业已逐步发展并确立了在优质小麦种植、粮食收储、产品研发、面粉及挂面加工、小麦胚芽生产等多个领域的领先地位。目前，该企业已构建了一个集研发、生产、销售于一体的完整产业链，并荣获"农业产业化国家重点龙头企业"的称号。在多年的发展中，该企业已成功拓展了富平、渭南、咸阳、大荔、安徽蒙城等地，并设立了包括陕西陕富食品有限公司、陕西陕富食品科技有限公司在内的 7 家面粉及食品加工企业，进一步巩固了其在行业内的领导地位	渭南	
陕西双亚粮油工贸有限公司	始建于 1993 年，是集粮油收购、生产、加工、销售为一体的较大规模民营骨干企业。入选"农业产业化国家重点龙头企业名单"	汉中	
陕西建兴农业科技有限公司	始建于 1993 年，现已发展成为一家应用现代生产工艺设备和技术，集粮油生产、经营、销售和研发为一体的多元化、现代化的国家级农业产业化龙头企业	汉中	

（二）省级农业产业化重点龙头企业

省级农业产业化重点龙头企业如表 3-7 所示。

表 3-7 粮油企业及产品品牌（省级部分）

企业名称	简介	地区	LOGO
长安花粮油股份有限公司	属于陕西石羊集团。集团创建于 1992 年，拥有 28 年专业制油经验，是国家农业产业化重点龙头企业，"中国轻工业食品行业 50 强企业（第 16 位）"。作为一家专业的制油企业，长安花粮油股份有限公司位列"中国食用油加工企业 50 强""中国菜籽油加工企业 10 强"，是中国《浓香菜籽油》标准制定者，并拥有全国唯——家"菜籽油系列标准验证联合实验室"	西安	

企业名称	简介	地区	LOGO
陕西粮农集团有限责任公司	由陕西西瑞集团、陕西油脂集团、陕西农垦集团等6家省属粮食生产、收储、加工、运销企业整合组建。集团将围绕粮食收储、深加工、创建陕西粮油知名品牌等重点，打造西北地区一流粮食龙头企业	西安	陕西粮农 SUNFOOD
西安西粮实业有限公司	2004年由马腾空、大兴路、白家口三家粮库合并而成，于2007年完成改制，经西安市国资委、粮食局批准成立的国有独资企业。是一个以粮油仓储为支柱，以大粮油贸易和现代物流为两翼，集粮油加工、物业管理为一体的大型粮食仓储企业，被确定为国家粮油产业化龙头企业，2018年国家粮食和物资储备局改革与发展联系单位，省、市粮食系统重点仓储企业、农业产业化龙头企业，全国模范职工之家	西安	西粮实业
西安邦淇制油科技有限公司	邦淇牌系列食用油被陕西省、西安市人民政府授予"名牌产品"，被中国粮食协会、中国植物油协会授予"放心粮油"称号。公司被评定为"陕西省农业产业化经营重点龙头企业"；被国家粮食行业协会评为"中国食用油加工企业50强"；被陕西省粮食行业协会评为"陕西食用油加工企业10强"	西安	邦淇
西安鑫丰农业科技有限公司	成立于2003年，主要以农作物玉米、小麦种子的选育、生产、加工、推广、销售为主，兼营肥料的现代农业科技企业。2018年获得"陕西省农业产业化重点龙头企业"；多次获得省、市等各项荣誉，连续9年被陕西省种子管理站评为全省种子行业"诚信企业"	西安	三鑫隆丰
宝鸡源盛实业有限公司	始建于2000年，是西北地区近年来迅速崛起的谷朊粉、淀粉等粮食精加工及集科研、贸易为一体的民营科技企业。2008年被认定为省级农业产业化龙头企业。2008年被评为"民营科技企业"和"农业产业化重点龙头企业"。2014年"盛世雪源"品牌被宝鸡市市场监督管理局认定为知名商标，同年被认定为省级著名商标	宝鸡	源盛实业 Yuansheng Industrial
宝鸡凤友油脂有限公司	是集食用植物油加工销售；食用植物油包装制品加工销售；食用植物油料和食用植物油原油及副产品进出口为一体的现代化油脂加工企业	宝鸡	凤友 凤友

续表

企业名称	简介	地区	LOGO
陕西三原鑫源面粉有限公司	成立于 2001 年，是省政府命名的"文明单位""花园式工厂"，商业部等十部委授予的"贯彻食品卫生法先进单位"。公司技术力量雄厚、检化验手段严格，建厂多年来公司生产的"鑫"牌系列面粉曾荣获"省优""部优"和"咸阳市名牌产品"称号	咸阳	
陕西省泾阳县自强面粉有限责任公司	始建于 1998 年，是泾阳县人民政府招商引资的面粉加工龙头企业。公司依托技术优势、设备优势和原粮优势，已研发生产出 3 大系列、30 多个品种的"三渠"牌优质面粉。公司已逐步形成原粮种植、订单农业、粮食仓储等业务。以种植+收购+仓储+加工的形式，大力扩大优质小麦品种的种植	咸阳	
陕西大唐种业股份有限公司	成立于 2001 年，是以玉米、小麦、蔬菜等农作物种子的研发、生产、加工、销售以及技术服务为一体的现代化综合型企业，目前综合实力位居省内公司前列	咸阳	
陕西杨凌来富油脂有限公司	由陕西粮农集团下属的陕西粮农油脂集团有限公司投资建设，主要承担省级油脂储备的保管和轮换，同时还集油脂生产、加工、包装、销售为一体。2020 年被陕西省粮食行业协会评为"放心粮油示范企业""陕西食用油加工企业 10 强"	咸阳	"水鸭牌" "九重葛" "彩蝶鱼"
陕西粮农富平西瑞面粉有限公司	2015 年成立，经营范围为：粮油收购、储存和贸易，面粉加工及销售，小麦粉（通用、专用）加工，储备，农副产品购销，粮油食品开发，食品加工及销售	渭南	
西乡县汉晶粮油有限责任公司	成立于 2005 年，是专业从事粮油加工的食品加工企业。主要生产"汉晶"牌菜籽油，其产品有：浓香小榨油、纯压榨油、调和油等	汉中	
西乡县利民粮油工贸有限责任公司	成立于 2006 年，是专业从事粮油种植、收购、仓储、加工、贸易为一体的省级农业产业化重点龙头企业。被授予"全国科普惠农兴村先进单位""农业生产化重点龙头企业""陕西省扶贫龙头企业"，公司自有大米品牌"汉鑫源"被原省工商局授予"陕西省著名商标"称号，并被中央储备粮汉中直属库确定为陕南板块收储企业	汉中	

企业名称	简介	地区	LOGO
安康市颐品庄园农业科技有限公司	成立于 2015 年,集生产、研发和销售于一体的健康食品企业,专注生产颐品拐枣原浆酒、颐品富生态茶等药食同源的健康食品。是陕西省拥有拐枣原浆酒生产资质的企业,同时也是行业标准制定者	安康	
榆林市东方红食品开发有限责任公司	成立于 2005 年,专注于生产杂粮、杂粮挂面、手工挂面、小米锅巴、山野苦菜、苦菜茶等四大系列共计 28 种产品。自 2012 年起,其累计 5000 亩的种植基地已成功获得"无公害农产品产地"认证,且其"五女贞"品牌更荣获"陕西省著名商标"称号。凭借卓越的业绩和品质,该公司在 2013 年被授予省级农业龙头企业和市级农业园区称号。2019 年,其"五女贞"牌"香谷小米"更是荣获了"陕西省名牌产品"的殊荣	榆林	

三、林特

(一) 省级农业产业化重点龙头企业

省级农业产业化重点龙头企业如表 3-8 所示。

表 3-8　林特企业及产品品牌(省级)

企业名称	简介	地区	LOGO
陕西大统生态产业开发有限公司	作为一家专注于核桃产业的现代农业科技产业公司,致力于良种繁育、示范种植、保鲜储藏、农副产品精深加工、包装以及销售等全链条的产学研一体化、农工贸一体化、产供销一体化。秉持"名品+基地、公司+农户、名牌+市场"的经营理念,拥有规模化的种苗繁育基地、种植示范基地和深加工基地,为现代农业的可持续发展和生态文明建设贡献力量	西安	核桃仁、核桃等干果
老蜂农生物科技集团有限公司	蜂农地处秦岭腹地,崛起于文化底蕴深厚的古城西安,是西北地区最大的蜂产品科研、生产、销售与服务为一体的蜂行业专业品牌,陕西本土名牌企业,中国蜂产品协会常务理事单位、陕西省蜂业协会副会长单位,全国蜂产品行业产业化经营龙头企业	西安	

企业名称	简介	地区	LOGO
陕西大红袍新科技发展有限公司	成立于 2003 年，经营范围包括花椒、辣椒及辛香料新品种的研发、销售；花椒、辣椒及辛香料专用肥的研发、销售；花椒、辣椒及辛香料种植的技术服务咨询；花椒、辣椒、辛香料及其产品进出口销售（国家限制进出口贸易的货物除外）等	宝鸡	大红袍
陕西长麟农林科技有限公司	成立于 2011 年，经营范围包括核桃种植、研发、收购与销售；蜂产品的收购、研发、加工及销售；炒货食品及坚果制品、植物食用油产品的加工生产及销售；预包装食品，米、面的销售等	宝鸡	长麟农林
陕西太白雪岭生态农业发展有限公司	成立于 1998 年，经营范围包括：蜂产品收购，蜂产品及其制品生产、加工、代加工、批发兼零售，蜜蜂养殖，预包装食品、饮料、果汁的批发兼零售，农副产品、土特产品、调味品、蔬菜、水果及包装材料的收购、销售等	宝鸡	冠发 GUANYOU
黄龙县干果公司	1992 年成立，公司经营范围包括：炒货食品及坚果制品（烘炒类）加工，干鲜果及农林副产品进出口业务，修剪嫁接，果树用品及果树农药，苗木繁育销售，农资销售等	延安	
陕西省横山进出口集团有限公司	始建于 1999 年，如今已转变为以农产品加工及出口、地产、矿业、豆类深加工等多领域为主导的多元化产业集团；逐步发展成为一家跨区域、多行业，并有完整产业链，同时具备一定的国际化水平和专业化素质的综合性投资控股集团	榆林	HS HENGSHAN

（二）区域公用品牌授权企业

区域公用品牌授权企业如表3-9所示。

表3-9　林特类区域公用品牌授权企业及产品

区域公用品牌	企业品牌	产品品牌
韩城大红袍花椒	韩城市金太阳花椒油脂药料有限责任公司	韩塬金太阳牌花椒芽菜
	韩城市宏达香料有限责任公司	源萃牌花椒油树脂
	韩城四海花椒香料有限责任公司	骄香龙门牌花椒
	陕西为康食品科技股份有限公司	椒浓牌花椒油
	韩城孟益沟花椒核桃专业合作社	孟香娇牌花椒

四、蔬菜

近年来，陕西省创建出了众多知名的蔬菜品牌，比如宝鸡市的"太白山""秦绿""雪域花"，西安市的"恒绿"，铜川市的"绿佳源"，商洛市的"秦乐源"，延安市的"南泥湾"，榆林市的"榆阳大漠蔬菜"，这些品牌的建立和发展对于拓展省内蔬菜的销售范围和渠道具有重要意义及示范作用。但陕西省受地理地形条件限制，蔬菜难以实现规模化、标准化种植，蔬菜在农业中所占比例较小，相关企业规模较小。

（一）省级农业产业化重点龙头企业

省级农业产业化重点龙头企业如表3-10所示。

表3-10　蔬菜企业及产品品牌（省级部分）

企业名称	简介	地区	LOGO
陕西田美农业集团有限公司	成立于2004年，经营范围包括农产品的种植、研发、加工、销售、储藏；农资、信息、技术服务，食品生产、销售	西安	稞青 KEQING
西安摩尔农产品有限责任公司	成立于2003年，经营范围包括：预包装食品、散装食品的批发；干鲜果品、蔬菜的销售；物业管理；市场建设开发服务	西安	
陕西鹏大实业有限公司	成立于2010年，主营业务为：蔬菜种植及销售，是一家以蔬菜种植、销售为主的农业企业，是省级扶贫产业园	铜川	

续表

企业名称	简介	地区	LOGO
宝鸡胜利现代农业开发有限公司	现代农业设施及农产品研发、进出口贸易；食用菌高效生产工艺及培养基循环利用技术的示范、培训、推广；生物工程技术、农业新技术的研发、应用、研究、推广；食用菌、苗木花卉、果品蔬菜等农产品的种植、销售推广培训、技术服务及销售	宝鸡	益珍禾 YIZHEN HE
宝鸡德有邻食品有限公司	调味料（固态、半固态、液态）、酱、蔬菜制品（酱腌菜）制造、销售；调味品研发服务；食品销售；以上经营生产的产品进出口业务	宝鸡	德 有邻
陕西三原万君果蔬有限责任公司	蔬菜水果种植、收购、仓储、销售	咸阳	
陕西大荔沙苑黄花有限责任公司	成立于2013年，主营业务为黄花菜、果蔬、坚果加工等。下设沙苑黄花有限责任公司、秦苑农民专业合作社、绿源包装有限公司、黄花电子商务有限公司	渭南	秦苑
蒲城县丞盛农副产品有限公司	蔬菜制品、蔬菜干制品、热风干制品蔬菜	渭南	
汉中给力芽苗蔬菜有限公司	成立于2014年，主要经营各种豆类芽苗菜孵化、栽培、销售，农副产品收购、加工（食品除外）、市场营销等	汉中	
陕西朱鹮生态农业发展有限责任公司	成立于2010年，是一家集有机农业生产、种植、销售、加工、休闲度假、旅游观光等为一体的私营性质的综合性农业企业，公司立足现代农业开发和高科技技术的应用，大力助推康养农业的发展	汉中	
陕西安康天瑞塬生态农业有限公司	成立于2012年，主营业务为蔬菜种植，新鲜蔬菜批发，新鲜蔬菜零售	安康	天瑞塬 TIANRUIYUAN
丹凤县山凹凹生态农牧业发展有限公司	成立于2009年，服务领域为蔬菜、食用菌及园作物种植；家禽、牲畜饲养；农业技术推广服务	商洛	shanwawa

续表

企业名称	简介	地区	LOGO
陕西省神木市昊源食品有限公司	成立于 2010 年，服务领域为：脱水蔬菜、马铃薯加工项目筹建；农产品初加工销售；小杂粮生产销售；种植	榆林	

资料来源：中国农业品牌公共服务平台、陕西省农业农村厅。

（二）区域公用品牌授权企业

区域公用品牌授权企业如表 3-11 所示。

表 3-11　蔬菜类区域公用品牌授权企业及产品

区域公用品牌	授权企业品牌	产品品牌
太白高山蔬菜	太白县北川蔬菜产销专业合作社	农禾丰牌生鲜果蔬
	陕西耀木旅游发展有限公司	耀木牌生鲜果蔬
	太白县绿蕾农业发展有限公司	太白艾菜牌生鲜果蔬
	陕西秦西农林开发有限责任公司	三秦森工牌生鲜果蔬
	太白县秦绿蔬菜有限责任公司	秦绿牌生鲜果蔬
兴平辣椒	兴平市金鹏农业专业合作社	西桥红牌辣椒面
	兴平市秦一辣椒制品有限公司	秦一牌辣椒面
	陕西亚虎食品有限公司	亚虎牌辣椒面辣椒酱
	陕西远诚调味食品有限公司	杜胖子辣椒面
	陕西石碾食品有限责任公司	秦辣嫂牌辣椒面

五、中药材

截至 2021 年，陕西省现有中药饮片加工、中药提取和中成药制造企业176 家，中药工业年产值约 466 亿元，涌现出了以步长制药集团为龙头的中药产业群，陕南有盘龙、汉王、安康正大制药等，陕北有常泰、天宁制药等，关中更是聚集了许多优秀中药企业如西安金花、西安正大、陕西康惠制药等。但由于陕西省中药企业的品牌建设还较为滞后，与川药、云药、贵药等品牌的影响力仍存在较大的差距，因此，要想推动陕西省中草药的进一步发展，还需立足于陕西省现有的中草药资源，聚集优势品种，培育新型企业，创建知名品牌，做大做全产业链，对中药产业进行顶层设计和科学规划。

省级农业产业化重点龙头企业如表 3-12 所示。

表 3-12 中药材企业及产品品牌（省级部分）

企业名称	简介	地区	LOGO
陕西八戒农牧有限公司	成立于 2008 年，经营范围包括畜牧养殖；农林科技项目推广；巴氏鲜奶、乳制品、肉制品销售；餐饮管理服务、瓜果及农产品销售；果蔬种植；药材种植	宝鸡	
宝鸡西合中药饮片有限公司	成立于 2005 年，主要从事中药饮片的加工与销售，涵盖净制、切制、炮炙、炒制、煅制、蒸制、煮制、酒制、醋制、盐制、姜汁制、蜜炙、油炙等多种工艺。此外，公司还涉及发芽发酵和毒性饮片（净制、切制、蒸制、煮制）的生产。除此之外，公司还致力于中药材的种植、收购和销售，以全面满足客户的需求	宝鸡	
浦城县爱民黄布中药材林镇专业合作社	无	渭南	
陕西香菊药业集团有限公司	成立于 1998 年，经营范围包括：中草药种植、地产中草药（不含中药饮片）购销、中草药收购、医学研究和试验发展、药品生产、药品批发、药品进出口等	商洛	
陕西天士力植物药业有限责任公司	成立于 1998 年，经营范围包括中药材种植、购销；中药饮片加工、中药材提取、销售；食品生产、预包装食品销售；中药饮片出口业务	商洛	
陕西天之润生物科技有限公司	成立于 2003 年，经营范围包括：中草药种植、中草药收购、地产中草药（不含中药饮片）购销、农副产品销售、食品添加剂销售	商洛	

资料来源：中国农业品牌公共服务平台、陕西省农业农村厅。

六、畜禽

从出栏、产量数据以及牧业产值、增加值方面看，陕西省畜牧业发展在全国均处于中等偏下水平。整体实力不强，规模化、产业化率不高，加工制造业不发达，产业链条不完整不发达，本土知名企业和品牌较少。牧原、新希望、圣农、温氏等知名养殖业龙头企业开始密集布局西部地区，陕西省各地市纷纷落地一批以生猪繁育为主的规模养殖场，推动生猪存栏恢复速度位居全国第一阵营。

《关于加快推进全省畜牧业高质量发展的意见》提出，陕西省坚持"外引内联、扶优扶强"，加大企业上市指导扶持力度，发展壮大一批链条长、实力强、机制新、能引领产业发展的畜牧业龙头企业，带动产业提质增效。扶持龙头企业扩大生产规模，延伸产业链条，加快技术装备升级改造，打造10个全产业链名牌龙头企业。

（一）国家级农业产业化重点龙头企业

国家级农业产业化重点龙头企业如表3-13所示。

表3-13　畜禽企业及产品品牌（国家级）

企业名称	简介	地区	LOGO
西安宏兴乳业有限公司	成立于2002年，是一家集研发、生产、营销和服务为一体的专业大型羊乳产品深加工企业，拥有婴幼儿配方乳粉、成人系列调制乳粉、全脂乳粉和液态乳数条成套生产线	西安	宏兴 HONG XING　欧莉莎 OLeeSa　冠羚
西安银桥乳业（集团）有限公司	"秦俑牌""阳光宝宝牌"及"艾宝瑞牌"系列奶粉与"银桥牌"系列液态奶，均作为主导产品，在海内外享有盛誉。连续七届被欧亚经济论坛认定为唯一指定专用乳品，还连续六年荣获"全国食品安全示范单位"称号。银桥乳业更是被列为国家重点扶持的12家婴幼儿奶粉生产企业之一	西安	银桥 银桥乳业 YinQiao Dairy　秦俑 QINYONG　阳光宝宝 Sunny Baby

续表

企业名称	简介	地区	LOGO
陕西大匠农科产业（集团）有限公司	成立于 2005 年，是一家以种鸡饲养；鸡苗孵化及销售；"春蕾"牌绿色食品和无公害食品鸡蛋生产销售等为一体的外贸型高科技农业企业集团。下属有陕西春蕾种禽有限公司、铜川春蕾绿色禽业有限公司、榆林春蕾绿色禽业有限公司、铜川春蕾蛋品加工有限公司等多家省市级农业产业化重点龙头企业	铜川	
陕西和氏乳业集团有限公司	成立于 1992 年，集牧场经营、奶畜养殖、乳品研发、乳品生产、产品质检、精准营销于一体的全产业链集团化乳制品企业。旗下包含婴幼儿羊、牛奶粉、成人奶粉等多个系列产品，现已建成覆盖全国的销售网络	宝鸡	
陕西大垦那拉乳业有限公司	成立于 1993 年，是一家集奶山羊、奶牛养殖、乳制品研发、生产、销售于一体的全产业链乳品企业，拥有"神果""阳光骄子""后稷""哺成""贝宝乐"等 28 个系列产品	咸阳	
杨凌本香农业产业集团有限公司	自 2001 年成立以来，该公司始终秉持卓越品质与稳健发展，荣获全国养猪行业百强优秀企业称号。公司通过精心构建的"安全种料生产、优良种猪繁育、商品猪养殖、生猪屠宰及猪肉深加工、冷链配送、线上线下连锁专卖"六大核心环节，打造了一个完整且高效的安全猪肉产业链，确保产品从源头到终端的每一个环节都严格把控，为消费者提供健康、安全、优质的猪肉产品	咸阳	
陕西红星美羚乳业股份有限公司	创建于 1998 年，全产业链经营，集奶山羊良种繁育、科学养殖、乳制品研发、生产加工与销售为一体，陕西省高新技术企业，自建自控奶源基地	渭南	
陕西阳晨牧业股份有限公司	成立于 2007 年，集"种猪繁育、商品猪饲养、饲料研发生产、生物质能源开发与利用及现代生态农业示范"为一体；"猪—沼—园"生态循环发展模式的科技型企业。公司现为国家级扶贫龙头企业、国家级生猪核心育种场、全国养猪百强企业、全国猪育种协作成员单位、国家高新技术企业	安康	

续表

企业名称	简介	地区	LOGO
山阳县恒瑞肉制品有限公司	成立于 2013 年，主营业务为生猪屠宰、肉制品分割、熟食加工、肠衣加工、肝素钠提取。公司围绕打造中国一流、西北最大的肝素钠提取、研发、生产基地目标，实现产值 25.5 亿元，出口创汇 2 亿美元，利税 1.5 亿元	商洛	
陕西省定边县乳品实业有限公司	成立于 1997 年，是一家专业的乳制品制造商，专注乳品的研发和经营，拥有现代化的酸奶及含乳饮料生产线以及现代化的欧美标准示范牧场，是陕西省首批婴幼儿奶粉生产许可通过的企业	榆林	
陕西通海绒业股份有限公司	成立于 2007 年，主要从事羊绒分梳加工和制品销售，服饰品牌"塞北牧羊人"的拥有者。年需原绒 1200 吨，年可生产无毛绒 600 吨，年产值可达 4 亿多元	榆林	

资料来源：中国农业品牌公共服务平台、陕西省农业农村厅。

（二）省级农业产业化重点龙头企业

省级农业产业化重点龙头企业如表 3-14 所示。

表 3-14　畜禽企业及产品品牌（省级部分）

企业名称	简介	地区	LOGO
西安东方乳业有限公司	主营乳制品加工与销售的专业液态奶生产基地。经营范围："东方多鲜庄园"牌巴氏杀菌乳、灭菌乳、调制乳、发酵乳和饮料（蛋白饲料类）	西安	
西安兆龙食品有限公司	以秦川牛养殖、屠宰、加工、熟牛肉及罐头制品生产为主业的现代化肉类综合加工企业。生产"兆龙"牌秦川肥牛、中高档部位肉、牛副产品、熟食罐头五大系列、100 多个品种	西安	

续表

企业名称	简介	地区	LOGO
陕西铜川润民达康食品有限公司	成立于2004年，铜川市唯一的品牌冷鲜肉生产销售企业。围绕"润民达康"品牌，已形成养殖、居宰、分割、冷藏、冷链配送、连锁专卖店销售为一体的全产业链产销模式	铜川	
铜川市鸿伟实业股份有限公司	成立于2011年，主营行业为畜牧业，主营业务为养殖、种植、农副产品收购	铜川	
陕西秦川牛业有限公司	成立于2005年，是一家集秦川牛良种繁育、快速育肥、规模化饲养、良种外调、外贸出品加工、特色牛肉餐饮连锁经营、微生物循环利用等科工贸一体化的省级农业产业化重点龙头企业和国家级扶贫龙头企业	宝鸡	
陕西八戒农牧有限公司	成立于2008年，经营范围包括畜牧养殖，农林科技项目推广、巴氏鲜奶、乳制品、肉制品销售、餐饮管理服务、瓜果及农产品销售、果蔬种植，药材种植等。具有3处分支机构	宝鸡	
杨凌秦宝牛业有限公司	成立于2010年，主营行业为畜牧业，主要业务为良种牛繁育、养殖，饲料销售，优质牧草推广	咸阳	
陕西辰烁生态农业有限公司	成立于2013年，农庄拥有藏香猪、黑猪放养基地、散养白凤乌鸡、土鸡场，苗木种植基地、雪莲果种植基地、紫薯种植基地、紫薯加工厂、面粉加工厂、传统土梁工艺菜籽油加工厂。农庄还拥有向会员提供休闲、养生、品鉴于一体的户外生态体验基地	咸阳	
陕西澳美慧乳业科技有限公司	成立于2010年，总投资1亿元，承载了3000头进口良种奶牛养殖、奶牛标准化养殖技术推广、奶质（饲料）检验检测、有机肥加工、奶农培训等多功能于一体大型畜牧企业	咸阳	
陕西晟杰实业有限公司	成立于2009年，主要经营业务包括奶牛养殖、家禽养殖、蔬菜花卉，是集奶牛养殖、繁育及饲草料加工为一体的大型现代化畜牧企业	渭南	

企业名称	简介	地区	LOGO
汉中市皇冠农业产业化有限公司	成立于2004年，集"汉皇冠"品牌生猪定点屠宰、大肉、毛猪销售和蔬菜、粮油、干鲜果、水产品销售的一体化现代企业，被商务部命名为定点全国蔬菜流通基地，也是陕南地区最大的蔬菜批发市场	汉中	
汉阴县秦龙有限责任公司	成立于2004年，注册资本350万元，主营业务为畜禽养殖、种猪繁育、禽畜屠宰	安康	
陕西未来绿色农牧开发有限公司	成立于2003年，注册资金500万元，集良种蛋鸡饲养、良种猪繁育、生物肥加工、大鲵特种养殖于一体，公司蛋鸡场存栏蛋鸡10万只，生产的"鸡窝凹"鸡蛋通过了无公害认证，年产无公害鸡蛋1200吨，大鲵驯繁场饲养成鲵2000余尾，年可产子一代和子二代幼鲵10万尾。生物肥加工厂年生产能力1万吨。良种猪繁育场存栏祖代、父母代能繁母猪1000头，年向社会提供仔猪10000头	商洛	
延安劳山鸡业有限责任公司	成立于2004年，2009年通过了农业部无公害农产品产地认证，2010年通过ISO9000国际质量管理体系认证。主要产品有"劳山村"生态土鸡、富硒鸡蛋、烤鸡蛋、卤蛋鸡、鸡蛋干四大系列20余个产品。"劳山村"牌注册商标被评为了陕西省著名商标，"劳山土鸡蛋"通过了有机产品认证，"劳山村"牌鸡蛋干荣获了陕西名牌产品荣誉称号	延安	
富县诚鑫农牧发展有限责任公司	成立于2008年，主营业务为良种猪繁育、生猪生产销售、良种果菜繁育、种植等	延安	
榆林市天鹏畜禽有限公司	成立于1999年，主营业务为良种畜禽养殖（京红1号蛋鸡），配合浓缩饲料和精料补充料	榆林	

企业名称	简介	地区	LOGO
神木市旺洋农业有限责任公司	成立于 2013 年，集饲草种植、种羊繁育、规模化养殖、肉羊屠宰、羊副产品精深加工、电子商务、高新技术创新服务及职业农民培训于一体，年屠可产羊肉制品 3000 吨，形成了三大系列 70 多个品种。依次通过了 ISO9001 国际质量体系认证和 ISO2200 食品安全体系认证。公司出品的"天封苑"羊肉，2016 年荣获第二十三届杨凌农业高新科技成果博览会后稷特别奖；2018 年公司的"天封苑"品牌荣获陕西供销合作经济年度成就奖十佳产品品牌	榆林	

资料来源：中国农业品牌公共服务平台、陕西省农业农村厅。

（三）区域公用品牌授权企业

区域公用品牌授权企业如表 3-15 所示。

表 3-15　畜禽类区域公用品牌授权企业及产品

区域公用品牌	授权企业品牌	产品品牌
富平奶山羊	陕西红星美羚乳业股份有限公司	美羚品牌
	陕西圣唐乳业有限公司	羊奶哥品牌
	陕西祥祥祥乳业有限公司	祥祥祥品牌
	富平县秦源乳业有限公司	秦羚品牌
陕北横山羊肉	横山区香草羊肉制品有限责任公司	香草情牌陕北横山羊肉
	横山县永丰商贸有限责任公司	双城乡牌陕北横山羊肉
	榆林香丰食品有限责任公司	香草园牌陕北横山羊肉
	横山县溢香羊肉有限公司	溢香牌陕北横山羊肉
	榆林市洋洸农牧业科技开发有限公司	洋洸牌陕北横山羊肉

七、茶叶

陕西省茶产业面临市场占有率偏低、竞争力不足的问题。这主要源于品牌繁多且杂乱、品类间高度同质化、市场认知度较低，以及缺乏有影响力的知名品牌作为引领。同时，多数陕西省茶企规模偏小、产能有限，多数以家庭式或作坊式运营，抵御风险能力较弱。此外，龙头企业数量有限，政府在扶持优势企业和强化产业方面的力度尚显不足，导致产业整体带动力不强，进而限制了产业的进一步发展。特别值得关注的是，泾阳茯茶目前尚处于发展初期，品牌名称多样，甚至有小作坊采用劣质原料生产低质"泾阳茯茶"，若不加以规范，可能对整个茯茶产业造成不良影响。

（一）国家级农业产业化重点龙头企业

国家级农业产业化重点龙头企业如表3-16所示。

表3-16　茶叶企业及产品品牌（国家级部分）

企业名称	简介	注册地	LOGO
陕西苍山秦茶集团有限公司	国家农业综合开发单位、国家有机茶重点示范单位、全国茶叶标准化技术委员会委员单位、中国茶叶行业百强企业、新中国茶事功勋企业。公司在陕南的3000余亩茶园为陕西省"国家有机茶标准化示范区"，集种植、加工、科研、观光于一体的"西乡白岩现代化高标准观光茶业示范基地"已在此建成	咸阳	
陕西东裕生物科技股份有限公司	成立于2011年，经营范围包括：农副产品销售、茶叶种植、食品生产、农作物种子经营、饮料生产、餐饮服务、进出口代理、保健食品生产、茶叶制品生产、食品经营等	汉中	

资料来源：中国农业品牌公共服务平台、陕西省农业农村厅。

（二）省级农业产业化重点龙头企业

省级农业产业化重点龙头企业如表3-17所示。

表3-17　茶叶企业及产品品牌（省级部分）

企业名称	简介	地区	LOGO
陕西怡溪春茶业科技有限公司	该公司成立于2011年，业务涵盖多个领域。在农产品方面，它致力于生产、销售、加工、运输和储藏各类农产品，并提供相关的服务。此外，该公司还涉足茶具销售，包装材料及制品的销售。同时，它还从事茶叶种植和中草药种植，并收购中草药。通过这些多元化的业务，该公司为农业和相关产业的发展做出了积极贡献	汉中	
陕西熙园生态农业有限公司	成立于2012年，经营范围包括茶叶种植、研发、收购、加工、销售，油茶、核桃、经济林及中药材种植、收购、销售，蔬菜、粮食作物种植、销售，家禽、家畜养殖销售，农副产品收购、初加工、销售，化肥、农地膜、饲料零售，农业技术服务	汉中	

续表

企业名称	简介	地区	LOGO
汉中山花茶业有限公司	自 2005 年创立以来，始终致力于茶叶产业的全链条发展。目前，公司拥有广阔的生态茶园基地，占地面积达 5000 亩，并构建了 2 条清洁化流水生产线，确保茶叶品质达到行业领先水平。年产量稳定在 300 吨，满足了广大消费者对于优质茶叶的需求。公司集茶叶种植、生产加工、销售、茶园观光旅游及茶产品深加工等多个环节于一体，形成了完整的产业链条。凭借卓越的品质和持续的创新，公司荣获了"陕西省守合同重信用单位""陕西省农业产业化重点龙头企业"和"陕西省十佳茶企"等荣誉称号，这些荣誉不仅是对公司过去努力的肯定，也是对公司未来发展的期许	汉中	
汉中市清波农业科技发展有限责任公司	成立于 2009 年，是以茶叶精深加工为龙头，集林木种植、现代农业生态观光为一体的民营企业；是省、市、县农业产业化重点龙头企业、陕西省扶贫龙头企业	汉中	
安康市京康现代农业开发有限公司	成立于 2012 年，经营范围包括茶叶种植、加工及销售，农作物种植、加工及销售，林果业种植、加工及销售，畜牧业养殖及销售，农产品加工及销售等	安康	
安康闽秦茶业股份有限公司	成立于 2003 年，经营范围包括茶叶种植、收购、生产、销售，茶叶包装，茶具销售，茶苗培育等	安康	
平利县女娲银峰茶叶有限公司	成立于 1999 年，公司下辖平利县高峰村茶叶技术协会、安康市茶叶生产力促进中心和陕西省茶叶科技专家大院。在北京、上海、西安、咸阳、宝鸡、华山、渭南等省、地、市（县）设有产品直销部。拥有茶园、绞股蓝生产基地 11000 亩（其中有机茶基地 2270 亩），在中国茶业年鉴榜上有名	安康	

续表

企业名称	简介	地区	LOGO
陕西省紫阳县焕古庄园富硒茶业科技有限公司	是一家集天然富硒茶种植、生态园建设、生产加工及市场营销等多元化业务于一体的产业化龙头企业。自 2013 年成立以来，企业致力于打造高质量的无公害茶叶生产基地，目前拥有约 50 多亩的茶叶种植基地。同时，企业还建设了一座规模约 5500 平方米、管理规范、设备先进的绿茶加工厂，以确保产品的高品质与稳定供应。通过多年的努力与发展，企业已成为行业内的佼佼者，为国内外消费者提供优质的天然富硒茶产品	安康	
商南县秦园春茶业有限责任公司	成立于 2011 年，经营范围包括茶叶生产、加工；食品百货销售；卷烟、雪茄烟零售。一般经营项目：茶叶生产、加工、包装、销售；茶树、茶苗的繁育、种植、销售；茶树品种推广；茶具、茶叶加工机械销售	商洛	
陕西盛华茶叶发展有限责任公司	成立于 2008 年，经营范围包括茶叶种植；农作物病虫害防治服务；非主要农作物种子生产；农业专业及辅助性活动；非食用农产品初加工；农业园艺服务；茶具销售；食用农产品零售	商洛	

资料来源：中国农业品牌公共服务平台、陕西省农业农村厅。

（三）区域公用品牌授权企业

区域公用品牌授权企业如表 3-18 所示。

表 3-18 茶叶类区域公用品牌授权企业及产品

区域公用品牌	授权企业品牌	产品品牌
汉中仙毫	陕西东裕生物科技股份有限公司	东裕牌汉中仙毫
	宁强千山茶业有限公司	青木川牌汉中仙毫
	陕西绿娇子农业开发有限公司	绿娇子牌汉中仙毫
	陕西怡溪春茶业科技有限公司	怡溪春牌汉中仙毫
	西乡县南山茶业有限责任公司	南山村牌汉中仙毫
泾阳茯茶	陕西泾阳泾砖茶业有限公司	泾砖牌泾阳茯茶
	陕西省泾阳县裕兴重茯砖茶业有限公司	百富茶业牌泾阳茯茶
	陕西泾阳百富茯砖茶有限公司	裕兴重牌泾阳茯茶
	陕西泾阳易昌茗茯砖茶业有限公司	易昌茗牌泾阳茯茶
	陕西泾阳泾水缘茯茶有限公司	牛金花牌泾阳茯茶

续表

区域公用品牌	授权企业品牌	产品品牌
安康富硒茶	汉阴嘉木田园生态农业科技有限公司	嘉木秀牌茶叶
	平利县田珍茶业有限责任公司	田珍茶业牌茶叶
	陕西省紫阳县和平茶厂有限公司	和平茶业牌茶叶
	安康秦汉古茶发展股份有限公司	秦汉古茶牌茶叶
	汉阴县凤堰茶业有限公司	凤堰牌茶叶

八、食用菌

陕西省具有专业从事食用菌生产的企业、专业合作社 600 多家，涌现出了宝鸡国人菌业、商南海鑫科技、安康秦园食用菌等一批龙头企业。品牌建设成效显著，"商洛香菇""柞水木耳"获国家农产品地理标志登记产品，杨凌"女娲""天和"，宁强"巧菇妈"，陇县"陇关"等成为省级著名商标。而纵观国内及陕西省食用菌产业发展现状不难发现，尽管陕西省食用菌资源比较丰富，但形成品牌的数量极少。因此，陕西省食用菌产业要想得到长远的发展，先要进行科学定位，提高食用菌产业发展层次，进行标准化种植、规模化生产，精益化管理和经营，实现市场深度发展，并优先鼓励发展龙头企业从而带动和促进食用菌产业的全面升级。

（一）省级农业产业化重点龙头企业

省级农业产业化重点龙头企业如表 3-19 所示。

表 3-19　食用菌企业及产品品牌（省级部分）

企业名称	简介	地区	LOGO
陕西国人菌业科技产业园有限公司	具备食用菌一级菌种生产资质，为陕西省省级农业产业化经营中游企业，亦是陕西省食用菌现代农业技术体系大院所在地。是一家集食用菌研发、菌种生产、栽培、加工、销售以及农林废弃物循环利用于一体的综合性农业高新技术企业。产品主要包括灵芝、猴头菇、白灵菇、杏鲍菇、茶树菇、银耳等，并已自主开发了三大系列产品	宝鸡	
宝鸡胜利现代农业开发有限公司	主要经营食药用菌、苗木花卉、果品蔬菜等农产品的生产种植、销售、推广培训，技术服务及农资产品生产销售等	宝鸡	益珍禾 YIZHENHE

企业名称	简介	地区	LOGO
旬阳县国桦农林科技开发有限公司	经营范围包括食用菌种植销售，粮食作物、蔬菜、苗木、花卉种植，畜牧水产养殖，农产品初加工、销售，土地改选、农业、水利工程勘查、设计、施工，劳务分包，土地资源开发利用，农业机械化服务，生态农业观光，无公害种植技术研究应用，食用菌废料循环利用	安康	
陕西秦峰农业股份有限公司	成立于2012年，是一家以发展现代生态循环农业为主，集绿色无公害农副产品科研、种植、加工、销售、物流配送等为一体的省级农业产业化重点龙头企业，在柞水县西川国家农业示范园区建立基地，是陕西省首家规范化、规模化发展木耳产业的现代化股份制企业	商洛	

资料来源：中国农业品牌公共服务平台、陕西省农业农村厅。

（二）区域公用品牌授权企业

区域公用品牌授权企业如表3-20所示。

表3-20　食用菌类区域公用品牌授权企业及产品

区域公用品牌	授权企业品牌	产品品牌
柞水木耳 （持有单位：柞水县农产品质量安全站）	柞水野森林生态农业有限公司	野森林牌木耳
	柞水秦岭天下电子商务有限公司	秦岭天下牌木耳
	陕西秦峰农业股份有限公司	秋雷牌木耳
	柞水县扶贫开发投资有限公司	乾佑河牌木耳
	陕西供销柞水木耳综合服务中心	供销牛牌木耳
商洛香菇 （持有单位：商洛市农业技术推广站）	商洛盛泽农林科技发展有限公司	商洛蓝牌香菇
	陕西诚惠生态农业有限公司	沁慧源牌香菇
	商洛市福众岭农业有限责任公司	富兮君牌香菇

九、水产

陕西省由于地处北方，缺乏水产养殖先天性优势条件，其水产企业数量少、规模小、养殖区域分散、产业链较短、产品开发滞后。省内地理标志保护产品均品牌待培育，在与南方水产品竞争中处于绝对的劣势地位。目前，省内水产品养殖主要集中于汉中市、渭南市、安康市3市，由于缺乏品牌价值建设与产品宣传，3 市水产走出市外亦面临种种困难。

省级农业产业化重点龙头企业如表 3-21 所示。

表 3-21 水产企业及产品品牌（省级部分）

企业名称	简介	地区	LOGO
汉中市龙头山水产养殖开发有限公司	成立于 2011 年，经营范围包括大鲵养殖、繁育；水产品养殖、加工、销售	汉中	鲵生源
岚皋县绿水生态农业有限责任公司	成立于 2013 年，经营范围包括淡水鱼养殖、销售、初加工、冷藏、运输；鱼饲料加工、批发	安康	南宫鱼

资料来源：中国农业品牌公共服务平台、陕西省农业农村厅。

十、其他

除常见农业种类外，其他农业产业的品牌发展亦不可忽视。在此类产业中包括农产品的加工流通型企业，饲料业、种业等类型，包括国家级农业产业化重点龙头企业 9 家。

在饲料类企业中，2020 年，陕西省工业饲料总产量 343.60 万吨，总产值120.40 亿元，分别比上年增长 28% 和 32.63%。陕西省的饲料产业以生产猪饲料为主，截至 2019 年，陕西省生猪养殖面积达 21 万平方千米，年出栏猪 1100 余万头，是西北乃至全国范围内重要的生猪饲养省份。根据西北农林科技大学发布的现状调查报告，陕西省生猪产业及饲料科技水平总体养殖水平低，加之人力及农作物成本不断上升，饲料微量元素占比不合理等众多问题共同作用，使得陕西省饲料品牌价值较低。在中国猪饲料十大品牌中，陕西省企业无一上榜，因此，省内的饲料企业并未形成知名品牌是亟待解决的问题。

（一）国家级农业产业化重点龙头企业

国家级农业产业化重点龙头企业如表 3-22 所示。

表3-22 其他企业及产品品牌（国家级部分）

企业名称	简介	地区	LOGO
石羊农业集团股份有限公司	成立于1992年，主营业务涵盖油菜籽种植、种猪繁育与养殖，以及食用油、饲料、猪肉和鸡肉制品的生产加工、销售和物流配送。作为中国食用油行业的五十强企业之一，及全国三十强饲料企业之一，企业始终立足于现代农业和食品领域，积极推动一二三产业的有机融合。其目标在于建立全球供应链体系，确保全程食品安全可追溯，打造从农场到餐桌的全产业链模式，为消费者提供安全、健康、高品质的食品	西安	石羊集团 SHIYANG GROUP
陕西汉宝科技发展（集团）有限公司	创于1993年，是以农业生物科技产业研发、生产，饲料及饲料添加剂生产、销售为主业的大型企业集团公司。通过近二十年的发展、传承与创新，跻身于国家级农业产业化百强重点龙头企业行列，旗下拥有六家核心企业	西安	汉宝集团
陕西中兴林产有限责任公司	经营范围包括一般项目：人造板制造；地板制造；木材加工；人工造林；家具制造；日用口罩（非医用）生产；五金产品零售；机械零件、零部件销售；医用口罩零售；家具销售；建筑用木料及木材组件加工；软木制品制造	西安	ZXSY
陕西欣桥实业发展有限公司	始建于2003年，是一家专门从事农产品市场开发、经营、种植、冷链仓储及物流运输的股份制民营企业。企业规模目前已达4亿元。在陕、琼、粤、桂、云、川、蒙及缅甸国等地形成了约32万亩优质特色的农产品生产加工基地，公司自种或合作种植的反季节蔬菜已成为当地重要的农业支柱产业	西安	
陕西新贸物流配送连锁有限责任公司	成立于2006年3月28日，主要经营范围：农产品购销、仓储冷链、加工包装、超市连锁、物流配送快递等商贸流通全产业链服务。商务部核准的"万村千乡市场工程"和陕西省人民政府批准的"镇超工程"实施企业	宝鸡	XD
陕西华秦农牧科技有限公司	陕西华秦农牧科技有限公司于1990年6月23日建成投产。经过二十多年发展，现拥有华秦、劲达两个著名品牌，产品涵盖鸡、猪、牛、鱼各类浓缩饲料、配合饲料、预混合饲料及单一饲料，畅销全国16个省份，形成了"复合式产品"经营结构和集团化发展格局，成为西北领先、全国知名的国有现代化饲料企业	咸阳	HUAQIN

续表

企业名称	简介	地区	LOGO
咸阳新阳光农副产品有限公司	成立于 2002 年，市场占地面积 10 万平方米，设有仓储、保鲜、加工、配送及信息服务、技术培训、植物检疫、质量安全检测等配套服务设施。市场集各种蔬菜、新鲜水果、干果、粮油批发、劳务、运输、中介服务为一体，与全国各大农副产品市场信息互联互通	咸阳	
商洛市朝阳工贸有限责任公司	创建于 2003 年，公司主要以核桃、花生、大豆、菜籽深加工为主，集面粉、农副产品生产、加工、包装、销售为一体的现代化绿色食品企业。"金丝源"食用油已被评为"陕西名牌"，"金丝源"商标已被评为中国驰名商标。产品成为民航、移动、联通等公司专供品，销售网络覆盖全国 20 多个省市	商洛	
陕西大地种业（集团）有限公司	成立于 1996 年，是集农作物种子科研、生产、加工、销售为一体的民营种子企业，陕西省高新技术企业、中国种子行业 AA 级信用企业，注册商标有"榆单""郝哥"。公司先后选育出拥有自主知识产权的玉米新品种 5 个	榆林	

资料来源：中国农业品牌公共服务平台、陕西省农业农村厅。

（二）省级农业产业化重点龙头企业

省级农业产业化重点龙头企业如表 3-23 所示。

表 3-23 其他企业及产品品牌（省级部分）

企业名称	简介	地区	LOGO
西安乐道生物科技有限公司	成立于 2005 年，经营范围包括一般项目：畜牧机械制造；畜牧机械销售；中草药种植；中草药收购；饲料添加剂销售；初级农产品收购；农副产品销售；消毒剂销售；畜牧渔业饲料销售；地产中草药购销；农产品的生产、销售、加工、运输、储藏及其他相关服务	西安	
陕西杨凌富仕特饲料股份有限公司	成立于 1998 年，经营范围包括浓缩饲料和精料补充料的开发、生产和销售	杨凌	

资料来源：中国农业品牌公共服务平台、陕西省农业农村厅。

第四章 陕西省农业品牌发展存在的问题

一、农业品牌发展总述

陕西省近年来对农产品品牌的发展给予了高度重视，为此制定并发布了一系列规章制度，如《陕西省农产品区域公用品牌管理办法》和《陕西省农业品牌目录制度实施办法》，旨在推动农产品品牌建设的规范化、标准化和系统化。在此基础上，陕西省成功认定了阎良甜瓜等 20 个品牌为省级农产品区域公用品牌。同时，国强瓜菜专业合作社等 100 个企业品牌和富秦牌阎良甜瓜等 100 个产品品牌成功入选了 2022 年陕西省农业品牌目录，充分展示了陕西省在农产品品牌建设方面的显著成效和坚实步伐。陕西省虽是农业资源大省，且在过去的数年中建成"洛川苹果"等在全国范围内较为出名的区域公用品牌，但与山东省、河南省、浙江省等地区相比，品牌建设仍有较大的提升空间。

为深入探讨陕西省农业品牌发展现状，本书将农业品牌分为农产品区域公用品牌、企业品牌和产品品牌。其中，农产品区域公用品牌主要以地理标志农产品为基础，依据国家级、省级权威榜单以及品牌识别体系等标准进行筛选。其中，未被选中的地理标志农产品被称为品牌待培育的地标资源。特别需指出的是，本书中的地理标志农产品是农产品地理标志（AGI）、地理标志保护产品（PGI）和地理标志商标（GI）的综合。

（一）农产品区域公用品牌发展概况

目前，陕西省地理标志农产品共 220 个。其中，有品牌影响力的为 34 个，品牌待培育的为 186 个。在有品牌影响力的地理标志农产品中，果品类数量最多，为 21 个；其次是茶叶、食用菌等品类。最差的为中药材、水产类，均还品牌待培育。如表 4-1 所示。

表4-1　农产品区域公用品牌的分布

品类	分类	数量	占比（%）
果品（共80个）	有品牌影响力	21	26
	品牌待培育	59	74
粮油（共23个）	有品牌影响力	2	8.6
	品牌待培育	21	91.4
林特（共28个）	有品牌影响力	2	7.1
	品牌待培育	26	92.9
蔬菜（共33个）	有品牌影响力	3	9.1
	品牌待培育	30	90.9
中药材（共23个）	有品牌影响力	0	0
	品牌待培育	23	100
畜禽（共13个）	有品牌影响力	2	15.4
	品牌待培育	11	84.6
茶叶（共8个）	有品牌影响力	3	37.5
	品牌待培育	5	62.5
食用菌（共8个）	有品牌影响力	2	25
	品牌待培育	6	75
水产（共4个）	有品牌影响力	0	0
	品牌待培育	4	100

（二）企业及产品品牌发展概况

截至2022年底，陕西省培育并认定各级龙头企业总数达到2108家。其中，国家级农业产业化龙头企业55家，省级农业龙头企业650家。

1. 国家级农业产业化龙头企业特点

从数量分布看，陕西省国家级农业产业化龙头企业共55家，居全国第19位，占全国总量的2.81%，与陕西省丰富的农产品资源相比位次相对靠后。

从地域分布看，在55家国家级农业产业化重点龙头企业中，关中地区共有37家，占总量的67.27%；陕北地区8家，占总量的14.55%；陕南10家，占总量的18.18%。数据表明：国家级农业产业化重点龙头企业分布，关中地区数量最多，陕北、陕南各地市数量均较少，表现出明显的地区差异。

从行业分布看，陕西省国家级农业产业化重点龙头企业行业分布类别及数量，主要集中在瓜果（14家）、畜禽（15家）、粮油（10家）、其他（12家）、茶叶（4家）。

2. 省级农业产业化龙头企业特点

根据陕西省农业农村厅的公告，截至 2021 年 10 月，陕西省级农业产业化重点龙头企业总数达到 650 家。从地域分布看，陕西省级农业产业化重点龙头企业中，关中地区共有 327 家，占总量的 50.31%；陕北地区有 115 家，占总量的 17.69%；陕南地区共有 208 家，占总量的 32%。

3. 从规模和收益来看，陕西省农业产业化龙头企业少、规模小，带动力弱

全省 78% 的农业企业销售收入未过亿元。主要加工品类、上万种加工产品中，70% 左右属初加工或粗加工，精深加工、高附加值加工不够，农产品加工值与农业总产值比（1.93：1）远低于全国平均水平（2.3：1）。农产品加工业"不大不强"是当前陕西省农产品加工业的基本现状，与构建现代乡村产业体系、加快产业融合发展、带动农民增收致富的要求还不相适应。

二、农业品牌发展存在的问题分析

通过对陕西省农业农村厅、乡村振兴局、商务厅以及各地市农业部门等单位相关人员的访谈调研，以及全国/陕西省/地市统计年鉴等二手数据的整理和分析，发现陕西省在农业品牌建设方面，特别是区域公用品牌建设方面，无论是质量还是数量，均发展迅猛，品牌价值逐年增长，未来溢价与盈利能力也具有较大的增长空间。目前存在的主要问题如下：

1. 农产品区域公用品牌发展存在的问题分析

（1）多数地理标志产品尚未形成现代意义上的区域公用品牌。大多数农产品地理标志没有构建系统的品牌识别体系。80% 以上的农产品地理标志，虽然拥有了专用标志，可作为基本的品牌符号，还没有形成系统的品牌识别体系，也未形成清晰而富有意义的品牌识别标识。从品牌识别系统的角度而言，品牌来源于识别。在品牌符号下，消费者放心购买，生产者进行品牌的再生产和再创造。目前，陕西省绝大多数地理标志农产品，仅采用专用标志之外，只对产品命名提出明晰的要求，强调要"区域名称+农产品通用名称"，并未有包括品牌 LOGO、口号、理念等核心要素符号的系统识别体系，也缺乏系统化建构相应的意义体系、价值体系。多数农产品地理标志运营状况不乐观。多数农产品地理标志因其历史悠久、产品独特，在相关区域内已被口口相传，得到了一定的口碑与消费评价，但并没有通过系统的品牌传播、品牌接触与体验，构建与现代消费者的联系。因此，一些农产品地理标志的运营状况并不乐观，有的已经名存实亡，如佳县红枣、城固蜜橘等。

以榆林市佳县为例，该地拥有长达 3000 余年的枣树栽培历史，文化底蕴深厚。佳县古枣园坐落于著名的"中国红枣名乡"佳县朱家坬镇泥河沟村，堪称

世界范围内保存最为完整、面积最为广阔的千年枣树群，总占地面积达 36 亩，现存各年龄段古枣树超过 1100 株，其数量之众，规模之大，令人叹为观止。泥河沟村因此被誉为"天下红枣第一村"，实至名归。然而，经过深入调研，我们发现，尽管当地红枣品质优良，但其市场价格却不尽如人意。2021 年 2 月，当地红枣的售价仅为 0.5 元/斤，品牌溢价效应未能得到充分体现。这一现象不仅限制了红枣产业的进一步发展，也在很大程度上制约了农民收入的增长，显示出在促进农民增收方面仍有较大的提升空间。

多数地理标志产品未创造出新型的品牌经济价值链。多数地理标志产品虽然有独到的产品功能与消费利益（比如平利绞股蓝、略阳乌鸡、陕北小杂粮、陕北红枣等），但并没有通系统的价值挖掘、价值发现、价值再创、价值延伸，未形成现代意义上的品牌价值与品牌溢价，也未创造出新型的品牌经济价值链。

（2）区域公用品牌特色、内涵挖掘不够深入，同质化程度较高。陕西省农业部分实现产业化、规模化，已经出现了局部或某些品类产品供大于求的情况。某些农产品的产量大，品种/品质同质化程度高，无法满足消费者越来越高、越来越品质化、个性化、象征性的消费需求。

经过产业化、规模化的陕西省农业，已经出现了局部或某些品类产品供大于求的情况。某些农产品的产量大，品种/品质同质化程度高，无法满足消费者越来越高、越来越品质化、个性化、象征性的消费需求。如我国的苹果产业，从东部的山东省到西部的新疆维吾尔自治区，几乎每个省都有苹果产区，70%以上的苹果品种是红富士，陕西省的苹果产业品牌差异化不明显。在陕西省，苹果产业主要分布在铜川市、咸阳市、渭南市、延安市、榆林市等 10 个地市及多个区县，形成了 20 个以地理标志产品为代表的区域公用品牌，目前具有一定市场影响力的品牌主要有洛川苹果、白水苹果、延安苹果等。总体来看，陕西省的苹果区域公用品牌对产品特色提炼不足，文化挖掘不深入，品牌形象不鲜明。上述苹果区域公用品牌仅仅依靠区域地理风土的产品差异化，品牌待培育特色差异化。需要进一步加大品牌传播投入、扩大品牌影响、塑造品牌形象、创新品牌模式、提升品牌溢价。

（3）区域公用品牌特色，与国际、国内知名品牌相比差距较大。在猕猴桃产业，周至、眉县、武功等县域做到了品牌识别差异化。但在品牌知名度、美誉度上，陕西省猕猴桃品牌与国际大牌新西兰"佳沛"相比，还存在较大的差距，如新西兰"佳沛"猕猴桃论个卖，单个猕猴桃价格为 10 元以上，而陕西省品牌猕猴桃一斤仅 6~8 元。除需要继续提升产品品质外，陕西省猕猴桃品牌在品牌声誉、品牌宣传等方面需要进一步加强和重视，建立"国产水果也有高端品"的消费者印象，当仁不让地扛起国内猕猴桃品牌化的大旗。

2. 农业企业品牌发展存在的问题分析

（1）农业企业竞争力不足，区域经济带动力较弱。通过调研发现，陕西省虽农产品资源丰富，但农业经营主体大都规模较小、分布较散、实力较弱，在全国范围内鲜有代表性的龙头企业。根据统计数据，陕西省的全国重点龙头企业总数约为山东省的 23%，大型龙头企业则仅占山东省的 17% 左右。这表明陕西省的龙头企业发展水平相对较为滞后。特别是，陕西省缺乏大规模龙头企业，其 1000余家企业中，仅有 300 余家被认定为省级重点，国家级重点更是稀缺。这种现状导致了龙头企业对地区特色优势的推动和延伸作用有限，竞争优势不明显。因此，陕西省需要加大力度培育和发展龙头企业，以提升整体产业竞争力和区域经济发展水平。

由于农业企业缺乏技术、资金等，农产品深加工业发展与全国平均水平相比仍存在较大差距，很多产品至今依然仅以原料为主体进行市场竞争。大面积的低价出售，导致区域资源无法得到品牌溢价，无法提升品牌价值。例如，陕西省作为苹果产量第一大省，却缺乏大型的苹果深加工龙头企业，产量大但农业经营主体规模小、农产品缺乏深加工，这是全省农业发展的集中而突出问题。

（2）农业企业地区发展不平衡，产业分布不均。陕西省关中地区聚集了众多龙头企业，但陕南和陕北地区的数量相对较少，呈现出布局不合理的特点，地区间的发展存在显著的不均衡。同时，多数陕西省的龙头企业目前仍处于成长阶段，主要业务集中在传统的农业生产领域，产品多为初级加工品，存在产品结构趋同的问题，缺乏科技含量和附加值。这表明陕西省龙头企业在产业结构、技术创新和产品升级等方面仍有待加强。

三、陕西省农业品牌存在问题的成因分析

（一）政府层面：农业品牌战略意识不强，缺乏品牌管理顶层设计和整合机制

农业品牌建设多部门管理，品牌发展缺乏统筹管理机制。陕西省农业品牌建设涉及部门较多，品牌培育、评比与保护工作的实施由各部门、分地区分别组织实施。比如，农业农村厅负责农业生产及农产品地理标志的申请与保护；商务厅负责农产品的流通与销售；粮食和物资储备局负责粮油品类农产品的管理；林业和草原局负责林业产品的管理；工信厅负责农业加工企业的管理；知识产权局负责农产品地理标志商标的申请及保护。政府职能部门缺乏品牌建设的统筹协调机构，缺少品牌发展的统筹规划及统一计划。在品牌建设及发展过程中条块分割、各行其是，导致培育与保护目标不一。

地方政府对建设农产品区域公用品牌的认识不足，难以形成品牌合力。通过

调研发现，各部门、各地区虽然都普遍认可品牌建设的重要性，但由于一些地方政府和市场主体缺乏品牌专业知识的专业人才，对于如何培育和打造品牌，存在认识不清、思路不明等突出矛盾问题。比如，苹果区域公用品牌发展较好的延安市，就存在延安苹果、洛川苹果、梁家河苹果、延川苹果等多个区域公用品牌（据调研，建设这些品牌的原因仅为高层领导的一个建议），这些品牌相互竞争、分散资源，致使与全国排名第 1 的烟台苹果相比，还存在比较大的差距（根据2020 年果品区域公用品牌价值名录，洛川、延安苹果的品牌价值仅为烟台苹果的 50% 左右）。另外，由于农产品区域公用品牌建设及发展涉及多层级及不同职能主体，如各地市/区县人民政府、行业协会、龙头企业、农户等，这些主体间合作松散，利益分配机制不健全，难以形成组团出击、集中打响品牌合力，市场整体竞争力较弱。

（二）品牌运营层面：区域公用品牌、企业品牌协同性不强

陕西省农产品多以家庭为单位分散生产，致使在具体生产环节上存在随意性，难以有效实施质量管控。不同农户间在生产资料使用、生产环节把握、管理方式与时间上的不统一，影响了产品质量，不利于形成品牌，很多品牌的影响力仅仅停留在局部地区，跨省、跨区域的品牌较少。区域公用品牌建设缺乏"统一标准、统一形象、统一口号、统一宣传、统一包装、统一标识"，品牌标准、品牌形象的专一性和系统性难以得到保证。农产品区域公用品牌的授权使用、管理、维护力度不够，影响了整个区域公用品牌形象建设，部分生产经营者急功近利，缺乏长远谋划，致使部分农产品品牌出现昙花一现，难以支撑品牌建设的长远发展走向。

实施品牌强农战略，需要以区域公用品牌为依托，以企业品牌为支撑，以产品品牌为核心，推动三者深度融合、协同共进。目前，从陕西省农业品牌发展实践看，在"苹果、猕猴桃、奶山羊"等区域品牌建设方面成效明显，但由于缺乏统筹规划和协同推进机制，企业和产品品牌建设发展相对滞后，缺少在国内具有影响力的龙头企业带动，一定程度上导致区域公用品牌发展的后劲不足，对产业提升发展引导力有所欠缺。

（三）品牌支撑层面：农产品及农业品牌高质量发展的支撑不足

首先，陕西农业基础设施还不是很完善。由于陕西省地貌多样，陕南秦巴山地、陕北黄土高原，很多好的农产品由于农业基础设施（道路、交通、仓储、机械等）状况不容乐观，难以抵御各种灾害，产品产量和质量难以得到保证和提高，产品最终也难到达消费者手中。

其次，农产品加工业发展滞后。农产品区域品牌所依托的产品往往是经过加工之后的农副产品，加工过程对农产品区域品牌具有重要的影响。相比来说，全

省78%的农业企业销售收入未过亿元。主要加工品类、上万种加工产品中，70%左右属初加工或粗加工，精深加工、高附加值加工不够，农产品加工值与农业总产值比（1.93∶1）远低于全国平均水平（2.3∶1）。农产品加工业"不大不强"是当前陕西省农产品加工业的基本现状，与构建现代乡村产业体系、加快产业融合发展、带动农民增收致富的要求还不相适应。

再次，投入机制尚待完善，投融资渠道尚不畅通。资金匮乏一直是制约农产品加工企业发展的核心问题，尤其是中小型加工企业在融资、贷款及担保等方面所遇到的困难仍然显著。

最后，农牧业科技创新能力、技术投入、推广与应用等方面有待进一步加强。杨凌作为全国首个农业高新技术产业示范区，科技赋能陕西省农业还有较大发展空间。据调研，杨凌的农科教优势发挥不足，产学研协同不够，在辐射带动陕西省农业现代化、科技化方面还有较大的提升空间。

第五章　陕西省农业品牌发展实例借鉴

一、陕北之延安——延安苹果品牌

（一）背景

延安市，古称延州，位于陕西省北部，是群山怀抱中的一座古城。地处黄河中游，黄土高原的中南地区，西安以北371千米，土地总面积为3.7万平方千米，辖1市2区10县，总人口为226.9万人。2022年GDP为2231.93亿元，农村居民人均可支配收入为15237元。

延安市地貌以黄土高原、丘陵为主，地势西北高东南低，北部以黄土梁峁、沟壑为主，占全区总面积的72%；南部以黄土塬沟壑为主，占全区总面积的19%；全区石质山地占总面积的9%。城区处于宝塔山、清凉山、凤凰山三山鼎峙，延河、汾川河二水交汇之处。

延安市地处暖温带半湿润易旱气候区，其全年气候变化深受季风环流的影响。作为一个内陆干旱半干旱气候区域，延安市四季分明，日照充足，昼夜温差显著。其年均无霜期约为170天，年均气温则介于7.7℃～10.6℃。延安市土地资源丰富，土质疏松深厚，光照充足，昼夜温差大，平均海拔1200米左右，年日照时数2500小时以上，年均无霜期170天，年均气温9.9℃，年均降雨量550毫米，以优越的自然禀赋成为生产优质苹果的天泽之地，是我国优势农产品布局规划的优势苹果产业带和世界苹果最佳优生区，是中国及世界重要的苹果基地。

（二）经济发展概况

1. 延安市生产总值逐年增长，约占全省GDP的6%左右，位列全省第6名

表5-1显示，2016~2020年延安市生产总值逐年增长（除2020年），约占全省GDP的6%左右，近4年均排名全省第6。延安市人均生产总值逐年递增，2020年达到7万元左右，超越全省人均生产总值，位列全省第3。

表5-1 2016~2020年延安市生产总值及人均生产总值

项目	2016年	2017年	2018年	2019年	2020年
省生产总值（亿元）	19045.75	21473.45	23941.88	25793.17	26181.86
市生产总值（亿元）	1081.20	1038.11	1555.33	1672.27	1601.48
占省生产总值比重（%）	5.68	4.83	6.50	6.48	6.12
排名	7	6	6	6	6
省人均生产总值（元）	49341	55216	61115	65506	66292
市人均生产总值（元）	47009	56506	67040	72393	69934
排名	5	4	3	3	3

资料来源：2021年陕西省统计年鉴数据整理。

2. 近年来，延安市生产总值增速减缓，但高于全省生产总值增速

2017~2019年，延安市生产总值增速维持在6%以上，高于全省生产总值增速。2020年，受外部环境影响，延安市能源收入、旅游收入大幅下滑，导致其生产总值增速为负值。如图5-1所示。

图5-1 2016~2020年延安市、陕西省生产总值增速比较

资料来源：2020年陕西省及延安市国民经济和社会发展公报。

3. 延安市产业结构

由延安市的产业结构可以看出，延安市主要以工业为主，占全市GDP比重达到50%以上；近年来，第一产业产值也在稳步增加，占比达到12%；第三产业产值较为稳定，占比为30%左右。如图5-2所示。

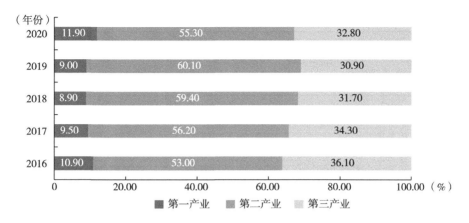

图5-2 2016~2020年延安市三产构成

资料来源：2016~2020年延安市国民经济和社会发展公报。

目前，延安市辖1市2区10县。分别是：子长市、宝塔区、安塞区、延长县、延川县、志丹县、吴起县、甘泉县、富县、洛川县、宜川县、黄龙县、黄陵县。从下表可以看出，各区县人均生产总值整体呈上升趋势，但各区县之间人均生产总值相差较大，以2019年各区县人均生产总值为例，排名前列的为黄陵县、吴起县、志丹县，人均生产总值超过10万元；而排名靠后的宜川县、甘泉县、黄龙县，人均生产总值不超过4万元，约为前面三县人均生产总值的40%左右。如表5-2所示。

表5-2 各县（市、区）人均生产总值 单位：元

各县（市、区）	2016年	2017年	2018年	2019年	排名
宝塔区	52551	60081	66953	73673	5
安塞区	43501	48506	60287	64512	6
子长市	34172	46302	51884	50477	8
延长县	29562	36022	42065	41250	9
延川县	39912	54293	66625	58217	7
志丹县	73841	85876	102017	110363	3
吴起县	72168	84123	99071	117331	2
甘泉县	26031	29659	33477	36652	12
富县	28697	34922	39804	42250	10
洛川县	66380	79347	105920	106433	4
宜川县	23006	24885	29643	31003	13

各县（市、区）	2016 年	2017 年	2018 年	2019 年	排名
黄龙县	28040	31041	33992	37626	11
黄陵县	72911	98126	115374	141815	1

资料来源：延安市 2019 年统计年鉴。

延安市作为能源依赖型城市，石油工业为延安市经济 GDP 做出巨大的贡献，然而相对单一的经济结构制约了延安市经济的发展。为了摆脱对能源工业的依赖，延安市在各个产业都在不断地探索。在农业方面，延安市着力打造现代农业产业集群，注重农业品牌的建设与培育，重点培育南泥湾蔬菜、延安小米、延安地椒羊肉、黄龙核桃、延川红枣、甘泉豆腐干等区域公用品牌。围绕建设国家现代能源经济示范区、黄河流域生态保护和高质量发展先行区、革命文物国家文物保护利用示范区、国内一流苹果研发生产营销基地的"三区一基地"定位，推动高质量发展迈出更大步伐。

（三）延安市农业产业发展及品牌建设现状

1. 总体情况

近 5 年，延安市农业保持稳定增长，呈逐年递增趋势，且 2019 年增速最快。全市农林牧渔总产值占全市生产总值的比重约为 8.9%～11.9%，占陕西省农林牧渔总产值的 7.0%～8.3%。2020 年，延安市农林牧渔总产值为 336.08 亿元，在全省排名第 7（含杨凌示范区和韩城市）。近 5 年，从延安市农林牧渔及服务业的结构来看，种植业占比最大，达到 80% 以上；其次是牧业，占比最小的是渔业。如图 5-3 至 5-5 所示。

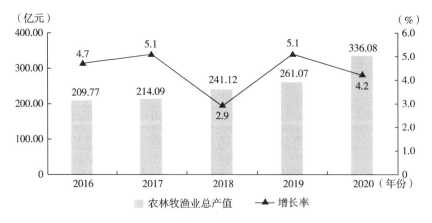

图 5-3 2016～2020 年延安市农林牧渔总产值及增长率

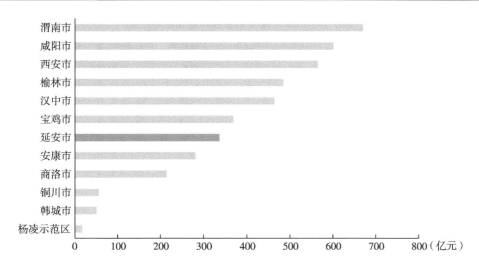

图 5-4　2020 年陕西省各市区农林牧渔生产总值

资料来源：陕西省统计年鉴及延安市国民经济和社会发展公报。

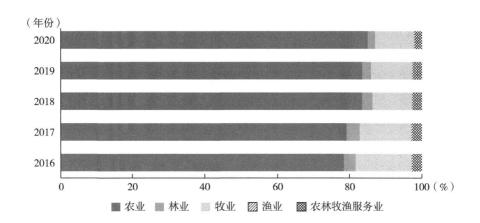

图 5-5　近 5 年延安市农林牧渔及服务业生产总值构成情况

资料来源：陕西省统计年鉴。

2. 水果产业发展

近年来，延安市不断深化农业供给侧结构性改革，坚持以苹果为主的农业后整理，形成了以苹果为主体，以蔬菜、畜牧为补充的特色农业产业体系。延安市主要种植的水果有苹果、梨、桃、葡萄、红枣、柿子、杏、樱桃和其他园林水果，如表 5-3 所示。

表 5-3　2019 年延安市水果种植面积与产量

水果种类	水果种植面积（亩）	占比（%）	排名	水果种类	水果总产量（吨）	占比（%）
苹果	3236469	88.39	1	苹果	3497990	97.29
杏	181409	4.95	2	红枣	33189	0.92
红枣	162484	4.44	3	梨	30119	0.84
梨	50139	1.37	4	杏	24133	0.67
桃	14131	0.39	5	桃	5501	0.15
葡萄	10700	0.29	6	葡萄	3768	0.10
其他园林水果	4071	0.11	7	其他园林水果	606	0.02
樱桃	2090	0.06	8	樱桃	164	0.00
柿子	6	0.00	9	柿子	4	0.00

3. 苹果产业发展情况

（1）全市苹果产业面积和产量约占世界的 1/20，全国的 1/10，陕西的 1/3。苹果是延安市农业的第一大特色产业，2019 年全市苹果面积为 393 万亩，产量达 350 万吨，鲜果产值为 140 亿元。农民经营性收入的 55% 来自苹果，南部县农民 90% 以上的收入来自苹果。2019 年 5 月 7 日，延安市实现整体脱贫，苹果产业功不可没。通过近 40 年的大发展，苹果已成为全市覆盖面最广、从业人数最多、持续效益最好、对农民增收贡献最大的特色产业。据统计分析，2019 年延安市苹果总种植面积占全省的 35.11%，苹果总产量占全省的 30.80%。如图 5-6、图 5-7 所示。

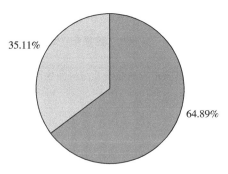

图 5-6　2019 年延安市苹果种植面积占全省的比例

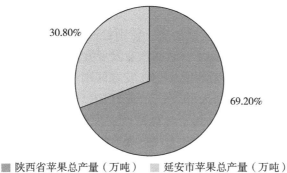

■ 陕西省苹果总产量（万吨）　　■ 延安市苹果总产量（万吨）

图 5-7　2019 年延安市苹果总产量占全省的比例

（2）从苹果种植面积和产量来看，洛川县为最高。从苹果种植面积可以看出，洛川县苹果种植面积最大，志丹县次之。从苹果总产量来看，2019 年，洛川县产量最高为 90.06 万吨，富县产量次之。志丹县苹果种植面积虽然在全市排名第二，但苹果产量却不高，仅为 10.44 万吨。如图 5-8、图 5-9 所示。

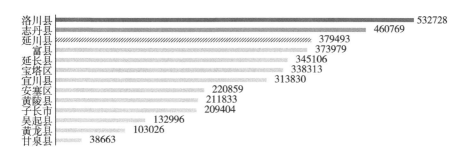

图 5-8　延安市各区县苹果种植面积（亩）

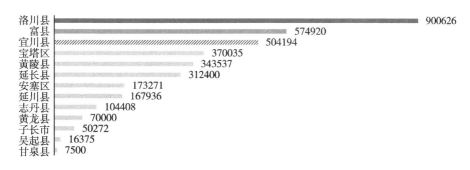

图 5-9　延安市各区县苹果产量（吨）

（四）延安苹果品牌建设经验

延安苹果已有 70 多年的发展历史，特别是改革开放以来，历届党委政府依托资源优势，科学谋划，找到了合适的产业发展方向，建成了世界上集中连片面积最大的优质苹果基地。习近平总书记在安塞区南沟村调研时强调："大力发展苹果种植业，可谓天时地利人和，这是最好的、最合适的产业，大有前途"；"这就是农业现代化，你们找到了合适的产业发展方向。"总书记的重要指示，充分肯定了延安发展苹果产业带动人民群众增收致富的方向，延安市将进一步推动苹果产业高质量发展。

1. 产业基本情况

基地规模：全市 13 个县（市、区）全部为省级优质苹果基地县。2022 年，全市苹果总面积为 331.6 万亩，产量达 431.8 万吨，鲜果产值为 240.5 亿元，面积、产量均居陕西省第一位。约占世界的 1/20、中国的 1/10、陕西的 1/3，是我国种植苹果面积最大的地级市。全市有近 100 万从业人员、80 万农民从事苹果产业，果农人均面积 4.1 亩、人均产量 5.4 吨。

区域布局：根据延安市的地理和气候特点，按照"果树上山、米粮下川、坡上种草、畜牧进沟"的产业布局，建成了南部塬区和北部山地两大产业带。按照鲜食苹果的基本定位，确立了以富士、嘎啦为主，新优品种为辅的品种结构。建成绿色、有机、良好农业、出口等认证基地 214.2 万亩，洛川、宝塔实现了整县（区）国家绿色基地认证，富县获得全国良好农业生产基地认证。

科技实力：与全国多所科研院校合作，建成 10 个试验站（院、所）。编制《延安苹果技术综合体标准》16 项、《延安苹果"十四五"主推技术》18 项，总结形成 20 项本土栽培技术，其中果园豆菜轮茬增肥技术、密植高效旱作节水栽培"3332"技术成为部省主推技术。发展矮密果园 77.8 万亩，实施旱作节水200 多万亩，拥有种质资源近 4000 份，为全国最大的苹果种资源圃基地。

产业基础：全市现有果业企业 1237 家，其中，国家级 3 家、省级 19 家、市级 84 家；有果品加工企业 29 家，年转化鲜果能力 56.4 万吨；有果袋、有机肥等关联加企业 141 家。建成全国第一个国家级苹果批发市场、西部最大的苹果农资城、全国唯一的苹果城和苹果博览馆；有果品产地集散销售市场 71 个。全市建成 4.0 智能选果线 105 条，冷藏气调贮能 162.8 万吨（其中气调库 20.8 万吨），配置冷藏车 115 辆。

品牌声誉："延安苹果""洛川苹果"均为最受消费者喜欢的两大区域品牌。"延安苹果"位居全国苹果品牌价值榜第二，"洛川苹果"位居全国水果类价值榜首，成为北京奥运会、上海世博会、西安世园会等指定水果。在全国 72 个城市建有品牌直销店 359 个，注册企业品牌 115 个，2 家获全国十大苹果品牌称号。

延安苹果四次上"天宫",成为航天员的营养补给品,多次作为"国礼"赠送外国政要和友人。

营销渠道:销售分布全国近 30 个省市,北上广深等中高端市场销售量达到 60% 以上,仅广东省年销售达 100 万吨以上。出口欧洲、东南亚等 30 多个国家地区。与阿里巴巴、京东、一亩田等平台建立合作,发展电商企业 549 家,各类网店、微店 2.3 万个,电商服务站行政村实现了全覆盖。2022 年,苹果电商销售总额超过 30 亿元,位列全省水果网络销售第二、苹果销售第一。

在此背景下,2022 年延安市苹果综合产值 446.02 亿元,其中鲜果产值 240.47 亿元,果农人均鲜果产值达 3 万元。全市 GDP 的 6%、农民收入的 27%、农民经营性收入的 61% 和重点县、镇、村农民收入的 90% 均来自苹果产业。

2. 做法成效

(1)坚持规划引领,做大做优产业基础。坚持产业发展规划先行,"十五"至"十四五"连续出台五个苹果产业发展"五年规划",认真落实省政府《关于加快推进苹果产业高质量发展的意见》,立足资源禀赋、坚持特色化定位,调整优化区域布局,大力发展南部矮化和北部短枝型、乔化种植,逐步淘汰灾害频发区域苹果种植,稳步扩大山地苹果种植面积,形成了以粮食为基础、苹果为主导、菜畜为补充的循环特色农业产业结构,苹果面积稳定在 330 万亩左右,成为世界上集中连片规模最大的优质苹果基地。围绕市场需求导向,通过自育和引进,不断优化品种结构,先后培育引进延长红、秦脆、瑞雪、响富、宫崎短枝等新优品种 30 多个,推广好管、好吃、好看、好卖"四好品种"及新型栽培模式 80 多万亩,将早中晚品种比例调整到 8:6:86,构建形成"早中晚""黄红绿"多元互补品种布局。

(2)强化科技支撑,技术规范加快普及。坚持把科技创新作为引领产业发展的第一动力,加强与中农大、中科院、西农大等科研院所合作,建立试验站(所)10 个,与济南果品研究院合作,成立了全省第一家苹果研究院,在精深加工、采后处理等方面着力攻关转化。加快集成技术总结推广,通过发布"延安苹果"技术规范,编制《延安苹果"十四五"主推技术》,实现了产业全过程的有标可依和标准化技术的推广应用。通过调动当地科技人员,探索总结适合延安苹果栽培技术,如:四五技术、四大技术、果园"豆菜轮茬"增肥技术、坑式防冻、陕西黄土高原苹果无支架密植高效"3332"栽培模式等,实现了技术的本土化。果园"豆菜轮茬"增肥技术成为 2019 年农业农村部确定的全国主推技术,坑式防冻、陕西黄土高原苹果无支架密植高效"3332"栽培模式成为 2021 年、2022 年陕西省农业农村厅主推技术。深入实施"鸿雁"人才培训暨人才技能"三论"系列活动,培育市级业务骨干 10 名、县级业务骨干 270 名、农民技术员 3000 名,年培训果农 40 万人（次）以上,构建形成市县乡村果业头雁人才支撑体系。强化高质高效示范带动,创建省、市级高质高效果园 61 个,改造提升老果园 67 万亩,建成亩产值 3 万元以上的示范基地 14.2 万亩,最高亩产值达到 4.7 万元。

（3）加强政策扶持,装备基础不断巩固。坚持苹果产业首选定位,持续出台扶持政策,调动各类资源向果业倾斜,推动产业提质增效。2017 年以来,市县财政累计投入 3.7 亿元,撬动社会资本 30.6 亿元,投放苹果类贷款 200 多亿元。2022 年,统筹市衔接资金 2 亿元用于防灾减灾体系建设和果园标准化生产,配置果园气象监测装备 130 台,改造提升老果园 31.5 万亩。聚焦产业短板弱项,加快实施以产地分拣、预冷入库、装备提升等为重点的产业后整理战略,建成智能选果线 105 条、占全省的 62%,冷气库 162.8 万吨、占全省的 29%,配置冷运车 115 台、次配量近 3000 吨,基本实现了果品的精准分选、周年供应和"次日鲜"。后整理设施装备水平的快速提升,带动苹果采后标准化处理能力大幅提升,全市冷气库储能达到总产量的 38%,苹果预冷分级储藏量占到总储藏量的 68%,分批采收分级销售达到 90%。

（4）精心打造品牌,销售渠道持续拓宽。实施"大基地、大品牌"发展战略,集中打造"延安苹果""洛川苹果"两大区域公用品牌,"延安苹果"品牌价值达 76.48 亿元,居全国苹果类第二,成为全国消费者喜爱的区域公用品牌,"洛川苹果"以 687.27 亿元位居全国水果类价值榜首。构建完善品牌体系,出台《品牌使用及管理办法》,品牌授权使用企业达到 695 家,连续三年评选全市"十大企业"品牌。强化品牌宣传推广,成功举办第一届世界苹果大会、十五届中国陕西·洛川国际苹果博览会,延安苹果以区域品牌身份登上太空,被赋予"飞天苹果"光环,最牛的订单"天宫订单"。巩固深耕国内市场,在全国 20 个省 72 个大中城市建成品牌直销店 359 个,通过商超、市场直供、专卖店等形式,国内中高端市场占有率达到 60% 以上,开展"南果北上、北果南下"产销对接活动,广东市场年销售量占到总产量的近 1/4。主动融入"一带一路",积极开拓国际市场,培育果品出口企业 20 家,开辟了澳大利亚、阿联酋等市场,出口国家 30 多个。加快推进电商发展,培育出顶端果业、梁家河、黄土情等一批优秀电商品牌。涌现出"抖音带货"主播崔丹妮,"洛川苹果大叔"张永亮等一批本土网红。电商销售量从 2017 年的 2.77 万吨增加到 2022 年的 30 万吨以上,销售额由 2 亿元左右增加到超 30 亿元,电商销售占到苹果总产量的 7%,仅抖音平台"延安苹果、洛川苹果"话题播放量 13.8 亿次,居全国水果类榜首。

（5）着力联农带农,群众收入显著增加。坚持把农民增收作为出发点和落脚点，健全完善利益联结机制，打通小农户参与产业链建设的途径，畅通小农户对接大市场的渠道，把产业增值环节更多留在农村，把产业增值收益更多留给农民，努力把小苹果做成群众的致富果、幸福果。全市发展果业类农民专业合作社2248家、占比40.5%，家庭农场9818家、占比35.4%。支持企业、合作社与果农开展契约式、股权式合作，建立"企业+合作社+果农"利益联结体102个，带动果农1.4万户，苹果全产业链年提供就业岗位32.5万个，探索形成"订单生产+定价收购+全网销售""土地流转+果园托管+股份合作"等20多个联农带农模式，2022年，全市苹果产值240.5亿元、增长9.8%，带动农民人均增收1329元。延安华圣现代农业集团有限公司通过推行"政府+龙头企业+会员果农"模式，在全市各县区核心乡镇布局星火服务中心33家，乡级服务站点305个，服务人员607名，建设高标准采购示范农场7000余亩，2022果季以9元/公斤的平均采购单价带动会员果农增值4000余万元。黄陵青和果业公司"两免两减一拓展"模式，对入社社员的储藏费、分选费各减免10%，市场销售利润70%让利果农，市场风险70%由合作社承担，贫困户免费储藏分拣，不承担任何风险。

（6）聚力延链补链，综合效益逐步显现。始终把延伸产业链、提升价值链作为提高苹果产业整体效益、促进农民稳定增收的重要抓手。2011年以来，全市紧紧抓住国家现代农业示范市和国家级洛川苹果批发市场建设的契机，加快推进一二三产业融合发展，大力开发果汁、果醋、果酒、苹果脆片等系列精深加工产品，全市建成果品加工29家，年产值4.99亿元。加快发展果袋、果箱、果网等关联企业，引进西北最先进纸箱厂——延安四叶农业发展有限公司和国内最先进防雹网厂——润禾农业科技有限责任公司落户洛川工业园区并投产，关联企业总数达到141家，年产值14.43亿元。仅2022年，全市新增果用肥料生产企业6家，产值30462万元，新增果树枝条加工利用企业2家，产值7276万元，新增拉枝钩、水泥柱、撑袋机等企业4家。拓展苹果休闲观光、文化体验等功能，打造果游精品线路5条，建成果游观光园区46个，累计吸引游客近470万人次以上，综合收入4.5亿元以上。2022年，全市苹果综合产值446.05亿元，其中，苹果一产产值240.47亿元、占比53.9%，苹果二产产值62.04亿元、占比13.9%，三产产值143.51亿元、占比32.2%。

二、陕南之安康——安康富硒产业

（一）背景

安康市位于陕西东南部、秦巴汉水间，总面积2.35万平方千米，辖1区9县和4个开发区（安康国家高新区、瀛湖生态旅游区、恒口改革试验区、旬阳省级高新区），户籍人口 305 万。全市森林覆盖率 65%，已探明生物资源 4612 种，素有"秦巴生物基因库"和"天然中药材之乡"美誉，是古丝绸之路"鎏金铜蚕"故乡、"秦巴明珠"生态旅游城市。

安康市的气候属于亚热带大陆性季风气候，具有湿润温和、四季分明、雨量充沛以及无霜期长的特点。具体表现为冬季寒冷干燥，降水较少；夏季炎热多雨，时有伏旱发生；春季温暖而干燥；秋季凉爽湿润，多连阴雨天气。

1. 自然资源

安康市探明和发现的矿产资源有 65 种，有探明储量的矿产 32 种，其中在陕西和中国位居前列的矿产有金矿、汞矿、毒重石、瓦板岩、重晶石、锑矿、锌矿等。全市拥有各种生物物种 3300 多种，栽培作物 60 多种，各类动物 430 种，居全省之首。各类树种 2157 种，连树、香桦、七叶树、鹅掌楸、枫香树、黄杨、红豆杉、银杏、水杉、三尖杉、樟、楠、檀等为我国稀有或独有，陕西省人口与自然资源的具体情况如表 5-4 所示。

表 5-4　2019 年安康市人口与自然资源

项目	数量	项目	数量
一、人口		年末耕地面积总资源（万公顷）	34.06
年末常住人口数（万人）	267.49	①常用耕地面积总资源（万公顷）	33.99
二、土地		#水田（万公顷）	3.34
土地总面积（万平方千米）	2.35	旱地（万公顷）	30.65
三、气候		②临时性耕地（万公顷）	0.06
全市年降水量（毫米）	1009	四、林木资源	
全市年平均气温（摄氏度）	15	森林面积（万公顷）	153
全市年日照时数（小时）	1282.2	森林覆盖率（%）	65
全市年平均风速（米/秒）	1.3	活立木蓄积量（万立方米）	6500
全市年相对湿度（%）	76	五、水利资源	
三、土地资源		水力资源理论蕴藏量（万千瓦）	469

资料来源：安康市 2020 年统计年鉴。

2. 水资源

安康市水资源极为丰富，共有大小河流 1037 条。其中最有名的就是中国四大江河之一的"汉江"，汉江是长江最大的支流。安康市的水资源为陕西之首，占全陕西的61%。安康市汉江的水质为国家二级水质，达到可以直接饮用的标准，某些流段还是一级水质。安康市内主要河道长度、平均比降、流域面积、平均年径流量、水力蕴藏量如表5-5所示。

表5-5 2019年安康市主要河流情况

名称	河道长度（千米）	平均比降（‰）	流域面积（平方千米）	平均年径流量（亿立方米）	水力蕴藏量（万千瓦）
汉江	340	0.59	23529	94.03	252.37
子午河	113	5.44	2118	8.57	7.9
池河	114	7.22	1030	3.70	1.206
任河	56.9	2.23	1119	39.51	4.84
岚河	153	6.03	2130	15.32	8.834
月河	95.2	2.79	2830	9.47	2.479
恒河	113.1	5.94	975	2.64	0.2
黄洋河	126	3.94	964	4.61	4.13
坝河	128	3.88	2080	9.24	5.965
乾佑河	148	5.02	2510	6.88	4.04
旬河	115	2.9	1166	19.05	7.64
南江河	94	7.28	1508	10.30	25.3

3. 富硒资源

硒是一种微量元素，当土壤中的硒含量富集到大于0.4mg/kg时即为富硒土壤。目前已发现的富硒地区有湖北省恩施市、陕西省安康市和贵州省开阳市等，各地的土壤含硒量及安康市各县区的含硒量如表5-6所示。

表5-6 中国十大富硒区和安康市各县区土壤硒均值

	地区	土壤硒均值（mg/kg）	地区	土壤硒均值（mg/kg）
中国十大富硒区土壤硒均值	湖北省恩施市	3.958	贵州省开阳市	0.58
	陕西省安康市	0.5677	湖南省桃源市	0.733
	湖南省新田市	0.49	桂林市永福县	1.1
	青海省平安市	0.44	四川省万源市	0.32
	江西省丰城市	0.538	江苏省宜兴市	1.01

续表

	县区	土壤硒均值（mg/kg）	县区	土壤硒均值（mg/kg）
安康市各县区 土壤硒均值	紫阳县	0.9612	岚皋县	0.7070
	镇坪县	0.6985	平利县	0.6536
	石泉县	0.5310	汉阴县	0.4904
	汉滨区	0.4652	白河县	0.4431
	旬阳县	0.3749	宁陕县	0.1724

资料来源：安康市富硒产业发展办公室。

安康地区以其广泛覆盖的天然富硒土壤、深厚的硒含量地层以及优质的富硒资源特性，被公认为我国最具开发潜力的富硒资源区之一。据科学普查显示，安康全域有 54.2% 的土壤硒含量达到中硒（0.2mg/kg）以上水平。其硒浓度适中，易于植物吸收，因而被专家誉为"优质、环保、安全"的天然富硒区域，并享有"中国硒谷"之美誉。安康富硒资源相较于其他富硒地区，具有以下显著特点：首先，其富硒面积广阔，覆盖全市十个县区，为富硒食品产业的大规模发展提供了有力支撑。其次，富硒地层厚度达 40~50 米，硒资源丰富，确保了富硒食品产业的可持续发展。最后，安康富硒品质卓越，硒浓度适中，不含有毒元素，且伴生有人体必需的微量元素，如锌、锶等。相比之下，其他一些富硒区可能存在汞、铅等有毒重金属的伴生和超标问题。

4. 中药材资源

安康市自古以来盛产中药材，有"中药材之乡"美誉。全市有动植物 4800 余种，原生植物 800 余种，其中发现的中草药种类 1299 种，总量占全省的 53% 以上。录入 2000 年版《中国药典》收载的中药材 290 种，占《药典》中药总数的 68.4%，是闻名遐迩的"生物资源基因库"。有 50 多种药材系一地生产或主要供应全国，有 20 种药材为传统出口品种。厚朴、麝香、杜仲、黄姜、绞股蓝、党参、黄连等产品产量在陕西省名列前茅。黄姜、绞股蓝、杜仲、党参、桔梗、天麻、玄参、丹参、薄荷、银杏、板蓝根、辛夷花、秦巴硒菇等 60 多个品种在全市有大面积种植。

（二）经济发展概况

2016~2020 年，安康市 GDP 稳步增长，占陕西省 GDP 的比例也逐年增加。全市经济呈现结构优化、高质量发展稳定推进态势。近 5 年安康市 GDP 和省人均 GDP、占省 GDP 的比重以及在全省的排名如表5-7所示。

表 5-7 安康市 2016~2020 年 GDP、人均 GDP

项目	2016 年	2017 年	2018 年	2019 年	2020 年
市 GDP（亿元）	825.07	948.88	1065.17	1182.06	1088.78
省 GDP（亿元）	19045.75	21473.45	23941.88	25793.17	26181.86
占省 GDP 比重（%）	4.33	4.42	4.45	4.58	4.16
市 GDP 在全省排名	8	8	8	8	8
市人均 GDP（元）	31100	35692	39969	44241	43378
省人均 GDP（元）	50081	56154	62195	66649	66292
市人均 GDP 在全省排名	9	9	9	9	9

资料来源：安康市 2016~2020 统计年鉴。

安康市下辖 1 区、8 县、1 个县级，各区县近 5 年 GDP 稳定增长，其中汉滨区是安康的政治、经济、文化和交通信息中心，GDP 远远高于其他各县区。各区县 GDP 总值如表 5-8 所示。

表 5-8 安康市各区县 GDP

区县	GDP（亿元）				
	2016 年	2017 年	2018 年	2019 年	2020 年
汉滨区	253.91	290.92	342.36	380.95	375.82
汉阴县	75.51	95.19	107.67	112.50	100.15
石泉县	68.51	80.96	96.19	94.13	83.02
宁陕县	25.85	30.16	34.69	31.72	23.16
紫阳县	81.23	90.77	103.65	109.59	100.53
岚皋县	45.66	52.55	59.36	58.01	48.69
平利县	74.53	87.52	99.62	103.89	89.1
镇坪县	15.25	19.19	23.03	24.34	23.77
旬阳县	135.75	159.87	187.99	187.04	173.48
白河县	58.18	67.51	79.17	79.84	71.06

资料来源：安康市 2016~2020 年统计年鉴。

近年来，安康市以推进供给侧结构性改革为主线，以项目建设为抓手，持续扩大有效投资，围绕传统主导产业全面改造提升，大力实施新一轮技术改造升级，产业投资呈现向高技术、高附加值的战略性新兴产业和信息化应用领域倾斜的趋势。大力发展绿色循环经济，推动工业化与信息化、先进制造业与现代服务业、技术创新与产业增效有机融合，建设质量强市，做强实体经济，一手抓传统产业转型升级，一手抓新兴产业发展壮大，提升产业链供应链现代化水平，构建具有安康特色的现代产业体系。一方面，按照"扩充总量、优化存量、提高质量"的思路，推动产业融合发展、提质增效，聚力打造富硒产业、旅游康养、新型材料三大千亿级主导产业集群，构建绿色循环发展的核心产业支撑。另一方面，加快新旧动能转换，推进新支柱产业高端化、智能化、绿色化发展，促进生产性服务业向专业化和价值链高端延伸，壮大提升装备制造、电子信息、现代物流、毛绒玩具等新支柱产业。

从图 5-10 可以看出，近年来安康市的产业结构变化基本稳定，第二产业和第三产业比例相近，第二产业占比相对较大，第一产业占比最小。2020 年，安康市第一产业占比为 14.40%，第二产业占比为 40.30%，第三产业占比为45.30%，三大产业占比均未超过 50%，安康市近 5 年第三产业占比平稳增长，逐步实现产业结构优化，提高经济效益。

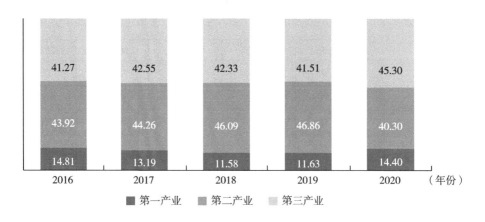

图 5-10　2016~2020 年安康市三产构成情况变化（%）

资料来源：安康市 2016~2020 年统计年鉴。

安康市自然条件薄弱，地形复杂，靠山吃山、靠水吃水，同时，安康市又是南水北调中线水源地，工业发展受限，农业经济的壮大与发展对安康市整体发展至关重要。然而，受限于自然条件和平台建设等因素，近年安康市农业产业化虽有显著发展，但仍待提高。深入贯彻乡村振兴战略，大力推动农业产业化深度发展，抓住历史机遇，充分挖掘资源优势，是今后一个时期做好"三农"工作的重要抓手。"十四五"乃至更长时期，安康市要落实战略定位，紧扣发展第一要务，厚植生态本底，彰显特色优势，坚定"生态经济化、经济生态化"不动摇，推动"三区一基地一枢纽"建设，实现经济高质量发展和生态高水平保护在全省"双领跑"。

（1）全国富硒产业发展核心区域：当前，以富硒产业为主导的城市区域正不断增加。其中，湖北省恩施市被誉为"世界硒都"，陕西省安康市则是"中国硒谷"，湖南省桃源市则是"中国硒乡"，广西壮族自治区贵港市被称为"中国硒港"，福建省连城市则被赋予"客家硒都"之名。此外，江西省丰城市、宁夏回族自治区吴忠市、青海省平安市、重庆市江津区等地也在积极塑造各自的富硒地域品牌。在这些地区中，安康市的富硒产业发展尤为引人注目。安康市凭借富硒资源的丰富性、生态环境的优越性和科研实力的支撑，大力实施"硒+X"战略，通过优化"硒+农业"模式、提升"硒+工业"水平、开发"硒+养生旅游"项目，有效推动了富硒农业向富硒产业的转型升级。同时，安康市积极推动富硒产业向科技创新、精深加工、品牌建设、三次产业融合等方向发展，力求打造生态经济的支柱产业和千亿级产业集群，实现以硒资源促进民生改善、产业发展、城市兴盛的目标。

（2）全国生态康养旅居体验高地：为顺应人口老龄化趋势，满足人们对高品质生活的需求，安康市充分发挥其生态和富硒资源的优势，积极探索"生态康养+"新业态、新模式和新路径，致力于打造西部地区的全域旅游示范基地和全国知名的硒疗养生之都。作为秦巴生物多样性生态功能区和汉江中上游的重要生态屏障，安康市拥有丰富的绿色生态资源，生态康养旅游和富硒资源的开发利用等特色显著，为发展生态康养产业提供了得天独厚的优势。

（三）安康市农业及品牌发展现状

1. 农业发展现状

安康市农业经济发展稳中有升。2020年，全市农林牧渔业总产值282.08亿元，较2016年增加105.02亿元。农林牧渔业增加值162.89亿元，较2016年增加60.79亿元。其中：农业增加值101.86亿元、林业增加值6.7亿元、牧业增加值44.18亿元、渔业增加值4.46亿元、农林牧渔服务业增加值5.69亿元，占农林牧渔业增加值的比重分别为62.5%、4.1%、27.1%、2.7%、3.5%。通过对安康市农林牧渔业2016~2020年的产值进行对比，发现安康市农林牧渔业呈稳步上升趋势。如图5-11所示。

陕西省农业品牌发展报告

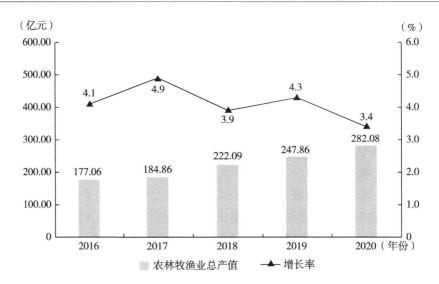

图 5-11　2016~2020 年安康市农林牧渔总产值及增长率

资料来源：安康市 2017~2020 年国民经济和社会发展统计公报。

粮食作物方面：2020 年安康市全年粮食总播种面积为 224.22 千公顷，占全省粮食作物播种面积的 7.5%。粮食产量为 77.48 万吨，占全省粮食总产量的 6.1%，粮食播种面积和产量均在全省中排名第七。其中，夏粮主要以小麦为主，秋粮以稻谷、玉米和大豆为主，稻谷的播种面积和产量在全省排名第二。各粮食作物的播种面积和产量如表 5-9 所示。

表 5-9　2020 年安康市粮食播种面积和产量

指标名称	播种面积（千公顷）	播种面积在全省排名	产量（万吨）	产量在全省排名
粮食作物	224.22	7	77.48	7
#夏粮	80.68	5	24.38	6
##小麦	29.49	7	8.58	7
#秋粮	143.53	4	53.09	8
##稻谷	20.10	2	14.13	2
##玉米	85.46	6	29.34	7
##大豆	14.39	5	2.71	4

资料来源：陕西省 2021 年统计年鉴。

主要经济作物方面：2020 年安康市主要经济作物为棉花、油料、麻类、糖

· 140 ·

料、烤烟和蔬菜。其中，安康市棉花播种面积和产量在全市生产棉花的七个地市中排名第二；油料播种面积和产量均在全省中排名第二，仅次于汉中市；糖料的产量占全省糖料产量的92%，烤烟的产量占全省烤烟产量的32.8%；蔬菜的播种面积和产量分别在全省排名第二和第四，是陕西省蔬菜的主要生产地区。主要经济作物的播种面积和产量如表5-10所示。

表5-10　2020年安康市主要经济作物播种面积和产量

指标名称	播种面积（千公顷）	播种面积在全省排名	产量（万吨）	产量在全省排名
棉花	0.07	2	123	2
油料	68.67	2	144675	2
麻类	0.12	2	202	2
糖料	0.15	1	6914	1
烤烟	7.77	1	17350	1
蔬菜	80.47	2	1718800	4

资料来源：陕西省2021年统计年鉴。

茶、桑、果方面：2020年，安康市茶园面积为61694公顷，茶叶产量为33777吨，在全省中排名第二，仅次于汉中市，是陕西省的茶叶大省，以紫阳富硒茶为主要代表。2020年安康市桑园面积为14833公顷，位居全省第二。2020年，果园面积为27941公顷，水果产量为225329吨，其中主要以柑橘为主。茶、桑、果的播种面积和产量如表5-11所示。

表5-11　2020年安康市茶、桑、果播种面积和产量

指标名称	数值	在全省排名
茶园面积（公顷）	61694	2
茶叶产量（吨）	33777	2
桑园面积（公顷）	14833	2
果园面积（公顷）	27941	1
水果产量（吨）	225329	1
#柑橘	87886	2
#其他水果	68478	2
#柿子	18466	3
#桃	25000	6

续表

指标名称	数值	在全省排名
#梨	5708	7
#猕猴桃	5444	7
#葡萄	6075	8

资料来源：陕西省 2021 年统计年鉴。

畜牧业方面：2020 年，安康市出栏生猪、牛、羊、家禽分别增长 1.5%、6.2%、6.1% 和 6.6%；肉类总产量增长 2.9%。全年生猪出栏 180.01 万头，增长 1.5%；牛出栏 6.80 万头，增长 6.2%；羊出栏 48.81 万只，增长 6.1%；家禽出栏 890.46 万只，增长 6.6%。全年肉类总产量 17.45 万吨，增长 2.9%。2020 年安康市畜牧业生产具体情况如表 5-12 所示。

表 5-12　2020 年安康市畜牧业生产情况

指标名称	计量单位	产量	比上年增长（%）	占全省比重（%）
肉类总产量	万吨	17.45	2.9	16.4
#猪肉	万吨	13.85	1.5	17.83
牛肉	万吨	1.04	6.2	11.96
羊肉	万吨	1.06	6.1	10.92
禽蛋产量	万吨	5.56	6.6	8.66
牛年出栏量	万头	6.80	6.2	12.92
羊年出栏量	万只	48.81	6.1	6.68
猪年出栏量	万头	180.01	1.5	14.81
家禽年出栏量	万只	890.46	6.6	9.69

资料来源：陕西省 2021 年统计年鉴。

渔业方面：2020 年，安康市水产养殖面积为 11885 公顷，水产品产量为 41625 吨，养殖面积和产量在全省分别排名第二和第三。安康市利用大水面、秦巴山区高山冷流水、川道池塘和宜渔稻田等资源，大力发展生态渔业。以增殖放流、网箱养鱼、库汊拦网为主要养殖模式，以鲤、草、鲢、鳙四大家鱼为主，同时发展鲑鱼，引进匙吻鲟、中华鲟等附加值高的高端品种，实施"人放天养"、集中捕捞，取得了保护水质、生态富民的环境效益双赢，初步实现了"以水养鱼、以鱼净水"的良性循环。

2. 农业品牌发展现状

在农产品区域公用品牌建设方面，截至 2021 年，安康市共有 18 个国家农产品地理标志，数量在全省排名第二；安康市名特优新农产品共 16 个，数量在全省排名第三。

在安康市的 18 个国家农产品地理标志中，已形成品牌的仅有"安康富硒茶"，是国家地理标志和国家名特优新农产品，并入选了 2019 年中国农业品牌目录，品牌价值为 35.16 亿元，在 2021 全国茶叶区域公用品牌价值排行榜中排名第 20 位。

安康富硒茶：安康产茶历史悠久，始于西周、盛于唐宋、名扬古今。最新研究推断，1998~2005 年在陕西汉阳陵出土距今 2150 年的"世界上最早的茶"源自安康。"安康富硒茶"已于 2018 年 6 月获得国家地理标志产品证明商标授权，入选 2019 中国农业品牌目录。安康市大力推进"安康富硒茶"区域公用品牌的加快发展，2018 年政府发布了《安康富硒茶品牌整合方案》，进一步整合县（市、区）资源，着力扩大"安康富硒茶"公用品牌使用率和覆盖面。目前，暂保留"紫阳富硒茶"和"平利女娲茶"两个县域公用品牌，实行市、县区公用品牌并行使用，其中：紫阳和平利两县茶企自愿按照"市域品牌（'安康富硒茶'）+县域品牌（'紫阳富硒茶''平利女娲茶'）+企业品牌"的并行方式或直接采用"安康富硒茶+企业品牌"的方式进行茶产品营销；汉滨区、汉阴县、石泉县、岚皋县、镇坪县、旬阳县、白河县符合条件的企业全部申请使用"安康富硒茶"公用品牌，直接采用"安康富硒茶+企业品牌"的方式进行茶产品营销。逐步将"安康富硒茶"培育成国家地理标志保护产品、中国优秀茶叶区域公用品牌、中国驰名商标和全国十大名茶。

"安康富硒茶"位居 2021 年全国茶叶区域公用品牌价值排行榜前 20 强，荣获"最具品牌经营力"的茶叶区域公用品牌，品牌综合评估价值 35.16 亿元，位居陕西第一。第五届"中国品牌日"，"安康富硒茶"位列以地理标志为代表的区域公用品牌前 100 强，成为唯一入选的陕茶品牌。目前全市已有 117 家茶企申请使用"安康富硒茶"地理标志证明商标，授权使用 95 家。平利县、紫阳县两县成功创建为省级现代农业产业园，紫阳县成功创建为全国茶产业知名品牌示范区。

目前一般以地标产品来代表区域公用品牌，但二者间并不是完全等价的关系，一些获得认证的地标产品规模小、知名度低且尚未形成标识体系，其实质是有潜力发展成区域公用品牌的资源而不能称为真正意义上的区域公用品牌。除已形成上述已品牌之外，安康市还存在众多农产品资源未形成品牌，需要进一步加强品牌培育。安康市农产品未形成品牌具体名录如表 5-13 所示。

表 5-13 农产品未形成品牌名录

类别	名称	认定
粮油	镇坪洋芋	农产品地理标志
林特	安康核桃	名特优新农产品
蔬菜	岚皋魔芋	农产品地理标志、地理标志保护产品
	安康魔芋	名特优新农产品
	石泉黄花菜	农产品地理标志、地理标志保护产品
中药材	平利绞股蓝	地理标志保护产品、地理标志证明商标
	镇坪黄连	农产品地理标志
	宁陕猪苓	农产品地理标志
	宁陕天麻	农产品地理标志
畜禽	镇坪乌鸡	地理标志保护产品
	安康猪肉	名特优新农产品
茶叶	平利女娲茶	农产品地理标志
食用菌	宁陕香菇	农产品地理标志、名特优新农产品
水产	安康钱鱼	农产品地理标志
	安康花鲢	农产品地理标志、名特优新农产品

近年来，安康市委、市政府依托本地丰富的资源和生态优势，将富硒产业确立为生态友好型产业的领军产业，以及助力贫困地区实现脱贫致富的核心产业。在农业领域，该市秉持"生态经济化、经济生态化"的发展理念，专注于绿色生态和特色富硒现代农业的发展，不断优化生猪、茶叶、魔芋、核桃、渔业五大农业特色产业，实施精准策略，促进富硒产业全链条的深度融合与发展。目前，"安康富硒茶"已成为全国知名的茶叶品牌，但"安康魔芋""安康核桃""安康山猪"和"安康汉水鱼"四大区域公共品牌的品牌塑造仍需持续努力。如图 5-12 所示。

安康魔芋：魔芋是区域性产品，全国只有 6 个省具备种植条件，安康是全国最优适生区，全国 14 个重点县，安康市占了 7 个，产业链条最长，市场销售非常好，现在各县都有生产加工企业。近年来，安康市始终坚持"扩大基地规模、强化龙头企业、优化品牌形象"的魔芋产业发展策略，通过政府引导、园区建设、龙头企业引领以及品牌培育等多重措施，成功构建了魔芋的现代生产、经营、市场和质量标准体系。目前，安康市已拥有魔芋干、魔芋精粉、即食食品、休闲食品、食材产品以及功能产品等多种门类丰富、品种齐全的魔芋制品，其加工水平和能力在陕西省乃至全国魔芋产区中均位居前列。安康市致力于推进魔芋

图 5-12　安康市富硒农业全产业链

产业的种源基地建设和品牌打造，岚皋魔芋已成功打造为省级知名品牌示范区，并于 2021 年 10 月荣获中国园艺学会魔芋协会颁发的"中国魔芋之乡"称号。同时，"安康魔芋"也被中国绿色农业联盟评为"2020 年全国绿色农业十佳蔬菜地标品牌"。截至 2020 年底，安康市魔芋种植面积已达到 55 万亩，产量 62 万吨，综合产值高达 100 亿元。在产业发展过程中，安康市成功建设了 31 个魔芋"一镇一业"重点镇和 127 个"一村一品"重点村，创建了 92 个魔芋种芋示范园和 95 个产业园区。此外，安康市培育了 40 家魔芋企业，其中包括 9 家省级农业产业化龙头企业和 18 家市级规模统计企业，组建了 160 个魔芋产业合作社和 600 个家庭农场，成立了 10 个产业联合体或产业联盟。岚皋县、汉滨区和紫阳县更是先后被授予"全国 10 大魔芋产业重点县"称号，使安康市赢得了"世界魔芋看中国、富硒魔芋数安康"以及"中国魔芋产业发展第一市"的美誉。

安康核桃：安康地区作为全国核桃最适宜生长的区域之一，已有 2000 多年的栽培历史。近年来，安康市致力于富硒核桃产业的发展，遵循"稳定规模、提升效益、培育龙头企业、树立品牌形象"的战略思路，在良种优化、科研创新及品牌建设等方面取得了显著成果。目前，全市核桃种植面积已扩大至 13.37 万公顷，建立了 146 个核桃产业示范园，并制定了《富硒核桃》地方标准。同时，成功注册了 14 个核桃产品品牌，"安康核桃"更是荣登国家名特优新产品名录。截至 2020 年底，全市核桃产量达到 3.25 万吨，生产总值高达 8.09 亿元。

安康汉水鱼：安康市坚持走"现代化、生态化、富硒化、循环化"的发展道路，推动了富硒渔业发展的显著成效。截至目前，全市已建成各级渔业园区89个、市级水产良种繁育示范园30个，并培育出2家省级重点龙头企业和3个省级水产良种场。此外，还创建了1个国家级稻渔综合种养示范区和14个国家级水产健康养殖示范场，使安康水产养殖面积达到1.2万公顷，渔业经济总产值接近20亿元。同时，成功打造了"安康汉水鱼"区域公用品牌，并有两款产品"安康钱鱼"和"安康花鲢"获得国家农产品地理标志认定，其中"安康花鲢"还被收录进全国名特优新农产品目录。

安康山猪：安康市以科技为先导，以全产业链建设为路径，紧密融合产业发展与富硒资源，推动生猪产业转型升级并取得了显著成效。目前，全市已建成100余个市级以上标准化示范猪场和107家县级以上生猪现代园区。同时，牵头制定了《富硒猪肉》团体标准和企业标准《安康富硒猪肉生产技术规程》。此外，"安康猪"地理标志产品已通过认定，打造了"安康林下猪"区域公用品牌和"安康猪肉"名特优新农产品品牌，并注册了"康硒谷"富硒猪肉商标。这一系列举措培育形成了"安康富硒猪肉"系列特色富硒产品，使富硒生猪产业成为推动全市富硒产业发展的亮丽名片。

镇坪乌鸡：饲养地位于陕西省东南部（陕西的最南端），大巴山北麓。地处东经109°11′~109°38′，北纬31°42′~32°13′。北至曾家镇的金坪村，南至华坪镇的榆龙村，东至城关镇友谊村，西至上竹镇发龙村。涉及7镇（曾家、牛头店、城关、上竹、曙坪、钟宝、华坪）58个行政村，年总饲养50万只，年出栏30万只，年产量肉450吨。镇坪乌鸡外形上分黑羽和白羽两个品系，胸、腿肌肉丰满，呈矩形体型，单冠呈紫红色，面部为紫红色，脚为乌色，嘴为乌色，皮肤为紫乌色，脏腑多为紫色，骨为紫色。肌肉发达，富有弹性，肉质特别细嫩，肉味香浓，鸡肉煮沸后肉汤透明澄清，脂肪团聚于表面，具有特有香味。镇坪乌鸡肉质细嫩鲜美，营养丰富，含多种微量元素，其中蛋白质含量不低于19%，氨基酸含量不低于18%，硒含量每千克不低于0.1毫克，铁含量每100克不低于1.4毫克。

宁陕香菇：食用菌是宁陕的传统产业，20世纪80年代中后期发展到最高峰，常年保有量达到30万架，产量近1000吨，以肉厚实、菇形好、质量高为全国有名，产品远销浙、粤、沪等地，有"西北地区的主要集散地""食用菌王国"之美誉。2007年，"宁陕香菇"通过国家农产品地理标志认定，成为安康市第一个取得该认定的农产品。后来因劳动力成本、市场价格等因素，食用菌产业逐渐萎缩。2018年以来，为推进产业脱贫，县政府立足打造"宁陕香菇"品牌，成立了食用菌产业发展领导机构，实行政府主要领导挂帅、分管领导靠前指挥、职能部门协调推进的机制，建立联席会议制度，印发了《食用菌产业发展实施方案》

《食用菌产业带动精准脱贫实施方案》，出台了《食用菌产业发展奖扶办法》，鼓励各类社会资本投资开办食用菌园区、合作社，先后多次组织人员外出考察学习和实践，县财政每年安排食用菌转型发展专项资金300万元，促进食用菌产业升级发展。

宁陕猪苓：宁陕县位于陕西省南部秦岭中段南坡，安康市北部。清乾隆四十八年（1783年）设五郎厅，嘉庆五年（1800年）改宁陕厅，民国二年（1913年）改宁陕县，取"宁定陕西"之意。境内名胜古迹有金鸭浮舟城隍庙、蓬莱仙境石佛台、子午道上古石桥、明清古风盐店街。宁陕山大林深，中药材资源丰富，分布广泛。据统计，县境内各类中药材多达1034种，其中植物药材975种，动物药材49种，矿物药材10种。作为原生中药库中的上等珍稀药材，野生猪苓在宁陕高中低山区均有分布，除猪屎苓外，还有猫屎苓。宁陕猪苓人工栽培历史久远。据《宁陕县志》记载，早在明末清初，就有人指山为界，栽种猪苓、兴办药场。生产的猪苓经陆路达西安，水路至武汉，再销往全国各地。1949年前夕，宁陕大小集镇均设有中药铺，药品来源以本县自产为主。20世纪70年代，全县大办合作医疗，兴起了以猪苓种植为主的种中药材、办药材场的高潮，全县先后办起药场30多家。1983年，全县供销社收购猪苓86400公斤，占安康地区（市）总产量的90%。

（四）安康富硒产业发展建设

1. 产业基本情况

安康市工业六大支柱产业为富硒食品、装备制造、新型材料、清洁能源、生物医药、纺织丝绸，2016~2019年，六大支柱产业工业产值均保持增长趋势，其中富硒食品的增长最为明显，2016~2019年，产值在六大支柱产业中排名第二，2020年，产值超过新型材料排名第一，但由于疫情影响导致六大支柱产业工业产值均有所下降。新型材料和装备制造历年来也保持稳定增长，产值较高。2016~2020年，六大支柱产业工业产值如表5-14所示。

表5-14　2016~2020年六大支柱工业产值及增加值

行业名称	指标	2016年	2017年	2018年	2019年	2020年
富硒食品	产值（亿元）	304.15	396.72	478.74	544.31	451.01
	增加值（%）	25.2	28	23.4	14.5	-20.7
新型材料	产值（亿元）	414.19	496.85	558.13	615.59	323.60
	增加值（%）	16.8	19.7	15.1	10.5	-27.1
装备制造	产值（亿元）	104.14	135.08	198.50	241.71	170.23
	增加值（%）	19.6	27.6	40.7	22.1	-28.3

续表

行业名称	指标	2016 年	2017 年	2018 年	2019 年	2020 年
生物医药	产值（亿元）	60.23	62.70	68.33	78.25	49.38
	增加值（%）	-1.3	3.8	15.4	17.3	-37.4
清洁能源	产值（亿元）	40.71	47.54	51.47	55.63	56.06
	增加值（%）	-4.9	16.8	9.5	11.5	-14.1
纺织丝绸	产值（亿元）	15.46	17.26	60.30	62.02	44.63
	增加值（%）	-3.9	11.7	26	2.7	-26

资料来源：安康市 2016~2020 年国民经济和社会发展统计公报。

2011 年以来，安康市富硒食品产值一直保持高速增长，为安康市六大支柱产业中贡献率最大的产业。该市富硒食品产业连续多年保持 30% 左右的高速增长，2020 年在经济持续下行和新冠疫情双重影响下，富硒产业依然保持良好发展势头，增长情况如图 5-13 所示。

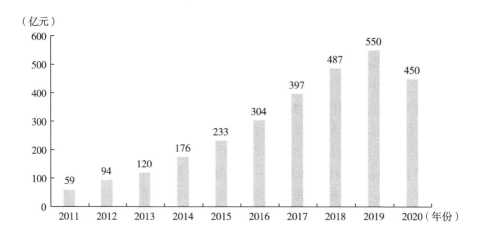

图 5-13 2011~2020 年安康市富硒食品产值

资料来源：2011~2020 年安康市统计公报。

2. 做法成效

安康市拥有发展功能性食品得天独厚的资源禀赋，特别是安康富硒食品产业近几年发展迅猛，有富硒茶、富硒水、富硒魔芋等六大富硒产业，还有富硒粮油、富硒蚕桑等生态富硒产品以及植物富硒片、富硒黑豆多肽等高附加值功能产品。已建成生态富硒食品产业基地 520 万亩，培育富硒食品规模企业 234 户，产业体系逐步健全，企业规模逐步做大，产品具有强大市场竞争实力和发展潜力。富硒食品产业已成为安康市最为靓丽、最有特色、最具代表性的产业名片。截至2021年，安康市现有中国富硒产业研究院、安康富硒产品科技创新孵化器、富硒产品开发与质量控制重点实验室和富硒食品开发国家地方联合工程实验室4个"国字号"研究机构和科研平台，建成省级富硒产业科研平台3个，富硒产业院士工作站3个、专家工作站26个。初步构建了"国家级首席专家+地方学科带头人+科研推广单位+现代经营主体"协同创新产业发展体系，进一步推广了安康"中国硒谷"品牌，奠定了安康"中国富硒产业科研高地"的基础。品牌建设方面，在安康市青莲饮料有限公司和安康柏盛富硒生物科技有限公司等的带领下，创建了"龙王泉""魔莱仕"等一系列著名品牌。

在富硒食品方面，安康市仅有陕西省紫阳县焕古庄园富硒茶业科技有限公司1户企业为陕西省工业品牌培育示范企业，有陕西荣氏食品有限公司等18户企业为安康市工业品牌培育示范企业，占安康市工业品牌培育示范企业总数的69.23%。

三、陕南之汉中——"味见汉中"品牌

（一）背景

汉中市地处陕西西南，北依秦岭，南临巴山，与甘肃、四川接壤，自古就是西北、西南、东南的重要交通要道，是川、陕甘、鄂的重要物资集散地。随着"一带一路"、长江经济带等国家战略的不断推进，汉中市"四向"一体化战略的不断深化，汉中市已经形成了连接关天、成渝、江汉三大经济圈的区域中心城市，全国179个重要的交通枢纽。汉中市得天独厚的地理位置，将是汉中市打造农产品区域公用品牌的重要条件。汉中市地处全国重点经济圈，其在农业科技、人力资源、渠道建设等方面资源富集，有利于汉中农产品的发展；汉中市的交通条件也比较优越，立体的交通网络能有效提高汉中农产品物流配送效率，保质保鲜，缩短与消费者的距离，将为汉中市农产品实施品牌营销提供巨大优势。

1. 自然资源

汉中市地处南北分界线，江河分水岭，风景秀丽，气候温润，属于南北气候过渡地带，具有"西北江南""金瓯玉盆"之美誉。汉中市现有耕地445.6万亩，人均耕地307万亩，年平均日照1585小时，无霜期235天，年平均气温14℃，年降水800~1000毫米，全市森林覆盖率达51.2%。大熊猫、朱鹮、羚牛、金丝猴等珍贵的生物都生活在这里。拥有汉江和嘉陵江两大流域，500多条大小河流，地表径流量217.6亿立方米，年平均水量146.25亿立方米。同时，绝大部分水系水质优于国家Ⅱ类标准，近年来一直保持环境功能区水质达标率

100%、饮用水源地水质达标率100%的优良水资源环境，是"一江清水送北京"的重要水源地，水资源的质与量都属于极高的水平，在酿酒用水方面具有极大的支撑作用。

2. 人口优势

截至2020年底，汉中市常住人口大约380万人。其中，城镇居民155万人，农村居民225万人。根据汉中市第三次农业普查的主要统计资料，汉中市共有1176143名从事农业生产和经营的农民，789476户在汉中市，规模农业经营农户5853户。全市共有5115家农业企业，2377家农民合作社，1838家从事农业生产和服务的农户合作社。随着汉中经济的追赶超越与农业品牌的成功打造，将有更多的青年劳动力投入农业经济当中。

3. 文化优势

得天独厚的地理自然条件成就了汉中市农产品的丰饶与优质，悠久深厚的人文底蕴赋予了汉中农产品的特色与价值。汉中市是汉家发祥地，历史悠久，文化底蕴深厚。自秦惠文王设置汉中郡以来，已有2300年历史，这块古老的土地数度辉煌。汉王刘邦在此奠定基业，成就了汉室天下400多年，自此，汉朝、汉人、汉族、汉语、汉文化等称谓就一脉相承至今。在汉文化的影响下，世世代代的"天汉儿女"顺应天时，因地制宜，勤劳勇敢，认真耕作。汉中市农产品也带有浓厚的汉文化特色。在全国各地现有的农产品区域公用品牌之中，尚未出现以"汉文化"为核心表达的品牌。这是汉中市农产品区域公用品牌的差异化所在，也是推动汉中品牌在激烈竞争环境中，脱颖而出的关键载体。如表5-15所示。

表5-15 汉中市2019年人口与自然资源

项目	数量	项目	数量
一、人口		七、主要矿产资源保有储量	
常住人口数（万人）	343.7	煤（千吨）	57992.03
人口密度（人/平方千米）	141	铁矿（千吨）	284372.57
二、土地		水泥用灰岩（千吨）	1347825.8
土地面积（平方千米）	27098	铜矿（吨）	86605.13
耕地面积（万亩）	441.85	锰矿（千吨）	10766.22
三、气候		镍矿（吨）	260392.94
年平均气温（℃）	14	石膏（千吨）	426954.44
年全日照数（时）	1192.4	石棉（千吨）	2526.18
年平均风速（米/秒）	2.4		

资料来源：汉中统计年鉴2020。

4. 经济发展情况

2020 年，汉中市全年生产总值 1593.40 亿元，比上年增长 0.9%。其中，第一产业增加值 261.36 亿元，增长 4.2%；第二产业增加值 641.48 亿元，下降 0.4%；第三产业增加值 690.56 亿元，增长 1.1%。非公有制经济增加值占生产总值比重达到 52%，战略性新兴产业增加值增长 8.1%。如表 5-16、图 5-14、图 5-15、表 5-17、表 5-18 所示。

表 5-16   汉中市 2015~2019 年人均生产总值

年份	2015	2016	2017	2018	2019
市人均生产总值（元）	30129	32570	37317	41522	45033
增速（%）	9.2	8.3	9.0	9.2	6.3
省人均生产总值（元）	47301	50081	56154	62195	66649

资料来源：汉中市各年统计年鉴。

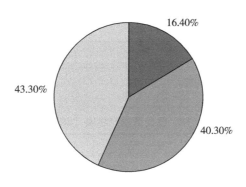

图 5-14   2020 年三次产业结构

图 5-15   汉中市 2016~2020 年产业结构堆积图

表 5-17　2020 年汉中各区县 GDP 排行榜

GDP 排行	区域	2020 年 GDP（亿元）	增速（%）
1	汉台区	375.8	0.1
2	城固县	251.41	4.6
3	南郑区	225.54	1.8
4	洋县	172.36	3.9
5	勉县	160.93	6
6	西乡县	122.12	1.3
7	宁强县	106.64	4
8	镇巴县	82.99	−13.6
9	略阳县	63.83	−13.4
10	留坝县	19.9	3.7
11	佛坪县	11.88	0.1

资料来源：汉中市 2020 年统计年鉴。

表 5-18　各县区生产总值（2019 年）

地区	生产总值		第一产业		第二产业		第三产业	
	总量（亿元）	增速（%）	总量（亿元）	增速（%）	总量（亿元）	增速（%）	总量（亿元）	增速（%）
汉台区	376.06	8.2	16.03	4.6	146.46	9.8	213.57	7.5
南郑区	218.41	1.6	33.35	4.7	110.53	−2	74.53	6.3
城固县	232.43	2.4	47.5	4.6	105.66	−1.5	79.27	7.1
洋县	163.16	7.5	32.14	4.4	73.51	10.3	57.51	5.9
西乡县	116.70	6.9	23.66	4.3	42.38	7.9	50.66	7.4
勉县	147.03	5.0	23.4	4.8	68.59	3.4	55.04	7.1
宁强县	100.01	9.9	17.9	4.7	40.77	15.2	41.34	7.5
略阳县	71.17	9.0	9.44	4.9	31.80	10.2	29.93	9.2
镇巴县	92.45	10.1	18.96	4.7	36.55	12.9	36.94	10.4

续表

地区	生产总值		第一产业		第二产业		第三产业	
	总量（亿元）	增速（%）	总量（亿元）	增速（%）	总量（亿元）	增速（%）	总量（亿元）	增速（%）
留坝县	18.69	9.1	3.33	4.5	4.37	12.7	10.99	9.2
佛坪县	11.8	8.1	1.92	4.4	2.26	12.1	7.3	7.9

资料来源：汉中市 2019 年统计年鉴。

（二）汉中市产业发展及品牌建设现状

1. 农业发展现状

农业方面，汉中市农业经济稳步发展，全市实现农林牧渔业 463.25 亿元，比上年增长 4.1%；实现增加值 269.09 亿元，增长 4.1%。其中，农业产值 293.49 亿元，增长 5.6%；林业产值 16.60 亿元，增长 7.2%；畜牧业产值 132.53 亿元，增长 0.3%；渔业产值 6.92 亿元，增长 6.5%；农林牧渔服务业产值 13.71 亿元，增长 1.1%。如表 5-19、图 5-16、图 5-17 所示。

表 5-19 农林牧渔业总产值 单位：亿元

年份	总产值	农业	林业	牧业	渔业	农林牧渔服务业
2016	337.01	199.43	14.57	105.01	5.44	12.53
2017	343.96	210.83	16.01	98.43	5.96	12.72
2018	363.23	231.29	16.44	95.69	6.63	13.15
2019	401.78	255.13	16.25	109.95	6.79	13.64
2020	463.25	293.49	16.60	132.53	6.92	13.71

资料来源：汉中市各年统计年鉴。

播种面积上，汉中市 2020 年粮食播种面积 381.58 万亩，比上年增加 1.18 万亩；油料种植面积 116.98 万亩，增加 0.35 万亩；中药材种植面积 128.42 万亩，增加 2.16 万亩；茶园种植面积 112.53 万亩，增加 1.73 万亩；蔬菜种植面积 101.48 万亩，增加 5.7 万亩；园林水果种植面积 52.44 万亩，增加 0.37 万亩。如图 5-18 所示。

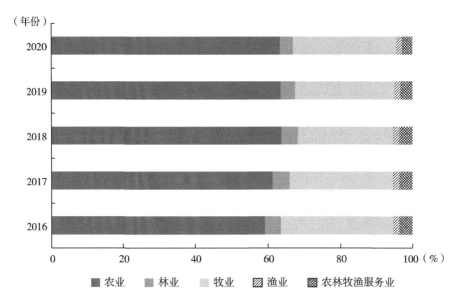

图 5-16 2016~2020 年汉中市农林牧渔业产值比重

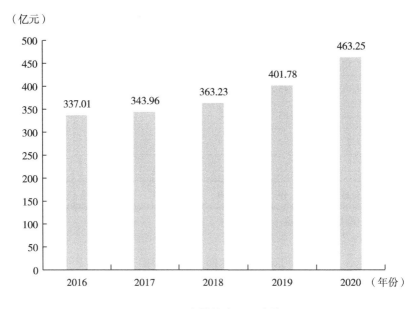

图 5-17 农林牧渔业总产值

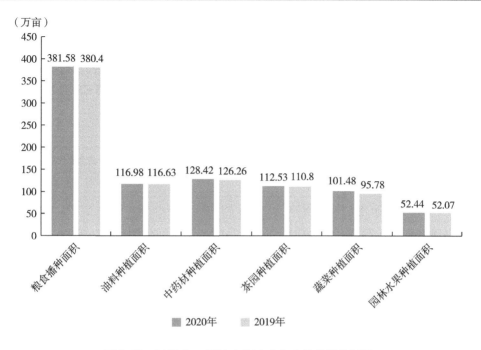

图 5-18 2019 年、2020 年汉中市各农作物播种面积

粮油生产方面。汉中市全年气候条件总体良好，降雨时空分布合理，病虫害及自然灾害发生程度低，有利于种植业的生产。结合粮食生产功能区划定建设优质稻油基地，稳定粮油种植面积，保持粮食生产稳中调优，粮油单产水平提高，机械化生产进一步扩大，优质品种种植进一步提高，科学种植进一步广泛应用，生产区域向平川产粮大县集中，全年粮食总产 108.53 万吨，增长 2.3%，油料总产 18.54 万吨。

经济作物产量方面。①蔬菜产量增速明显，全市蔬菜产量 278.09 万吨，同比增长 5.6%，汉中市按照"稳扩蔬菜、突破菌业"的发展思路，加快发展特色菜、精细菜，多措并举狠抓食用菌产业园、基地镇建设，提高设施化、智能化水平，辐射带动食用菌产业迅猛发展。②水果生产能力提升，汉中市围绕柑橘产业发展，积极推进柑橘结构调整和提质增效，单产水平提高，柑橘产业喜获丰收，猕猴桃产业发展迅猛，全市水果产量 63.58 万吨，增长 5.8%。③茶叶产业稳步提升，汉中市按照"高效、优质、生态"要求，把茶产业打造成为陕南地区优质茶叶基地，进一步提高茶园质量，严把绿色关，加大无公害、绿色、有机"三品"认证力度，加大品牌宣传推介，汉中茶产业和汉中仙毫的品牌影响力、知名度不断提升，全市茶叶产量 4.91 万吨，增长 8.1%。④中药材发展势头迅猛，近年来中药材价格大幅提高，经济效益高于粮油作物，发展中着力在规范化、规模化种植和提高单产方面下功夫，大力发展元胡、天麻、杜仲、猪苓等中药材种植，依托中药制药集团走"公司+基地+农户"的种植加工销售一体化之路，推进中药材产业的快速发展，全年中药材产量 19.11 万吨，增长 8.3%。如表 5-20 所示。

表 5-20　主要经济作物产量

产品名称	总量（万吨）	增速（%）	占全省比重（%）
粮食	108.53	2.3	8.51
油料	18.54	-0.5	31.37
中药材	19.11	8.3	23.3
茶叶	4.91	8.1	56.44
蔬菜	278.09	5.6	14.15
水果	63.58	5.8	3.52

2. 农业品牌发展现状

汉中市凭借得天独厚的自然地理条件，形成了诸多的农产品区域公用品牌，如"汉中大米""汉中菜籽油""汉中食用菌""汉中中药材""汉中猪肉""汉中鲜鱼"等，但大多是自由发展，品牌多而不强。"味见汉中"作为全品类打造、全产业开发、全过程服务的农产品区域公用品牌，聚集了众多汉中市知名农产品品牌和单一型区域公用品牌，使汉中市优质的稻米、菜籽油、水果、蔬菜、食用菌、畜禽产品等都拥有了一个共同的区域公用品牌。

截至目前，汉中大米、留坝蜂蜜、洋县黑米、略阳乌鸡等 24 个农产品通过农业农村部农产品地理标志登记保护，数量稳居全省第一。实施地理标志运用促进工程 4 件，地理标志促进地方特色经济高质量发展项目 1 个。名特优新农产品数量增至 4 个，其中城固香米、洋县猕猴桃、洋县黄金梨等 3 个产品申报并成功录入全国名特优新农产品名录。"汉中仙毫"被认定为省级农产品区域公用品牌，2021 年中国茶叶区域公用品牌价值评估，汉中仙毫品牌价值达到 32.94 亿元，居全国第 23 位。汉中市农产品品牌的影响力和市场认可度不断提升。

在区域公用品牌建设方面，目前汉中市共有 24 个国家地理标志证明商标；23 个国家农产品地理标志，排陕西省第 1 名；13 个地理标志保护产品，其中已形成品牌的有 1 个。

（1）有一定影响力的品牌，如表 5-21 所示。

表 5-21　农产品已形成品牌

类别	名录	品牌认证	品牌 LOGO 及口号	品牌价值及排名
茶叶	汉中仙毫	中欧地理标志协定保护产品 2021 年中国农业品牌目录	漢中仙毫	32.94 亿元/23

汉中仙毫：汉中产茶历史悠久，自古就是茶马互市的重要集散地，如今更是汉中市农业主导产业、特色优势产业和脱贫攻坚、乡村振兴的支柱产业。汉中仙毫作为原 20 多个绿茶品牌整合后的品牌，成功入选第二批中欧地理标志协定保护名录，并先后入围"中国农产品区域公用品牌"前 20 强和"中国茶叶最具发展力品牌"。2019 年，"汉中仙毫"品牌价值达 25.69 亿元，2021 年中国茶叶区域公用品牌价值评估中位列第 23，品牌价值 32.94 亿元。此外，以"汉中仙毫"知名品牌为带动，汉中市茶产业发展取得如下成效：

1）基地面积迅速扩张。截至 2020 年，全市茶园总面积达到 112.53 万亩，茶叶总产量 4.91 万吨，一产产值 83.86 亿元。茶叶面积、产量、产值均居全省第一，列周边地市之先。

2）规模质量不断提升。全市现有茶叶产销企业 1903 个，其中国家级龙头企业 1 家，省级龙头企业 21 家，市级龙头企业 31 家，茶叶专业合作社 196 个，茶叶精深加工和综合利用开发企业 20 余家，茶叶类电商 75 家。通过 SC 认证企业 137 家，ISO 国际质量体系认证 29 家，绿色认证 51 家，有机认证 41 家。

3）品牌整合初见成效。全市已整合形成"汉中仙毫""汉中红""汉中炒青""汉中毛尖"四大公用品牌，其中，汉中仙毫和汉中红多次荣获国际和省级金奖。

4）产业结构持续优化。全市茶叶产业已形成以绿茶为主导，红茶、黑茶、白茶、抹茶、茶多酚等精深加工产品齐头并进的格局，产品正朝着优质、特色、多样方向发展。

5）销售渠道日趋多元。以云平台为特色的电子商务销售异军突起，已有 71 家茶叶企业建立了网上销售平台，30 家符合资质的茶叶企业入驻京东云仓，面向全国拓展市场。

6）融合发展彰显魅力。茶叶与旅游、健康、文化产业紧密融合、协调发展，以茶园休闲观光、茶叶采制体验、茶园民宿、茶文化展示为代表的第三产业迅速发展。全市已建成西乡峡口茶叶特色小镇、镇巴观云山茶旅融合观光园、城固山花茶舍、宁强千山玉皇观等 20 多个茶旅体验示范点。

7）辐射带动能力增强。2020 年，全市从事茶叶种植农户 30 余万户，累计带动建档立卡贫困户 1.76 万户、5.06 万人，实现了"一片叶子成就一个产业，富裕一方百姓"的目标。

（2）待发展品牌，如表 5-22 所示。

表 5-22　未形成品牌农产品

类别	名称	地理标志保护情况
畜禽	略阳乌鸡	农产品地理标志证明商标、地理标志保护产品
粮油	洋县黑米	农产品地理标志证明商标、地理标志保护产品
	洋县红米	地理标志保护产品、地理标志证明商标
	汉中大米	地理标志证明商标、农产品地理标志产品
中药材	略阳杜仲	地理标志保护产品、地理标志证明商标
	略阳黄精	地理标志保护产品、地理标志证明商标
	佛坪山茱萸	地理标志保护产品、地理标志证明商标
	镇巴天麻	农产品地理标志
	镇巴大黄	农产品地理标志
茶叶	宁强雀舌	地理标志证明商标
	午子仙毫	地理标志证明商标
水产	汉中大鲵	地理标志证明商标

"汉中大鲵"：汉中大鲵品质优、生长快、抗病力强、体色鲜艳、肉质鲜美，可与野生大鲵媲美。汉中独特的地理位置和天然的养殖环境，使得其成为全国的大鲵苗种供应和养殖基地，养殖总量和年苗种繁育量均名列全国首位，被农业农村部授予"中国大鲵之乡"称号。2014 年，汉中市申请注册的"汉中大鲵"地理标志集体商标，获得市场监管总局的批准。所采用的工厂化养殖模式、庭院养殖模式各具特色，产业发展领跑全国。全国大鲵肉分割加工企业也在汉中建成投产。

"汉中大米"：汉中大米品质和综合生产水平提升较快，品牌享誉周边地区及省内外。种稻区域划分为盆地川道丘陵稻区、浅山稻区、秦巴中山区稻区 3 个区块，品种布局上选择适合当地种植的抗耐病虫较强的优质良种；耕作制度上由传统模式向现代农业过渡转变，形成了以机械插秧、测土配方施肥、病虫害综合防控、优质高产高效集成配套等关键技术。近年来，汉中市围绕"稳粮、优供、增效"主线，以绿色生态、高产高效、特色精品为目标，以品牌为引领、以品种为纽带、以加工为龙头，加大对龙头企业、农业园区、家庭农场、合作社等新型经营主体的培育力度，打出品牌升级组合拳，助力"汉中大米"高质量发展。2017 年，汉中市委、市政府高度重视大米的产业化发展，先后申报认定了"汉中大米"地理保护标志产品，完成了产地、产品、加工厂的有机认证。

"略阳乌鸡"：略阳乌鸡是在略阳县独特的地理环境条件下经长期风土驯化和人们长期精心选育饲养而形成最适宜生态养殖的一个古老的优良地方肉用型鸡种，具有乌皮、乌腿、乌趾、乌喙、乌舌、乌冠"六端乌"特征，肉质富含 10 余种人体需要的氨基酸和多种微量元素，兼有药用和保健价值。1982 年，略阳乌鸡被编入陕西省畜禽品种志，并被列为全省唯一的家禽保护品种，因产自陕西省略阳县境内而定名为"略阳乌鸡"。2008 年，略阳乌鸡被国家质检总局授予国家地理标志保护产品，2009 年被列入陕西省畜禽遗传资源保护名录，2017 年获得农业部地理标志农产品登记认证。2020 年，略阳县认定了一批略阳乌鸡扶贫企业及产品，2021 年，中国品牌建设促进会发布中国品牌价值评价结果，"略阳乌鸡"品牌价值为 6.29 亿元。

"洋县黑米"：洋县黑米历代为皇家贡品，具有药食兼用的功效和极强的抗氧化、抗衰老、清除自由基等作用，是稀有的米中珍品，既是招待贵宾馈赠亲友的佳品，又是食疗、保健的最佳滋补品。目前，洋县黑稻种植面积已增至 5 万亩，涉及 11 个镇办 140 个行政村。计划 2019 年达到 6~8 万亩，2020 年后稳定在 10~12 万亩，其中绿色、有机标准化水稻种植面积 4~7 万亩，占黑米种植面积的 80% 以上。近几年，以黑米为主的五彩稻米，在市场上独树一帜，销售势头良好，已成为洋县富民强县的五大支柱产业之一，是农业产业结构调整和县域经济发展的新亮点。洋县已成为全国首批 9 个有机产品认证示范县之一、全国唯一获准筹建的有机产业示范区。

"佛坪山茱萸"：佛坪山茱萸产于秦岭南坡腹地，获得国家药品 GMP 证书，编号为 B0247。山茱萸种植面积达 10 万亩，年产山茱萸干品 1000 吨以上，占我国年均山茱萸产量的 1/6。2005 年，国家质检总局第 41 号公告批准对佛坪山茱萸实施地理标志产品保护。2001 年、2002 年、2003 年，被国家林业局、科技部分别命名为"中国山茱萸之乡"、首个"国家级山茱萸药源基地县"、"国家级山茱萸规范化种植示范基地"。2007 年，国家质检总局为佛坪山萸肉系列保健果品酒颁发了"全国工业产品许可证"。

（三）"味见汉中"品牌建设经验

为加快汉中市绿色兴农、品牌强农战略实施，推进农业供给侧结构性改革，提高农业发展质量，深化农业倍增工程，推动农业产业转型升级，促进小农户对接大市场、融入大产业、共享大品牌，汉中市政府整合地理、历史、文化、农业产业发展优势，着手打造农产品区域公用品牌。2020 年，汉中市政府印发《关于打造全市农产品区域公用品牌推进农业全产业链建设实施意见》的通知，提出策划设计汉中农业区域公用品牌形象，打造统一的汉中农产品区域公用品牌。在市委、市政府的主导下，由市农业农村局牵头，委托国内一流的品牌管理机构编制了品牌战略规划，制定了以"信"为核心的战略实施路径，即"政府信用背书+消费信任购买+文化自信表达"三大板块的品牌策略，设计了以汉文化为核心，融合汉中生态优势、产品优势的品牌名称、传播口号、品牌 LOGO、品牌主形象色彩、品牌辅助图形等创意，已向国家有关部门申请注册登记保护。2020 年12 月 21 日，在汉中发展大会暨"兴业在汉中"主题招商周活动启动仪式上，"味见汉中"农产品区域公用品牌正式发布。这是陕西省首个由市政府牵头组织，全品类打造、全产业开发、全过程服务的农产品区域公用品牌。自此品牌发展进入成长期，消费者逐渐了解到充满汉文化特色与匠心精神的"味见汉中"品牌。

在打造"味见汉中"品牌的同时，汉中市成立了农业绿色发展协会和农产品区域公用品牌运营公司。而《汉中市农产品区域公用品牌管理办法》是汉中市政府在 2021 年 3 月发布的，其中包括品牌授权使用、宣传推介、质量和标准等。目前，"味见汉中"已经处于品牌快速发展期，"味见汉中"区域公用品牌聚合汉中市品牌农业力量和产业优势，生产基地和授权企业不断增多，"味见汉中"产品的市场份额快速提高。随着品牌宣发推介、线下卖点打造的持续投入，以及生产经营主体的壮大创新，"味见汉中"的区域公用品牌形象和知名度会不断提高。

汉中市农产品区域公用品牌定位确定为：以"汉文化"为内核的特色农产品品牌。围绕汉文化品牌价值内核，融入汉中本土农产特征，形成品牌价值体系、品牌符号体系等系列外延，是构建汉中品牌的核心思路。

"味见汉中"品牌价值体系主要包括以下内容：

品牌名称：味见汉中。品牌名称一方面表达了产品属性与区域属性，表现这一品牌所代表的即为优质的汉中农产品，另一方面创造了一种消费互动，体现从汉中的优质农产品中，消费者能品尝到悠扬的汉中历史文脉、优异的生态环境、优秀的虔诚匠心。

品牌口号：悠悠汉家芯，天赋汉中味。品牌口号则延续打造"汉文化"品牌内核的品牌战略方向，以汉文化为核心表达，进一步融合汉中的产区生态优势与产品特色优势。从文化表达层面看，将汉中最具特色与代表性的"汉人老家"文化，演绎为"悠悠汉家芯"，既述说着数千年来汉中所积淀的汉文化底蕴，又表达汉中始终传承着汉家精神内核。"天赋汉中味"表现了汉中地处中华聚宝盆的产区优势，所有的汉中物产，皆为上天所赋予，是优质的天赋农品。

"味见汉中"农产品区域公用品牌是陕西省首个市级层面全品类打造、全产业开发、全过程服务的农产品区域公用品牌，对汉中市农业产业发展具有里程碑意义，也标志着实施品牌强农战略迈出了实质性的步伐。如表 5-23 所示。

表5-23 "味见汉中"品牌

品牌口号	"悠悠汉家芯，天赋汉中味"	"悠悠汉家芯"，既述说着数千年来汉中所积淀的汉文化底蕴，又表达汉中始终传承着汉家精神内核。"天赋汉中味"则表现了汉中地处中华聚宝盆的产区优势，所有的汉中物产，皆为上天所赋予，是优质的天赋农品
品牌LOGO		品牌主形象外轮廓，引用秦砖汉瓦中的"瓦当"形象，一方面展现汉中"汉人老家"的独特文脉价值，另一方面也是赋予汉中农产品吉祥美好的寓意价值。品牌主形象中，融合了几大汉中标志性符号组成：生长于汉中的现存最古老的古旱莲、汉中市树汉桂、市鸟朱鹮；通过对三种特色元素的符号化处理，形成差异化显著、价值感突出的品牌主形象，兼具地方特色表达与消费审美趋势
品牌辅助形象		以"新中国风"的绘画特色，创意了一幅汉中山水生态图景，作为品牌辅助图形。其中融合"汉中四宝"：朱鹮、羚牛、金丝猴、大熊猫，凸显汉中的生态特色。该品牌辅助图形具备较强延展性，可根据不同使用场景更换物产形态，在保证品牌整体形象方案的系统性前提下，凸显各产业的差异性

　　加强农产品区域公用品牌运营管理，汉中市已成立了由市政府控股的陕西味见汉中公用品牌运营有限公司和汉中市农业绿色产业发展协会，形成了绿色产业发展协会+品牌运营公司+龙头企业（农民专业合作社、家庭农场、种养大户）+农民的运营机制，形成了较为完备的质量标准体系，确保"味见汉中"品牌产品品质，以产品质量和消费者的口碑赢得市场。符合味见汉中准入条件的有131家企业，目前，使用"味见汉中"公用品牌的企业有35家，15大类，49款产品。如表5-24所示。

表5-24 汉中市公用品牌名录

地区	名称	数量（个）
汉中市	汉中冬韭、汉中仙毫、汉中白猪、汉中大米、汉中银杏	5
汉台区	褒河蜜橘	1
城固县	城固蜜橘	1
洋县	洋县黑米、洋县槐树关红薯	2
略阳县	略阳乌鸡	1

续表

地区	名称	数量（个）
镇巴县	镇巴花魔芋、镇巴香菇、镇巴黑木耳、镇巴大黄、镇巴天麻、镇巴树花菜	6
留坝县	留坝蜂蜜、留坝香菇、留坝黑木耳、留坝白果、留坝板栗	5
佛坪县	佛坪土蜂蜜	1

"味见汉中"区域公用品牌的发布，在全市农业产业发展史上具有重大的里程碑意义，是完善全市农业品牌体系的关键一环，对提升产品影响力、促进产业整合、加快农业现代化步伐具有重要作用。据统计，目前全市有 199 个生产基地、243 个产品通过无公害认证，30 个企业的 52 个产品通过绿色认证，53 个企业的 62 个产品通过有机认证，取得地理标志认证的农产品达到 23 个，居陕西省第一位。

"味见汉中"区域公共品牌的差异性主要体现在三个层面。从产品层面来看，汉中农产品声名显赫。"汉中仙毫"荣获"中国优秀茶叶区域公用品牌"，"城固柑橘"荣获"中国驰名商标"。同时，汉中市也是"略阳乌鸡"原产地、中国大鲵之乡、药用植物资源居全国地市第二位。然而，从全国范围内来看，汉中市农产品仍与其他地区产品存在一定同质性，暂不具备绝对突出的差异化优势。从产区层面来看，汉中市北靠秦岭，南依巴山，气候兼具南北特色，被誉为"西北小江南"，更是国家"南水北调"中线工程的水源地。但纵向对比周边地区，如商洛市、安康市，即可发现汉中市与周边地区的地理条件呈现相似性，因此，汉中市从产区层面也未呈现显著的差异化优势。从文化层面来看，汉中市被誉为"汉人老家"，是汉文化的发祥地。而在全国各地现有的农产品区域公用品牌中，尚未出现以"汉文化"为核心表达的品牌。因此，"汉文化"就是汉中市农产品区域公用品牌的差异化所在，也是推动汉中市品牌在激烈竞争环境中，脱颖而出的关键载体。

下一步，汉中市将以"味见汉中"农产品区域公用品牌为统领，做大做强"汉中仙毫""汉中大鲵""汉中大米""略阳乌鸡""洋县黑米""佛坪山茱萸"等地标品牌，构建"区域公用品牌+企业品牌+产品品牌"的"母子"品牌体系。加快优势特色农产品基地建设，强化区域公用品牌和地标产品保护和开发，培育壮大一批企业品牌和产品品牌，以品牌引领规模化生产、标准化管理和产业化运营。建立市场化的品牌运营管理机制，加强"味见汉中"区域公用品牌市、县管理服务机构和工作体系建设，充分利用"互联网+"等新零售平台，借助国内外、省内外农产品博览会、交易会等渠道，大力宣传农业品牌文化，提高汉中农业品牌知名度和美誉度。

四、关中之杨凌——杨凌现代农业品牌

(一) 背景

杨凌市，全称为"陕西杨凌农业高新技术产业示范区"，简称"杨凌示范区"，别称"中国农科城"，是我国第一个国家级农业高新技术产业示范区，是中国自由贸易试验区中唯一的农业特色自贸片区，也是中国政府重点支持的四大科技展会之一"农高会"的举办地。杨凌示范区实行省部共建的领导管理体制。由科技部等 22 个部委和陕西省人民政府共同建设。示范区党工委为陕西省委派出机构，杨凌示范区管委会为陕西省政府直属派出机构，具有地市级行政管理权和省级经济管理权。

杨凌示范区位于陕西省关中平原中部偏西，东隔漆水河与武功县为界，南隔渭河与周至县相望，西和扶风县接壤，北由漳水河与扶风相连。处于东经 108°～108°07′，北纬 34°12′～34°20′。东西长约 16 千米，南北宽约 7 千米，行政管辖面积 135 平方千米，常住人口为 25.3871 万人。东距西安 82 千米，西距宝鸡 89 千米。欧亚大陆桥重要组成部分陇海铁路、西(安)宝(鸡)高速公路、西宝中线等主要干线从全境东西贯通，辅以南北向多条公路纵贯全区，距咸阳国际机场 70 千米，并有高速公路连接，交通便利，地理位置优越。

杨凌示范区位于渭河北岸，地势北高南低，从北向南呈阶梯跌落依次形成三道塬坡和沟坡地五种地貌单元，海拔 435～563 米。杨凌示范区内三面环水，南界为渭河，东界为漆水河，北界为漳水环绕。渭河为区内最大河流。另有关中灌区主干渠(高干渠和渭惠渠)横贯东西。水资源丰富、水利条件优越。境内塬、坡、滩地交错，土壤肥沃，适宜多种农作物生长。年降水量 635.1～663.9 毫米，年均气温 12.9℃，属大陆性季风型半湿润气候，四季分明，降水多集中在 7 月和 9 月。冬季以西风或西北风居多，其余季节盛行东风或东南风。

杨凌农业高新技术产业示范区土地相对比较平坦，土壤比较肥沃，共有 7 个土类、11 个亚类、15 个土属、34 个土种。区内土娄土面积最大，占土地总面积的 71.70%，广泛分布在一、二、三级阶地的阶面；黄土类土面积占总面积的 10.80%，主要分布在塬边梯田壕地和沟坡地；新积土面积占总面积的 11.10%，主要分布于渭河及漆水河河滩地。区内亦有潮土、水稻土、红粘土、沼泽土等土类，分别占总面积的 2.70%、1.80%、1.1%、0.80%。

1. 经济发展概况

杨凌示范区作为我国唯一的国家农业高新技术产业示范区，自 1997 年成立以来，始终围绕党中央、国务院赋予的使命，积极发展现代农业，规划建设了 100 平方千米的现代农业示范园区，大力实施设施农业提质增效工程，不断优化

农业产业结构，设施果蔬、现代畜牧、食用菌等产业实现了专业化、标准化、信息化生产。在建设现代农业示范园区的基础上，成功获批创建国家现代农业产业园，园区建设全面铺开，相关建设项目顺利推进。陕西（杨凌）省级农产品加工贸易示范园建设不断加快，已聚集农产品加工企业260余家，累计完成投资80多亿元。年种子交易额达6亿元，占全省的1/3，初步建成了种子产业园。成立国家（杨凌）旱区植物品种权交易中心，累计完成品种权交易218项，交易额突破2亿元。如表5-25所示。

表5-25　2018~2020年杨凌示范区生产总值

项目	2018年	2019年	2020年
区生产总值（亿元）	150.46	166.77	151.71
较上年增长（%）	9.10	6.20	-10.90
占省生产总值比重（%）	0.62	0.65	0.58

2020年，示范区实现生产总值151.71亿元，同比下降10.9%。其中：第一产业增加值9.75亿元，增长4.1%；第二产业增加值62.11亿元，下降21.9%；第三产业增加值79.85亿元，下降0.9%。三次产业结构为6.43：40.94：52.63。如图5-19所示。

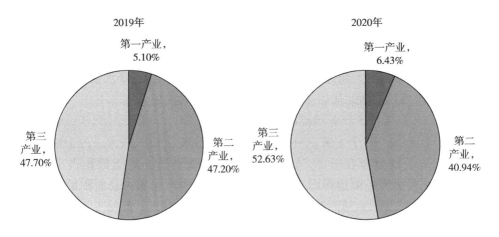

图5-19　杨凌示范区三次产业结构对比

资料来源：2020年杨凌示范区国民经济和社会发展统计公报。

2. 品牌基础

杨凌示范区是首个国家级农业高新技术产业示范区、国家食品安全示范城市、中国自贸试验区中唯一的农业特色鲜明的自贸片区、国家大众创业万众创新示范基地、中华农耕文明重要发祥地、国家现代农业产业园、海内外知名的"农科城"、国家级生态示范区、国家重点支持的四大科技展会"农高会"举办地、中国旱作农业技术援外培训基地。国家交给杨凌的任务是：通过体制改革和科技创新，推动我国干旱半干旱地区农业实现可持续发展，为我国农业的产业化、现代化做出贡献。

自 1997 年成立以来，始终围绕党中央、国务院赋予的神圣使命，与西北农林科技大学、杨凌职业技术学院团结协作、形成合力，积极构建产学研紧密结合平台，提升技术创新、成果产出、集成应用和对外科技服务能力，着力破解"三农"发展难题，为我国现代农业发展探索新路。2010 年 1 月，颁布《国务院关于支持继续办好杨凌农业高新技术产业示范区若干政策的批复》，要求杨凌示范区在现代农业发展方面率先探索做出示范，并明确提出"现代农业看杨凌"。2012 年中央一号文件再次提出"推进国家农业高新技术产业示范区和国家农业科技园区建设。"

在积极履行国家使命的同时，杨凌示范区基于"一带一路"现代农业国际合作中心、关中平原城市群重要节点城市、关中—天水经济区次核心城市的发展定位，始终坚持把壮大经济综合实力作为各项事业的基础支撑，主动作为，精准施策，全力以赴推动经济社会发展持续向好。生物医药、农产品加工、农机装备制造业等涉农特色产业蓬勃发展，工业与现代农业、现代服务业融合发展加速推进。杨凌示范区围绕构建现代农业产业体系，重点在农业生产经营模式、技术集成应用、全生产链质量安全控制、社会化服务保障、生态循环农业发展等方面进行了积极探索，并取得了明显成效。

杨凌示范区全力打造"杨凌农科"和"杨凌农高会"两大金字招牌，其品牌价值均超过 800 亿元，位居全国区域品牌价值前列。一年一度的杨凌农高会已成功举办 26 届，跻身全国 5A 级农业综合展会序列并获国际展览业协会（UFI）认证、中国驰名商标，成为国内一流、国际知名的农业展会品牌。同时，杨凌正在打造世界一流农业特色自贸片区。2017 年 4 月 1 日，中国（陕西）自由贸易试验区杨凌片区获批正式挂牌成立，成为全国已设立的 11 个自贸区 33 个片区中唯一以农业为显著特色的自贸片区。近年来，示范区积极参与"一带一路"建设，加快"一带一路"现代农业国际合作中心建设步伐，先后与 60 多个国家和地区建立农业科技合作关系，引进美国嘉吉、阿根廷凯茂集团等一批世界500 强企业投资杨凌，杨凌已成为我国开展农业援外培训和国际农业交流合作的重要基地。"杨凌农科""杨凌农高会"品牌价值双双突破 800 亿元，一批"杨凌农科"品牌旗舰店、品质生活馆在省内落地开花。

（1）杨凌农高会。

1）基本情况。中国杨凌农业高新科技成果博览会（简称杨凌农高会）创办于 1994 年，由科技部、商务部、农业农村部、国家林业和草原局、国家知识产权局、中国科学院和陕西省人民政府联合主办，每年 10 月在杨凌国家农业高新技术产业示范区举办。自 1994 年创办至今，杨凌农高会已成功举办了 28 届，始终坚持服务"三农"的办会宗旨，办会规模逐步扩大，层次和水平逐年提高，累计吸引了 70 多个国家和地区，以及我国 30 多个省份的上万家涉农单位、数以千万计的客商和群众参展参会，参展项目及产品超过 17 万项，交易总额过万亿元，产生了显著的经济和社会效益，农高会已经成为"国际知名、国内一流、企业认可、农民喜爱"的农业科技盛会，成为我国农业科技成果示范推广的重要平台和国际农业合作交流的重要窗口。

杨凌示范区始终高度重视农高会品牌建设工作，将品牌建设列入杨凌示范区"十三五"发展规划，出台了《杨凌示范区扶持会展业措施和加大农高会品牌建设》等一系列政策措施，努力实现品牌建设发展与农业产业发展的深度融合。杨凌农高会作为我国农业综合性展会之一，先后获得国际展览业协会（UFI）认证展会，国家 SA 级农业综合展会，中国驰名商标，中国农业十大品牌展会，陕西省"著名商标"和"最具成长潜力商标"，农高会品牌价值达 871.19 亿元。

2）品牌要点。第一，坚持服务三农的办会宗旨，围绕破解农村发展、农民增收和农业现代化的热点难点问题，面向农业企业、农村基层干部、农技推广人员和农民群众，开展农业科技创新、示范推广、技术培训等活动，促进大批农业科技成果转化应用和大批涉农产品和技术市场化，带动大批新型职业农民创业致富。杨凌农高会作为我国农业综合性展会使广大科技工作者的科研成果得到展示，涉农企业找到发展机遇，农民获得致富新途径。

第二，杨凌农高会积极融入国家"一带一路"倡议，以上合组织国家为重点，先后举办了上合组织国家农业展、丝绸之路经济带国家农业专题展、"一带一路"农产品商标品牌建设峰会、国际种业展、外国企业高新科技和农业合作交流展丝绸之路农业教育科技合作论坛等活动，推动我国与丝绸之路沿线国家和地区的农业合作交流不断加深。积极融入国家脱贫攻坚战略，策划举办精准扶贫展，集中展示了 20 多个县的 200 多种优势特色农产品。42 个县 3992 名党政干部和村"第一书记"观摩农高会。积极融入国家"互联网+"战略，连续两年联合阿里巴巴打造"云上农高会"平台，依托人工智能、大数据、5G、物联网、云计算、AR/VR 等先进技术开展云上展览、云上会议、云上洽谈、云上直播、云上管理等活动，实现覆盖招商招展、展览展示、论坛会议、洽谈签约、管理服务、直播带货、运营传播的全流程、全场景线上办会参会新体验，打破时间、空间、语言壁垒，让全球企业和观众以"屏对屏"的方式轻松参展参会，形成快捷多元和线上线下融合的办展、参展、逛展生态循环的新模式，推进农高会数字化、智能化、创新化升级。

第三，通过广泛开展国际农业交流合作，农高会国际化水平和层次不断提升。坚持举办上海合作组织现代农业发展圆桌会议、杨凌国际种业创新论坛、杨凌国际农业科技论坛等国际合作交流活动，推动国际间政府、企业及科研机构的深层次、多渠道交流，促成了中美、中以、中加等农业科技示范园区建设，农高会已经成为国际农业科技合作交流的重要平台。在专业化方面，专题展览的层次和规模持续提升，相继举办了上合组织国家农业展、跨境电商展、国际种业展、外国企业高新科技和农业合作交流展、全国地理标志产品专题展等100多个各类涉农专题展览，数以万计的农业高新科技成果展示交流。在我国涉农企业经营压力增大的背景下，第28届农高会企业自主预订展位占展位总数的65.6%。企业已成为农高会大舞台上的主角，农高会已经实现了由"政府主导型"向"市场主导型"的转变。

（2）杨凌农科。

1）基本情况。杨凌示范区自成立以来，形成了"成果转化标准化、技术标准体系化、示范带动产业化、推广服务品牌化"的"杨凌农科"品牌，2017年在全国区域品牌中杨凌农科区域品牌价值达818.58亿元。"杨凌农科"品牌涵盖科研（技术）、服务（杨凌农科培训、杨凌农高会）、成果转化、产品等方面，是一个综合性区域公共品牌。

陕西杨凌农科集团有限公司（以下简称农科集团）前身为杨凌现代农业示范园区开发建设有限公司，成立于2011年8月，是杨凌农业高新技术产业示范区管委会出资组建的国有独资公司，公司注册资本11.63亿元。农科集团以推动农业科技成果转化，实现农业科技创新创业与农业产业化融合发展为主要方向，经营发展业务主要包括产业投资、投后管理业务的开展；国内外涉农高新科技成果的引进转化、示范推广和农业技术输出；农业科技创新创业平台、规划、建设、运营和管理；类园区的规划、建设、运营和管理；"杨凌农科"品牌的运营和管理；设施农业、节水灌溉等技术研发、输出和工程建设；各类农林业工程的设计、施工、建设；土地整理、土地开发；各类农副产品种植、养殖、加工、配送及销售；花卉、设施蔬菜的产业化经营；现代农业观光旅游、咨询服务；涉农企业引进、招商引资；广告业务；自营进出口业务；房地产开发、销售；物业管理。如表5-26所示。

表 5-26　农科集团下属企业

全资子公司	杨凌农科种业有限公司
	杨凌农科商业运营管理有限公司
	杨凌农科城生态园艺服务有限公司
	杨凌现代农业投资管理有限公司
	杨凌农科科技服务（集团）有限公司
参股公司（部分）	杨凌农科实业发展有限公司
	杨凌农业云服务有限公司
	周至农科村镇银行
	杨凌农村商业银行
	杨凌土地流转服务有限公司

依托杨凌示范区政策、科技、产业优势，通过建设运营杨凌智慧农业示范园、杨凌种子产业园、创新园、国际合作园、孵化园、丝路农业展示园、中哈现代农业创新园共 7 个国内外专业园区，农科集团不断完善配套各园区基础设施和产业服务体系，创造一流创业环境和支撑平台，积极构建杨凌现代农业产业发展体系。如表 5-27 所示。

表 5-27　杨凌现代农业产业发展体系

名称	简介
杨凌智慧农业示范园	园区规划面积 720 亩，总投资 4.6 亿元，按照"一心五区"规划建设。一心是阳光智慧服务中心，建设有智慧云控制中心、植物工厂、农业技术交流培训中心；五区是智慧农业展示区、高效农业产业化示范区、智能冷链物流区、生态肥研发区、休闲农业康养区，建设有 3 万平方米的智慧温室、PC 板连栋温室、双膜充气连栋温室、7 种不同类型日光温室 39 座、2 种大跨度拱棚 69 座、清洁能源中心、二氧化碳生产车间、水肥一体化供应中心、生态肥生产车间、智能冷链物流车间及休闲康养设施。 园区集成了国内外先进的农业新品种、新技术、新装备，创新集成智慧农业生产、新型经营、生态循环农业、三产融合、国际农业交流合作五大模式为一体的"杨凌农科模式"
杨凌种子产业园	杨凌种子产业园位于杨凌农业高新技术产业示范区，将建设成为具有西北特色、服务全国、面向世界的"中国种业硅谷、西部种业之都"，全面打造成为中国种业发展的"三个中心、一个基地"，即新品种展示交易中心、种业技术服务中心、种业信息交流中心、种业企业孵化基地。 种子产业园规划总用地 575330 平方米，根据园区整体建设目标和功能定位，细分为研发集聚区、会展交易区、企业孵化区和商业服务区四大块

续表

名称	简介
杨凌现代农业企业孵化园	杨凌现代农业企业孵化园是杨凌现代农业示范园区核心园区之一。园区占地835亩，有智能温室2座，连栋薄膜温室2座，日光温室162座，塑料拱棚25座。园区涉及农作物良种、花卉、果蔬、良种苗木、食用菌等涉农产业，园区现有霖科生态、金薯种业、秦岭山现代农业、乐达科技、润太苹果良种等科技中小企业28家，科技部首批国家大学生创业见习基地，杨凌示范区设施农业创业实训基地
现代农业创新园	现代农业创新园，占地面积788.248亩，是杨凌现代农业科技示范、新品种展示的核心园区之一，国家AAAA级旅游景区。园区以生物技术、工程技术及信息技术为核心，集中展示干旱、半干旱地区农业新品种、新技术、新设施、新模式。创新园已建成占地面积3万平方米的智能温室展示馆8座，标准日光温室49座、露地展示区380亩。园区由五大部分组成，即现代农业科技创新中心、智能温室区、日光温室区、露地作物展示区、水生植物展示区。园区建有工厂化育苗馆、梦幻花卉馆、无土栽培管、现代农业创意馆（生态餐厅）、西部特色馆、超级菜园、南方果树馆和日本园艺盆景馆八个现代农业技术展馆
杨凌丝路农业展示园	杨凌示范区丝绸之路经济带现代农业职业教育实训基地（杨凌丝路农业展示园）项目是贯彻落实"一带一路"倡议，实施丝绸之路经济带现代农业国际合作中心的重要组成项目，总建筑面积约3.87万平方米，投资约2.1亿元。该项目主要建设1#楼（农耕文化区）、2#楼（展览展示区）、3#楼（丝路农业技术培训区）三部分，建成后将成为丝路沿线国家农产品贸易、旱作农业技术推广、现代设施农业技术交流的重要国际合作交流平台，促进丝路沿线国家的经济发展及我国现代农业技术的推广、交流
农业科技国际合作园	国际合作园建设核心是打造国际化、法治化、便利化的创新发展平台。杨凌作为国家农业高新技术产业示范区，高度重视农业领域国际合作。已设立国际合作平台13个，累计实施农业国际合作产业化项目30余项。在杨凌示范区现有的中美、中以园区的基础上建设国际合作园。该园区属性为服务贸易类型，主要任务为扩大农业国际合作和农业科技人文交流
中哈现代农业创新园	中哈现代农业创新园位于哈萨克斯坦阿拉木图州的图尔根，2015年起建，由陕西省杨凌农业高新技术产业示范区与哈萨克斯坦国际一体化基金会共同开发建设的现代化农业示范基地。园区规划面积200公顷，目前累计种植面积近90公顷，已经引种试验小麦、玉米、大豆、油菜、苗木等六大类45个品种的作物

为了推动"杨凌农科"品牌推广，2019年，示范区管委会组建成立杨凌农科品牌发展有限公司，公司注册资金1000万元，是陕西杨凌农科集团有限公司全资二级子公司。如表5-28所示。

表5-28 "杨凌农科"品牌相关内容

品牌口号	杨凌农科，引领品质生活
品牌定位	涉农优品集散 涉农资源中枢 涉农服务典范
品牌理念	科技引领 基地直供 质量安全 绿色健康 品质放心
发展定位	围绕区域公共品牌的建设、运行、管理和服务，建立"'杨凌农科'品牌+优质产品基地+线上线下销售"的生产、供应、销售平台和体系。实施杨凌农科品牌产品实体运营。逐步建立杨凌农科品牌大单品产品供应链。分步骤建立产品销售链

2）品牌要点。第一，"杨凌农科"品牌供应链。优选建立"杨凌农科"品牌大单品产品供应链，建立"杨凌农科"品牌+优质产品基地+线上线下销售的生产、供应、销售平台和体系。建立"'杨凌农科'品牌+优质产品基地或企业"产品供应链，合作建立线上线下"杨凌农科"品牌旗舰店，建立"'杨凌农科'品牌+企业品牌"双品牌运营体系。建立"杨凌农科品牌+"品牌矩阵。面向B端和C端选取优质产品开展实体品牌运营。

第二，"杨凌农科"品牌体系。按照产品体系、营销体系、标准体系、检测体系、认证（溯源）体系、推广体系六大体系构架"杨凌农科"品牌体系，以"杨凌农科"品牌产品供应链和销售链为基础，以标准、检测、认证、溯源等为手段和支撑，打造集科技、服务、产品、规划、供应、销售、检测、认证、推广等为一体的杨凌农科品牌模式。如表5-29所示。

表5-29 "杨凌农科"品牌体系相关内容

产品体系	以建立产品供应链为基础，围绕杨凌农业科技示范推广基地、杨凌区校融合、农商会后稷奖、杨凌自贸片区、上合组织国、消费扶贫、星动陕西七大主题甄选300余款产品，在生鲜产品上推具有杨凌科研成果和自主知识产权的"瑞雪""瑞阳""瑞香红""泰脆"等新特优产品，2021年开展杨凌新品种苹果"'杨凌农科品牌'+企业品牌"双品牌运营探索。先后在多地建立标准化生产基地
营销体系	线下开设了"杨凌农科"省政府直营店，城市立方、曲江金水湾授权店及部分社区店等；线上开设了"杨凌农科"线上商城，并为区内外中小电商企业、创业者、网红主播供货，销售"杨凌农科"系列产品
标准体系 检测体系 认证体系	组建杨凌农科品牌建设联合会，在2020年农高会期间，成功发布"杨凌农科"品牌管理规范、农业科技创新品牌标准、现代农业种业品牌标准、科技示范推广品牌标准和科技服务品牌标准，首批"杨凌农科"品牌五大类35项农科品牌系列标准，涵盖苹果、小麦、玉米等多项内容。积极推动安全检测认证业务市场化运营；延安、商洛、榆林等地开展农产品有机、GAP等认证

第三，推动"杨凌农科"品牌与电商产业融合发展。依托国家电子商务示范基地创建，打造了集农产品加电商智慧供应链、综合物流保障、公共服务为一体的现代农业电子商务产业园，充分发挥杨凌特色优势，推动种子、农资、农业科技服务等业态电商化，推动电商产业与"杨凌农科"品牌联动发展。在涉农电商与"杨凌农科"品牌融合发展中深耕，吸引更多知名电商、物流龙头企业入驻，建设具有影响力的全国涉农电商产业示范基地。开展消费扶贫试点，推进电商扶贫。发展农村电商，助力乡村振兴。

2020年，培育了润美农业、妙宜果味等一批全国知名涉农电商企业，招引了顺丰西北水果分拨中心、跨境电商西北孵化基地等一批生鲜供应链企业，全区日均快递发货量突破20万单，销售额达到26.3亿元。杨凌润美农业科技有限公司运营的"甘福园"天猫旗舰店2020年销售额10亿元，成为阿里巴巴全国生鲜水果销售总冠军。陕西果业贸易供应链有限公司运营的"妙宜果味"生鲜旗舰店"双11"销售额位居京东集团全国水果销售排行榜第6名、西北地区第1名。

第四，"杨凌农科"品牌运行构架。从集团整体理念、产业、产品、技术、服务等层面全方位考虑"杨凌农科"品牌发展定位，逐步建立从种业、品种、技术、投入品、产品、服务等关联产业品牌实施策略，建立"杨凌农科"品牌（字号）系列产品和服务。成立品牌管理部门或规划等部门，专门管理品牌的策划运行和管理，由生产、销售、服务各子公司实体运行品牌。逐步建立以"杨凌农科"品牌为代表的"农字号"区域公共品牌发展政策、逐步整合以杨凌为代表的种业、农资、苹果、猕猴桃、米面油、健康食品等为主要代表具有杨凌农业科技元素的"新""特""优"农副产品，整体打造陕西省农副产品金子品牌。

（二）杨凌现代农业产业品牌

1. 品牌概况

现代农业是杨凌示范区立区之本。杨凌示范区以实施乡村振兴战略为总抓手，以农业供给侧结构性改革为主线，以科技支撑引领现代农业发展，特色产业不断发展壮大，农业现代化水平不断提高。

杨凌示范区规划建设了100平方千米的现代农业示范园区，力实施设施农业提质增效工程，优化农业产业结构，设施果蔬、现代畜牧、食用菌等产业实现了专业化、标准化、信息化生产，成功获批创建国家现代农业产业园。陕西（杨凌）省级农产品加工贸易示范园建设不断加快，已聚集农产品加工企业260余家，累计完成投资80多亿元。年种子交易额达6亿元，占全省的1/3，初步建成了种子产业园。成立国家（杨凌）旱区植物品种权交易中心，累计完成品种权交易218项，交易额突破2亿元。

杨凌示范区坚持质量兴农，突出优质、绿色、安全导向，实现了农产品质量安全检测全覆盖，截至 2019 年 12 月，全区认证有机、绿色、无公害农产品 115 个，"两品一标"认证面积 4.2 万亩，占全区果蔬面积的 80%。大力推广设施农业"3+2"技术（即：大跨度双拱双膜大棚、袋装基质栽培、水肥一体化灌溉、病虫害综合防治、植物碳基营养肥料 5 项新技术）。成功创建国家食品安全示范城市、国家级农产品质量安全示范区，国家农业标准化示范与推广服务平台获批建设。探索建立全程可追溯的杨凌农产品安全管理模式，构建高标准农产品溯源体系。同时，不断强化农业面源污染治理，按照"一控两减三基本"（"一控"指控制农业用水总量；"两减"指减少化肥、农药使用；"三基本"指农业废弃物、农膜和畜禽粪便基本得到资源化利用）的治理要求，推广秸秆综合利用新技术，规模化畜禽养殖污染防治工作得到加强。

杨凌示范区培育新型农业经营主体，积极探索组建"龙头企业+合作社联合社+家庭农场"的新型农业经营联合体，发展龙头企业 54 家、农民专业合作社 171 个、家庭农场 71 个、现代农庄 30 个，带动 2 万多农户致富，涌现出了一批发展基础好、经营效益好、带动能力强、同农户利益联结紧密的新型农业经营主体，有效推动了农村一二三产业融合发展。同时，大力培养新型职业农民，杨凌职业农民创业创新园建成运营，陕西省职业农民协会在杨凌成立。杨凌示范区率先在全省整体推进农村产权制度改革，被农业农村部列为全国农村集体产权制度改革试点单位。累计流转土地 6.3 万亩，流转率达 83%。

杨凌设施农业科研团队构建的温室主动采光蓄热理论体系及配套设施和技术，解决了困扰我国日光温室的弱光、低温高湿、高价低效、节水节肥等一系列问题，实现了日光温室建造向智能化、集成化、工业化转变。杨凌示范区成立以来，累计获省部级以上科技奖励 411 项，审定动植物新品种 677 个，近 5 年新增科技成果和专利申报 5000 余件，万人发明专利拥有量位居全省第一、全国前列。

杨凌示范区大力实施创新驱动发展战略，深入实施"区校一体、融合发展"战略，建立了示范区与西北农林科技大学、杨凌职业技术学院多层次沟通联系机制，支持驻区两所高校创建省部级以上科研平台 60 多个，在旱区农业关键领域取得了一批重要科技成果。近五年，新增科技成果和专利申报 5000 多件，万人发明专利拥有量位居全省第一，每年审定登记动植物新品种超过 30 个。累计在 18 个省（区）建设示范推广基地 350 个，2020 年示范推广面积 1 亿亩，示范推广效益达到 231 亿元。示范区成功获批国家"大众创业、万众创新"示范基地，已引进培育创新创业团队 780 家，高新技术企业 34 家、科技型中小企业 36 家、瞪羚企业 33 家，1 家国家级独角兽企业于 2020 年 9 月成功在深交所创业板上市。在全国 18 个省、市、自治区建立杨凌科技示范、创新创业基地 344 个，实现示范推广面积超过 9000 万亩，2019 年示范推广效益达 220 亿元。杨凌示范区累计面向旱区培训农村实用人才 50 万人次，建成的 350 余个农业科技示范推广基地，覆盖陕西省所有国定贫困县，遍及秦巴山区、西藏等 7 个全国集中连片特殊困难地区。

2. 杨凌种业

种业是农业的"芯片"，是保障国家粮食安全和促进农业长期稳定发展的根本，杨凌示范区出台了《关于促进种子产业加快发展的意见》，将种子产业作为优先发展产业，在中国种业发展的历史进程中占据重要地位。从中华人民共和国成立到示范区成立之前，驻区科研机构先后向国家奉献各类科技、教育成果 5000 多项，其中属世界首创的 17 项，居国际先进水平的 20 项，属国内首创的 25 项，居国内先进水平的 100 多项，先后有 200 多项获得国家重大科技成果奖；选育出"碧蚂 1 号""小偃 6 号"等优良小麦品种 60 多个，累计推广面积 18 亿亩，我国最大小麦产区（黄淮麦区）品种 6 次更新换代中，4 次是杨凌品种主导的。全国推广面积最大的杂交油菜品种"陕油 8 号"、拥有自主知识产权的秦冠苹果、创造全国玉米高产栽培高纪录的"陕单 609"等重大种业科技成果均出自杨凌，在树木、棉花、油菜、苹果、猕猴桃、奶山羊、秦川牛、胚胎干细胞移植技术等方面均取得了重大成果和显著成效，为我国农业发展作出了积极贡献。杨凌示范区成立以来，共审（认）定动植物新品种 762 个。设立了国家（杨凌）旱区植物品种权交易中心，累计撮合各类植物品种权交易 253 项，交易金额突破 2.2 亿元。引进各类种子生产经营企业 87 家，其中省级育繁推一体化种业企业 18 家，是全省省证企业最密集的地区，区内年种子交易额约 8 亿元，占全省交易量的1/2，示范推广面积逾亿亩，为确保国家粮食安全和现代农业发展作出了重要贡献。近年来，杨凌示范区充分发挥农科教资源优势，大力实施"3631"方略，深入推进"区校融合，一体发展"，积极探索种业科研成果权益改革，建立形成了政产学研用结合的种业协同创新体系，出台鼓励在职科研人员创新创业等一系列政策措施，充分调动了科研人员积极性，有力推动了科技创新和成果转化。

为了实现种子产业集群化发展，打造现代种业新高地，杨凌还规划建设了占地 863 亩的种子产业园。杨凌种子产业园按照"统一规划、分步实施、政府指导、市场运作"的规划原则，将杨凌种子产业园建设成为具有西北特色、服务全国、面向世界的"中国种业硅谷、西部种业之都"，全面打造成为中国种业发展的"三个中心、一个基地"，即新品种展示交易中心、种业技术服务中心、种业信息交流中心、种业企业孵化基地。种业企业正在逐步成为育种创新的重要力量，目前已有 87 家企业集中入驻，相继招引陕西省杂交油菜中心、陕西省苗木中心、金棚、荣华、大唐等省内种业科企以及江苏大华、丹东登海良玉、甘肃五谷、河南富吉泰等国内知名种业企业入区入园发展。同时，在农高会期间连续举办国际种业创新论坛，举办国际种业专题展，促进国际种业交流合作，为杨凌打造"种业硅谷"、助力乡村振兴提供了坚实支撑。

2020年，杨凌示范区立足科教优势和产业特色成立杨凌种业创新中心（简称中心），按照"中国（旱区）种业硅谷"建设定位，与陕西省科技厅、陕西省农业农村厅、西北农林科技大学、杨凌职业技术学院、陕西粮农集团及先正达集团中国等共同组建的新型研发机构。中心旨在进一步深化区校融合、科企融合，集聚整合种业科研力量和创新资源，聚焦源头创新、成果中试熟化、应用技术推广、种业企业孵育等关键环节，建立以小麦、玉米、油菜、马铃薯、蔬菜为代表的生物育种技术研究、品种选育、试验生产和产业化应用创新体系，围绕国家种业科技创新和成果转化瓶颈设置开放性课题，通过"张榜招标、揭榜挂帅"的形式统筹各方力量协同攻关，选育一批全国有影响力的新品种，招引培育3~5家种业上市企业和国家级育繁推一体化种业企业，培养一批种业领军人物和研发管理骨干，打造国际一流、国内领先的区域种业创新中心，推动杨凌成为国家种业重要战略科技力量。

目前，已有秦丰种业、先正达、陕西粮农集团等企业依托中心与相关单位开展联合科研攻关。如表5-30所示。

表5-30　部分合作企业相关信息

企业名称	简介	企业 LOGO
陕西省种业集团有限责任公司（杨凌秦丰种业股份有限公司）	陕西省种业集团有限责任公司是陕西粮农集团下属一级骨干企业。2021年1月，陕西粮农集团在陕西省种业集团种子业务基础上组建了杨凌秦丰种业股份有限公司，公司注册资本3.6亿元，与陕西省种业集团实行"两块牌子、一套人马"经营管理体制。公司聚焦"现代种业+绿色农业+订单农业"三大产业发展路径，积极实施"生物育种+战略并购"双轮驱动战略，推动种业高质量发展。主要业务涵盖玉米、小麦、杂粮、油料、瓜菜、原药、农产品订单收购、生物技术商业化应用、转基因作物品种转育与推广等	
先正达种业科技（中国）有限公司	作为领先的农业科技全球化企业，先正达集团中国的业务领域包括植保、种子、作物营养和现代农业服务。公司成立于2019年，注册资本为2400万美元，主营业务包括：农作物种子和农业生物技术研究；农业转基因生物研究与试验；农作物种子和农业生物产品的批发（涉及配额许可证、国有贸易、专项规定管理的商品按照国家有关规定办理）；佣金代理（拍卖除外）；自营或代理货物及技术的进出口业务；农业生物技术咨询、技术开发、技术转让、技术服务；农作物种质储藏服务；作物产品评价及展示服务	

续表

企业名称	简介	企业 LOGO
陕西农垦大华种业有限责任公司	陕西农垦大华种业有限责任公司是为响应中国农垦"三联"战略，加强苏陕合作，由江苏农垦大华种业和陕西农垦强强联合组建的育繁推一体化种子企业，注册资本 1 亿元。依托陕西农垦国有农场 20 万亩连片耕地，是陕西省最大的小麦、大豆种子生产基地 公司主营业务包括小麦、玉米、水稻、油菜、大豆、常规棉花、蔬菜、瓜果种子的加工、包装、批发、零售；大豆、小麦种子的生产；化肥、农药（不含剧毒农药）、农膜、药械的销售；农作物种子品种研发、技术服务、技术咨询、技术试验	陕垦 SHANKEN 大华
杨凌农业高科技发展股份有限公司	于 2000 年由西北农林科技大学牵头成立的股份制有限公司，2021 年响应国家政策部署，深化改革，在行业打造全产业链现代农企，打好种业"翻身仗"的新时期、新形势下，杨凌高科加入了陕西省种业集团，迎来了杨凌高科历史发展的新篇章。公司注册资本 4575 万元，主营业务包括：一般项目：非主要农作物种子生产；食品销售（仅销售预包装食品）；农业科学研究和试验发展；技术服务、技术开发、技术咨询、技术交流、技术转让、技术推广；中草药种植；进出口代理；化工产品销售（不含许可类化工产品）（除依法须经批准的项目外，凭营业执照依法自主开展经营活动）。许可项目：主要农作物种子生产；农作物种子经营	杨凌高科 Yangling Agri-High-Tech
陕西荣华农业科技有限公司	公司成立于 2006 年，注册资金 3000 万元，全国知名的杂交油菜种子生产经营专业化企业，陕西省农业产业化重点龙头企业，国家级杨凌农业示范区龙头企业，种子经营诚信企业。目前在油菜优质、高油、高产、抗病杂交育种、油菜机械化品种等方面具有丰厚的成果储备和较强的研究开发能力，其中化学杀雄剂的研制及制种应用技术处于国内领先地位	荣华农业 RONGHUA AGRICULTURE

3. 特色产业及企业品牌

杨凌示范区成立以来，始终坚持把壮大经济综合实力作为各项事业的基础支撑，全力以赴推动经济社会发展持续向好，生物医药、农产品加工、农机装备制造业等涉农特色产业蓬勃发展，工业与现代农业、现代服务业融合发展加速推进。如表 5-31 所示。

（1）农产品加工产业。杨凌示范区农产品加工业现有企业 265 家，拥有省级名牌产品 5 个，省著名商标 13 个。重点发展果汁加工、乳品饮料、面粉、肉制品加工、果酒、食用菌、蔬菜精深加工等。汇源集团、华润集团、环球园艺、众兴菌业、陕富集团、西瑞集团等一批国内外知名食品企业陆续入驻杨凌发展，本香集团、竹园村食品、来富油脂、天和生物、圣妃乳业、李华酒业、妙味乳品、圣妃乳业、圣桑食品、赛德高科、金正蜂业等一批本地成长起来的企业已成为区域性知名品牌。杨凌正在形成从胚胎繁育、动物营养，到冷鲜生产、深加工、冷链配送到专卖销售，闭环式全产业链发展模式，打造独具特色的绿色食品产业集群。

示范区的食品产业主要分为六大类：肉类制品加工企业、乳制品加工企业、果品加工企业、蜂产品加工企业、保健食品加工企业、低碳新材料板材加工企业。

表 5-31 杨凌示范区农产品加工产业企业相关信息

企业名称	简介
杨凌本香农业产业集团有限公司	以肉类生产加工为主的民营科技企业，农业产业化国家重点龙头企业、全国养猪行业百强优秀企业，公司通过"安全饲料生产、优良种猪繁育、商品猪养殖、生猪屠宰及猪肉深加工、冷链配送、线上线下连锁专卖"六大环节，实现了"从源头到终端"完整的安全猪肉产业链，公司生产的安全猪肉是陕西省肉类知名品牌，年屠宰能力 50 万头
杨凌圣妃乳业有限公司	是中国羊乳领域的全产业链企业，是集奶羊养殖、研发生产、销售服务的一体化现代乳业机构。国内首家现代化液态羊奶生产企业。公司占地 47 亩，建有羊奶粉生产线和利乐液态常温羊奶灌装生产线五条，年加工液态羊奶 6 万吨。完全达产后，年产值可达 6 亿元以上
陕西恒兴果汁饮料有限公司	陕西恒兴果汁饮料有限公司建于 1997 年，现拥有总资产 5.72 亿元，注册资金 10000 万元，年浓缩苹果汁产能 15 万吨，产品 98% 出口欧美等国，是中国西北地区大的浓缩苹果汁生产企业。公司下设八个生产工厂，五个储能为 1 万吨的冷库，一个年运输能力为 10 万吨的车队，在西安、欧洲荷兰、美国设立了销售机构，成立了苗木公司，大力引种和推广专用加工果——"澳洲青苹"，建设高酸苹果基地。现已形成苹果种植、储藏、运输、深加工、销售一体化经营的产业格局
陕西当代蜂业有限责任公司	公司成立于 1993 年，其前身为陕西当代蜂产品厂，是最早入园的企业之一，2004 年 10 月完成企业改制后，重新注册登记，注册资本 3000 万元，是一家集研究、开发、生产、贸易于一体的民营股份制国家级高新技术企业。是西北地区最大的蜂产品加工出口企业之一，是经国家出入境检验检疫局批准的专业生产出口蜂产品的定点企业之一。公司生产的"当代"系列蜂蜜产品，先后获得陕西省名牌产品、陕西省著名商标，产品远销 30 多个国家及地区
杨凌伊美时食品有限公司	是一家集研发、生产、销售为一体的专业化生产型企业。公司自 2002 年成立以来，经过二十多年的发展历程，现已通过"国家 GMP 生产质量管理规范"企业认证，拥有十万级净化车间和先进的硬胶囊制剂、颗粒制剂生产线。通过与西北农林科技大学等高校的科研技术合作，由多名专家担任科研队伍，以科学滋补结合专业养生的科研战略，在前瞻性技术方面取得了突破性进展。以高校为依托的"产学研一体化发展"的科研平台持续助推产品高质量发展。目前研发出"依依红颜牌羊胎盘胶囊"、"依依红颜牌氨糖软骨钙胶原蛋白颗粒"等系列产品，立足把更安全、更健康的产品献给社会，造福于民

续表

企业名称	简介
林德森板业制造 有限公司	全球首家生产定向麦秸板的跨国企业，投资近 4 亿元人民币，建设年生产能力为 6 万~15 万立方米的世界上第一条麦秸定向结构板生产线

（2）生物及新型环保农资产业。示范区的生物产业主要分为四大类，包括生物农资产业、生物材料产业、生物育种产业、生物医药产业。生物农资产业方面，有化肥、饲料、农药等企业 60 多家，从业人员约 1300 人，拥有省级名牌产品 3 个，省著名商标 3 个，2010 年，规模以上生物农资工业企业总产值 11.93 亿元，以生物肥料、无公害农药、安全饲料、节水灌溉设施制造等产业为主导，形成新型环保农资产业聚集区，杨凌示范区已成为陕西省重要的环保型复合肥、饲料和农药的产业集聚；生物材料产业方面，已有企业 12 家，从业人员 1000 人；生物育种产业方面，拥有国家杨凌农业生物技术育种中心、农业部家畜生殖内分泌及胚胎工程重点开放实验室、陕西省干细胞工程技术研究中心陕西分中心、陕西省杂交油菜研究中心、陕西省果树良种苗木繁育中心、农作物引种示范园等科研机构，杨凌示范区正在成为我国西北地区的动植物良种繁育推广基地；生物医药产业方面，示范区现有 21 家医药生产企业通过国家 GMP 核准，GMP 生产区总面积为 20 万平方米，已获得药品批准文号 215 个，共拥有省级名牌产品 9 个，省著名商标 10 个。目前已建成现代中药药品生产线 42 条，年可提取中药 30.2 万吨，年产片剂 23.8 亿片，胶囊剂 17.11 亿粒。医药企业聚集密度和产能居全省前列。

近年来，杨凌示范区在生物医药方面科学规划，大力发展生物产业发展，生物产业集群创新效应显现。经过 20 多年的不断努力，杨凌在医药及大健康产业的培育和发展方面取得显著成效，区内集聚了东科、万隆、步长、郝其军等一批知名医药生产企业，成为省内制药产业重要的聚集区之一，生物医药也成为杨凌重要的支柱产业。

以巨川富万钾、博迪森、杨凌亨泰、华阳化工等公司为骨干企业，发展环保型复合肥料、有机无公害农药等农资产品，以石羊集团、陕西华秦农牧科技公司、劲达饲料等企业为骨干，发展安全饲料加工业。以秦川节水为骨干企业，重点发展节水灌溉设施产品。并且，石羊、陕西华秦农牧科技公司两家企业进入全国饲料行业 100 强。如表 5-32 所示。

表5-32　杨凌示范区生物及新型环保农资产业企业相关信息

企业名称	简介
陕西巨川富万钾股份有限公司	陕西巨川富万钾股份有限公司是专业从事有机钾肥及其系列产品的生产、销售、服务及农业高科技项目投资的一流生态企业。公司自1998年成立至今，立足于以中国科学研究院、西北农林科技大学和钾肥研究所等科研机构作为强大的技术依托，拥有卓越的研发平台，以庞大农业技术推广网为保证，以未来农业绿色、环保、可持续发展为导向，迅速成为集研发、生产、贸易多元化实体。公司拥有全亚洲唯一的钾肥研究所，研究解决钾素资源与农业生产的科学技术问题，已经建成在国内外有影响的钾素研发平台
中捷四方（西安）生物科技有限公司	中捷四方生物科技股份有限公司成立于2003年，一直从事农林病虫害绿色防控，深耕国内生物信息物质在农林病害虫绿色防控中的应用二十载，逐渐成长为以生物信息物质为核心的绿色防控产品研发、生产、服务、推广于一体的企业 公司拥有超过150种昆虫信息素产品、植物免疫诱抗系列产品、20余种生物农药及肥料产品、30余种物理防控产品及智能化应用装备，同时提供以微量生物信息物质为基础的绿色防控解决方案与社会化服务，满足我国主要农业、林业、果树、仓储、检疫等有害生物的监测和防控应用
陕西石羊（集团）农牧有限公司	石羊集团创建于1992年，以"提供绿色产品，共创美好生活"为企业使命，以"让生活更美好，让人生更精彩"为企业愿景。全面实施"专业、专注、领先"，做强陕西，走向全国，放眼世界，"稳健发展，风险可控"为发展战略。坚持高质量发展，立足于现代农业和食品领域，致力于一二三产业有机融合，建立全球供应链体系，建立全程食品安全可追溯体系，打造从农场到餐桌的全产业链模式。坚定食品来源于"七分原料、三分加工"的经营理念，始终把"绿色长安花、安心石羊肉、美味长安一品"的品质作为永恒发展基石
陕西华秦农牧科技有限公司	陕西华秦农牧科技有限公司是陕西省杨凌示范区党工委管委会直属的国有独资企业。公司前身"陕西省饲料厂"于1986年经原陕西省计划委员会批准立项，1987年10月选址杨凌"农科城"建设，引进具有世界领先水平的瑞士布勒公司成套饲料生产设备 公司于1990年6月23日建成投产。经过二十多年发展，现拥有华秦、劲达两个著名品牌，下属陕西劲达饲料有限公司、陕西劲华商贸有限公司、陕西华秦预混料有限公司三个全资子公司，总资产2.3亿元，产品涵盖鸡、猪、牛、鱼各类浓缩饲料、配合饲料、预混合饲料及单一饲料，畅销全国16个省区，形成了"复合式产品"经营结构和集团化发展格局，成为西北领先、全国知名的国有现代化饲料企业
陕西秦宝牧业股份有限公司	陕西秦宝牧业股份有限公司成立于2004年，公司产学研紧密结合，着力打造中高档肉牛的良种选育、标准化繁育、规模化育肥、现代化屠宰分割、精深化加工及品牌化营销为一体的科技型现代肉牛企业。企业已成长为国家级农业产业化重点龙头企业、国家农产品加工技术研发牛肉分中心、国家肉牛产业技术体系综合实验站、全国首家从农场到餐桌全程安全追溯"948计划"示范企业

续表

企业名称	简介
陕西中科航天农业发展股份有限公司	陕西中科航天农业发展股份有限公司成立于2003年8月，是由中科院遗传与发育生物学研究所和陕西中科航天农业发展有限公司联合其他发起人共同组建，并经陕西省人民政府陕政办函〔2004〕40号文件批准改制而成 公司现已培育出了太空番茄、太空茄子、太空棉花等八大类50余个品种。所谓航天育种，是将普通种子通过返回式航天器搭载上太空，利用太空所特有的强宇宙辐射线、超真空、重粒子、微重力、交变磁场等效应，使种子的基因发生改变，可以定向筛选培育出优良品种。具有抗逆性强、生产周期缩短、高产、抗盐碱、品质增强等特点，可在pH7.6~8.6正常生长
陕西杨凌伟隆农业科技有限公司	陕西杨凌伟隆农业科技有限公司成立于2003年，注册资金1200万元，资产总值2500多万元，是集科研、生产、经营为一体的科技型种业企业。主要从事小麦、玉米、油菜、薯类和蔬菜种苗的选育、生产和销售。近几年来，在各级领导的关怀和业务部门的大力支持下，不断加大科技投入，优化资源配置、完善产业布局、提升竞争能力，现已成为陕西省以粮食作物为主，集品种选育、种子生产加工、良种供应、技术服务于一体的农业产业化龙头企业
陕西郝其军制药股份有限公司	陕西郝其军制药股份有限公司是一家集血液病药物研究、生产、销售和医疗服务为一体的现代化高科技制药企业。本次公司的核心产品复方皂矾丸、升血小板胶囊入围"陕西工业精品产品"。公司年产丸剂3亿丸、胶囊6亿粒、颗粒2亿袋、片剂8亿片，生产线全面通过国家药品GMP认证，是国家发展和改革委员会立项的国内唯一的"血液病药品国家高技术产业化示范工程"，是国家高新技术企业，陕西省认定企业技术中心。自主研发生产的治疗再生障碍性贫血中药制剂复方皂矾丸属国内独创，已获得国家保密局技术秘密保护
杨凌萃健生物工程技术有限公司	杨凌萃健生物工程技术有限公司成立于2003年2月，是中国健康产业原料的主要出口企业之一。公司专设研发中心及相关机构，为功能性食品、营养补充剂、化妆品、药品及行业提供优质稳定、安全可靠的活性物质。雄厚的研发实力和不断创新的进取精神已拥有20余项专利和若干专有技术。公司以客户需求为导向，保证向客户提供全面及时的服务。公司以资源优势为依托在中国建有相关生产基地，包括中国专业的欧洲越橘提取物生产基地和采用环保工艺生产的肌醇生产基地。毗邻原料的基地建设、严格的生产过程控制和对技术成果的持续应用，确保了生产环节的稳定和连续。公司重视质量安全，勇于承担社会责任。严格的质量控制体系、可持续发展的经营理念和对健康高度负责的态度使杨凌萃健赢得了全球客户的认可，产品远销美国、欧洲、日本、大洋洲和非洲等地。公司将从全球角度持续关注和服务于人类健康，创造健康领域的高品质产品

（3）农业装备制造产业。杨凌示范区农业装备制造产业方面拥有省级名牌产品4个，省著名商标6个，示范区拥有专业化农机市场，集农机动力装备、农

机配件、农机技术推广、农机展示、商务办公、信息网络等为一体，功能齐全，经营面广。农业农村部在杨凌示范区建成全国首个"国家农业机械购置补贴超市"，每年给予专项农业机械购置补贴资金指标。推进建设由省工信厅、农业农村厅等9厅局联合共建的杨凌农机产业园，目前杨凌农机产业园入驻各类农业装备生产企业近20家。

农机装备制造产业集群逐步形成。主要企业有化建设备制造、锦川管业、金叶烘干、恒力机械、旭创机械、天工实业、欧迪亚、星环制造、CBE制造、天祥公司、九立机器人、中工装备等，从业人员5000人，拥有省级名牌产品4个，省著名商标6个。杨凌农康机械有限公司年产5000台大型轮式拖拉机建设项目、杨凌锦川管业有限公司滴灌带生产线项目、5702杨凌分厂项目、四达机械杨凌公司机械制造项目、杨凌扶龙机电制造有限公司农机装备制造基地项目、陕西安莱智能科技有限公司社区分布式碾米机制造项目等重点项目正在加快建设，项目总投资近30亿元，年可新增工业产能40亿元。杨凌示范区拥有专业化农机市场，集农机动力装备、农机配件、农机技术推广、农机展示、商务办公、信息网络等为一体，功能齐全，经营面广。如表5-33所示。

表5-33　杨凌示范区农业装备制造产业企业相关信息

名称	简介	LOGO
陕西杨凌锦川管业有限公司	陕西杨凌锦川管业科技有限公司成立于2014年，是一家专业化从事新型塑胶管道生产与销售的企业，公司位于陕西杨凌农业产业示范区，总投资2.1亿元，占地30亩，建设面积1万多平方米，年产值1亿元以上。是西北地区专注生产应用于农田灌溉、水利、市政、电力通信及民用建筑领域塑胶管道产品的专业生产厂家之一 产品涉及LDPE滴灌管、滴灌带、LDPE灌溉管、市政给水用HDPE管材（件）、给水用PVC管材（件）、施肥器、过滤器等节水灌溉设备，产品广泛用于农田节水灌溉、城市园林绿化、城市市政供水等领域	
陕西恒力机械科技有限公司	陕西恒力机械科技有限公司属恒力集团旗下主体实业，于2011年6月在陕西省杨凌示范区注册成立，注册资金1000万元，法定代表人姜玉良，公司占地面积60亩。经营范围有：油田用空气净化系统，低、中、高压压缩机机组，天然气及其他特殊气体压缩机，制冷空调设备产品（特种设备除外）的研发、制造、销售、服务、维修；压缩机及净化系统的节能技术改造服务；机械加工及铆焊件的制造、销售	HENGLI　SULLAIR.

续表

名称	简介	LOGO
杨凌旭创农业设备有限公司	2015 年 6 月，经改组拆分，成立杨凌旭创农业装备有限公司。公司坐落于后稷故里、农业硅谷杨凌国家级农业高新技术产业示范区，公司位于杨凌示范区五泉镇，注册资本 100 万元，是专业从事农产品烘干、脱水设备及相关服务的现代农业装备公司。产品涵盖烘烤容量 0.2～70 吨各类果蔬、中药材、脱水设备，包括电能烘干箱、热风干燥设备、天然气集中供热烘干设备，燃煤集中供热设备、空气能热泵烘干设备	
杨凌天工实业股份有限公司	杨凌天工实业股份有限公司成立于 2000 年，位于中国杨凌高新技术产业示范区。从公司成立到现在，一直致力于钢制产品的设计、研发、生产和销售。产品涵盖了从办公家具、工厂工位器具、实验室家具到汽车配件等多个行业	
陕西欧迪亚实业有限公司	陕西欧迪亚实业有限公司创立于 1981 年，位于中国·杨凌产业开发区。公司注册资金 1.2 亿元。是集研发、设计、生产、销售、服务为一体的现代化企业。公司主要业务范围有：燃气自闭阀、管道阻尼隔振器、汽车配件的研发、设计、生产、销售与服务，商品贸易的销售，工程的设计、安装与施工等	
杨凌星环机械制造有限公司	杨凌星环机械制造有限公司成立于 2003 年 4 月 18 日，注册地位于陕西省杨凌示范区神农路 3 号。经营范围包括一般项目：机械制造、销售；化工设备制造、销售；塑钢门窗、铝合金门窗的加工、销售；装饰材料的生产、销售；室内外装饰装修；玻璃幕墙的制作、安装；轻型彩钢屋架的设计与施工（凭证经营）；铁艺制作、销售；餐饮、洗浴（只允许分支机构经营）；自营进出口业务（除依法须经批准的项目外，凭营业执照依法自主开展经营活动）	
杨凌 CBE 隧道模具有限公司	杨凌 CBE 隧道模具有限公司成立于 2008 年 8 月 1 日，注册地位于陕西省杨凌示范区城南路火炬创业园，经营范围包括设计、开发、生产、加工隧道模具及装卸设备，销售自产产品，提供与产品相关的技术咨询、设计咨询以及产品的安装、维修和售后服务，自产产品租赁业务	
陕西天祥机电设备有限公司	公司自主开发具有完全知识产权的锰矿磁选机，褐铁矿磁选机，赤铁矿磁选机，是获得国家实用新型专利保护的产品，强电磁除铁机是国家发明专利产品。双辊节能雷蒙磨粉机是公司的拳头产品，各项技术指标处于国内领先水平，目前的设备已远销陕西、广东、新疆、甘肃、宁夏、安徽、山西、河南、四川、重庆、湖北等地，一千多家使用本公司设备的客户都取得了良好的经济效益，获得了丰厚的投资回报	

名称	简介	LOGO
陕西九立机器人制造有限公司	陕西九立机器人制造有限公司是一家研发、生产和销售特种环境机器人的高科技公司，成立于 2012 年 12 月 6 日，位于中国的农业高新技术产业示范区——陕西杨凌。公司产品广泛运用于教育、民用等诸多领域。公司研发团队从 20 世纪 90 年代开始，就从事远程遥控智能机器设备的自主研发与设计制造工作，经过十余年艰辛创业，公司已经获得 13 项发明专利、8 项实用新型专利、2 项外观专利。目前，公司主要以教育机器人、娱乐机器人、机械手臂和移动平台作为主导产品，并致力于根据客户需求提供时刻紧跟机器人技术发展的趋势的综合解决方案	
陕西杨凌中工装备制造有限公司	陕西杨凌中工装备制造有限公司成立于 2010 年 12 月 9 日，注册地位于陕西省杨凌示范区工业园区兴杨路 16 号。经营范围包括一般项目：智能基础制造装备制造；工业自动控制系统装置制造；智能家庭消费设备销售；智能机器人的研发；智能控制系统集成；人工智能行业应用系统集成服务；智能物料搬运装备销售；智能仓储装备销售；智能农机装备销售；机械电气设备制造；农业机械制造；土地使用权租赁；仓储设备租赁服务	
国营四达机械制造公司	公司隶属中国人民解放军第 5702 工厂，主要经营四达威狮型各类车辆，以及各类汽车座椅、汽车骨架、各类特种车辆。公司是隶属于中国人民解放军空军装备部的大型飞机、航空发动机重点修理企业。工厂位于陕西省武功县境内，占地 100 万平方米，固定资产 5 亿元。公司经营范围包括飞机、发动机及其部附件、机载设备的修理、检测等	

（4）新兴产业。以杨凌美畅新材料股份有限公司（以下简称"美畅公司"）为代表的特色新兴产业快速发展壮大，成为示范区产业发展的一大亮点。美畅公司是一家主要从事金刚线锯及金刚石超硬工具研发、生产、销售的高新技术企业。目前公司已实现年产 2400 万千米电镀金刚线的产能布局，2018 年 4 月起，单月销售量突破 200 万千米，成为全球主要的金刚石线锯制造商，2017 年企业产量占全球产量和销售量的 80%，是省内极少数获得国家独角兽企业认定的企业，企业还在后续扩大产能和工业投资，2018 年企业产值超过 30 亿元。示范区在农业光伏、农业大数据等领域也成长起一批特色企业。其中，杨凌农业云公司开发的农业大数据平台，涉农专家、涉农品种权、涉农科技成果、农产品市场价格、农产品成交量、农产品价格指数、农业企业、农业技术、农业病虫害共有涉农数据 52 亿余条，成为西北地区"互联网+农业"的重要平台。特色康养产业加快发展，绿地集团投资 9.5 亿元在杨凌建设绿地·杨凌世界城康养城区项目，

将进一步提高杨凌新兴产业规模。

当下，业内主流的生产线工艺多为"单机单线"或"单机双线"，但是美畅已经能够实现单条生产线同时对6根钢线进行电镀，凭借着如此绝活，美畅稳坐世界金刚石线产业第一梯队，领跑研发与生产。

(三) 杨凌农旅融合品牌

1. 旅游文化

杨凌是中华农耕文明的发祥地。早在4000多年前，我国历史上最早的农官——后稷，就在这一带"教民稼穑，树艺五谷"，开创了我国农耕文明的先河。后稷古代周族的始祖。在幼年玩耍时喜好植麻种豆。成人后，热心于农耕。他因地制宜，善种谷物稼穑，成果丰硕，黎民皆效法耕作。帝尧得知此事，举荐弃为主管农业的官员——后稷，封邰国（今杨凌）赐姓姬。中国农业以后稷为标志而渐入文明时代，有邰作为农神诞居之地世受敬祀，杨凌是先周农业文明的核心地区之一。

杨凌是中华农耕文明传承地。魏晋南北朝时期，随着各少数民族入主中原，黄河流域出现了以民族大迁徙为特点的社会动荡，中国农业发展遭到前所未有的严峻考验。这一时期，陕西省的苏绰有大功于中国农业历史之赓续。苏绰祖籍武功，其父曾为邰城郡守，杨凌卜村也是苏氏茔地之一，曾出任西魏大行台度支尚书兼司农卿，主持经济、行政多年，他制定了著名的"六条诏书"，诸如"治身心，敦教化""尽地利，均赋役"等，旨在发展农业生产，弘扬农耕文明；同时出任少数民族政权要官，劝喻少数民族君民逐渐接受先进的农耕文明，促进了胡汉民族融合的完成。

1934年，辛亥革命元老于右任，在这里建立了中国西北地区第一所农业高等专科学校——国立西北农林专科学校，即西北农林科技大学的前身。此后的几十年间，特别是新中国成立后，国家和陕西省在这里又陆续布局建设了一批农林水方面的科教单位，到1997年示范区成立时，这里共有10家农业科教单位，包括两所大学，5个研究院所，3所中专学校，从中华人民共和国成立到示范区成立之前，驻区科研机构先后向国家奉献各类科技、教育成果5000多项，为我国农业发展作出了积极贡献。

杨凌文物遗存丰富、涉农资源富集、农科特色独具，先后获批全国首批农业旅游示范点、全国休闲农业和乡村旅游示范区。近年来，杨凌立足"农耕圣地、农科高地、健康福地"的旅游发展定位，以"建设国际知名、国内一流的农业旅游目的地城市"为目标，着力打造农业科普和生态休闲游旅游品牌，形成了研学旅行、农耕体验、科普休闲、体育康养四大特色旅游板块，推出了杨凌农科城国际马拉松赛、自行车邀请赛、汽车越野赛、植物辨识大会、蘸水面大赛以及现代农业休闲游等具有较大影响力的特色旅游品牌活动，旅游产业已成为推动示范区加快发展的重要力量。

2. 旅游资源

（1）旅游景区。杨凌示范区是文化和旅游部命名的首批全国农业旅游示范点，区内旅游资源独具特色。目前统计各类文物点 54 处，包括国家一级文物保护单位泰陵（隋文帝杨坚陵）、古农师后稷封地（有邰国遗址）、唐太宗李世民出生地（庆善宫遗址）、川云关、马援祠等文物古迹；后稷教稼园、树木园、杨凌农林博览园、秦岭山现代农业生态旅游园、新天地农业科技示范园、现代农业示范园区等一大批富有科普内容的旅游景点，以及亚洲第一规模的水上运动中心、邰城休闲广场、杨凌渭河湿地公园等。目前，区内拥有 4A 级旅游景区 2 家，3A 级旅游景区 1 家，四星级酒店 1 家，三星级酒店 4 家，其他酒店、宾馆 130 余家，特色现代休闲农庄 30 家，旅行社及分公司 16 家，农家乐百余家。如表 5-34 所示。

表 5-34　杨凌示范区人文景观

名称	简介	备注
现代农业示范园区创新园	陕西省首家 4A 级农业旅游景区。景区占地面积 1300 亩，由工厂化育苗馆、梦幻花卉馆、无土栽培馆、现代农业创意馆、西部特色馆、超级菜园、南方果树馆、盆景馆 8 个现代农业技术展馆和花卉林木种子资源圃、水生植物展示区（人工湖）、创新中心等现代农业展示区组成，是集休闲、娱乐、餐饮、科普为一体的新型农业观光旅游示范基地	4A
杨凌农林博物院	国内最大的农业主题博物馆组群。景区占地 200 亩，包括昆虫博物馆、动物博物馆、土壤博物馆、植物博物馆、中国农业历史博物馆、于右任教育思想纪念馆、中国葡萄酒博物馆（建设中）7 个专业博物馆和蝴蝶园、树木园等多种植物种质资源圃等，是集教学、科研、科普为一体的重要学科基地	4A
杨凌区新天地农业科技示范园	示范园占地 200 亩，主要建设内容：连栋温室大棚 4 座，25 亩；双拱节能日光温室 7 座，11.2 亩；并建设有组培楼、科研培训楼等设施。目前其属于省内乃至西北地区最大的农业高新科技示范基地	3A
隋文帝泰陵	隋泰陵是隋王朝的创立者隋文帝杨坚与文献皇后独孤氏的合葬陵，陵园占地面积 700 余亩，历经 1400 多年风雨洗礼，园内地面建筑已荡然无存，仅留高 27.4 米的土夯筑成的覆斗形陵冢一座。陵前有清代石碑一通，碑上镌刻"隋文帝泰陵"五个大字，系清乾隆时陕西巡抚毕沅手笔，扶风知县熊家振勒石立碑	

续表

名称	简介	备注
古邰国遗址	古邰国遗址属新石器时代村落遗址，传说曾是我国农业始祖后稷——弃"教民稼穑"之地，从灰土层和遗物可证明，这是一处从原始氏族到秦汉时代，历时4000多年的居住遗址	
坎家底遗址	坎家底遗址属新石器时代的聚落遗址	
姜嫄遗址	姜嫄遗址属新石器时代（仰韶、龙山）、西周、东周、秦汉时期的古遗址。姜嫄遗址内涵丰富，地层叠压清楚有序，跨时代区域性较长，对于研究关中平原向渭北高原过渡地带新石器时代及西周遗址的分布、区域类型和文化谱系等有重要价值	
唐王洞遗址	遗址为地下窑洞式建筑，形似地窖，均为土质结构，传说为唐王李世民的出世之地，现存有木化石、上马石等遗物。在唐王洞东南约5米处，有一座宫殿遗址。据史料记载为庆善宫后殿，系清代所建	
马援祠遗址	属清代寺庙遗址，建在伏波古庄前涝池北岸，马援诞生之地，原祠建筑数处，规模宏大，由于年代深久，现仅留部分遗迹。现存碑石分别为：清康熙三十六年（1697）立的"汉伏波将军马援故里碑记"，乾隆二十八年（1763）立的"重修始祖汉伏波将军家庙记"，民国期间所立的"马士望兴学功德碑记"，均为马氏后裔记述其先祖马援、马融、马超等人的功德和家乡故里的内容，具有珍贵的史料价值	
川云关遗址	川云关遗址相传是商朝武将黄飞虎反叛朝歌，扶周灭纣西奔时突破重围的第三关，古代兵家必争之地。川云关城楼系明清建筑，西面门上阴刻楷书"川云关"字样，东面门上刻有"川云南关"四个大字，门洞约2米部分埋于地下，曾是官兵把守通往西部的要道，川云关城楼虽历经战乱，年岁久远，但仍保存较为完好	

（2）现代农庄。杨凌在创新农耕文明的泛旅游时代中，农耕生态与现代科技的融合，拥有一批集结合生产、生态保护、科技示范、农耕体验、美食品味、异域风情为一体的现代农庄30余家，形成了一个充满生机和活力的产业集群。杨凌现代农庄集群项目成为2017年全国旅游优选项目，杨凌荣获"全国休闲农业和乡村旅游示范区"，杨凌的农庄风格迥异、特色鲜明，现代农庄集群的蓬勃发展，引爆了杨凌农庄经济。如表5-35所示。

表5-35　杨凌示范区文旅融合现代农庄

名称	简介
快活林庄园	杨凌快活林庄园是一个具有农业技术服务、新品种引进、繁育、销售一体化的农庄，集生态鸡养殖、特种鸡养殖技术服务为一体的合作社，主要用于林下散养殖，年出栏生态肉鸡5万余只和300万枚土鸡蛋，建立林下生态肉鸡养殖技术规范体系一套，并向周边进行示范和推广，以及新品种、新技术的引进、示范和培训。快活林庄园是一家具有农业技术服务、新品种引进繁育、销售一体化的农庄，集生态鸡养殖、特种鸡养殖技术服务为一体。在快活林农庄，游客能够体验鸡蛋雕刻绘画，欣赏鸡毛挂件，还能够在水果屋体验餐厅进行用餐
汇承苹果农庄	汇承苹果农庄是一家专门从事果品种植、种苗培育、初深加工、仓储、物流为一体的现代化龙头企业，集种植、采摘、观光、科普、教育、体验功能的综合性休闲农庄。现已建成以苹果为主、大樱桃为辅的示范基地500亩，1000吨冷库一座，苹果醋生产车间500平方，建立有机苹果管理体系、溯源检测体系、果品气候认证体系，对生产全程进行监控。苹果农庄给顾客提供一种温暖、轻松、美好体验
盛唐酒庄	盛唐酒庄是由西北农林科技大学葡萄酒学院终身名誉院长李华创建，以西北农林科技大学葡萄酒学院为技术依托单位，集种植、销售、休闲观光、示范及服务培训为一体，示范推广拥有自主知识产权的高新技术、服务培训农民种植户，建设葡萄酒产业和技术示范为一体的科技型葡萄酒企业，并采用最新的技术和管理建立葡萄示范园，也是优质葡萄酒原料基地
尚特梅斯庄园	尚特梅斯庄园共分种植、养殖南北两大区域、三个版块，是集花卉苗木、草莓、猕猴桃、葡萄、蔬菜等果蔬种植、奶牛养殖、鲜奶加工品尝配送和休闲度假三位一体的独具欧洲风情的农业观光旅游特色庄园。目前已建成了风车西餐厅、欧式别墅木屋、500头奶牛养殖场、牛奶原乳罐装生产线、种植园等项目。彩叶苗木园占地340亩，种植有红叶石楠、红枫、银杏和金森女贞等珍贵苗木；165亩的芳香植物园里种植了大马士革玫瑰、薰衣草、薄荷、迷迭香等花卉
霖科移动庄园	霖科移动庄园依托园区开发主体的科技、技术、区位等资源优势，利用现代农业科技技术，以容器苗木栽培、容器苗果树栽培为主导产业，以文化为灵魂，创意性开发休闲体验项目，发展空间农业，打造集科技示范、新品推广、技术培训、科普教育、观光休闲、参与体验等为一体的"移动"农业园
君度唯尔葡萄庄园	君度唯尔葡萄庄园是集葡萄种植、葡萄种苗培育、葡萄酒生产、庄园观光、旅游、体验为一体的农业项目，现已建成八大优质品种葡萄种植园，两千米葡萄长廊，500吨气调冷库，占地17亩的现代化养殖场和水域达3000平方米的钓鱼池，一二三产业于一体的酒庄已经动工建设。庄园突出"技术示范、科技创新、休闲观光"三个功能性亮点。庄园有垂钓区和养殖区，提供垂钓服务和养殖观赏体验，养殖以鸡、羊、鹅为主，采用散养、种养结合等方式，观赏以孔雀为代表，其他为鸡、鹅等

续表

名称	简介
野猪林刘家庄园	杨凌刘家庄园以特种野猪产业为基础，开发出具有野猪林水浒文化的集科普教育、农耕体验、休闲观光、餐饮住宿为一体的休闲农庄。庄园天然散养的特种野猪，脂肪含量只有家猪的50%，胆固醇比家猪低29%，肉质鲜美，健康营养，已形成优质野猪品种引进、驯化、良种繁育、商品猪生产、肉品深加工、包装、销售及特色餐饮的全产业链发展模式，融合了果蔬采摘、文化体验、科普教育等功能，形成集餐饮、休闲观光、采摘垂钓、文化体验、科普教育、农耕体验、亲子活动为一体的休闲农庄
青皮她园	杨凌青皮她园火龙果种植专业合作社主要经营范围包括热带水果种植采摘、销售；农业科技推广服务；基地产品电子商务。主要种植热带水果，兼顾观光农业旅游。合作社现有种植基地200余亩，全力探索"南果北种"经济模式，形成种植、育苗、观光研学一体的现代产业体系。基地种植火龙果、芒果、莲雾、释迦果等多种热带水果，是杨凌南果北种新品种和新技术引进、试验、推广标准化生产示范基地
菲格庄园无花果产业园	杨凌菲格无花果产业发展有限公司成立于2018年3月，是全球领先的无花果智慧种植与新生态农业模式提供商。无花果产业园占地总面积600余亩，创造性的将种植展示、科研加工、文旅观光、亲子研学等传统产业与动漫、电子竞技等新兴元素相融合，拟打造出全国第一个以无花果为主导产业的集观光、研学、文创、示范为一体的无花果文创产业园
百恒奇异果庄园	百恒奇异果庄园拥有500亩国内一流的标准化有机猕猴桃种植园，庄园在猕猴桃生产过程中不使用任何人工合成的化学农药、化肥及化学激素，2016年正式获得中国GB/T9630、欧盟EOS、美国NOP、日本JAS有机认证，果品天然、健康，质量评比连续两年居全省第一。百恒奇异果庄园是国内通过有机食品标准最多的猕猴桃生产园区之一，游客可以学习并了解有机农业，感受有机猕猴桃种植、品尝有机猕猴桃，体验现代农场生活

　　农业旅游是一种新兴的旅游形式，是第一产业与第三产业交叉、渗透、融合的产物，兼具农业和旅游业的双重特点和双重收入，因此具有较高且稳定的经济效益和良好的生态效益。大力发展农业旅游产业是杨凌示范区的必然选择。杨凌示范区以全域旅游创建为引领，以打造农业旅游新高地为目标，全面启动全域旅游发展总体规划，结合《关中平原城市群发展规划》对杨凌示范区的定位，"国际知名、国内一流的农业旅游目的地"地位基本确立，农科城全域5A景区旅游服务设施基本完善，陕西西线游客集散中心基本建成，"农业硅谷田园新城"的品牌形象充分彰显。

　　（四）杨凌市农业品牌发展问题及建议

　　杨凌作为中国农业高新技术的"硅谷"，充分挖掘和发挥杨凌的优势，利用好杨凌品牌，给区域发展带来巨大机遇。杨凌最大的产业和优势就是在农业科技创新和农业产业示范推广与服务。杨凌应将自身科技创新优势、产业化示范优势、科技推广与服务优势以"杨凌农科"整体品牌的形式向外打出，同时用品牌让外界认识到杨凌是干旱半干旱地区现代农业科技创新的重要中心、农村科技创业推广服务的重要载体、现代农业产业化示范的重要基地以及国际农业科技合作的重要平台，不断加强杨凌全国知名品牌示范区的建设，扩大杨凌在现代农业领域的话语权，增强杨凌区域产业集群和产品的国际竞争力。同时，陕西省农业企业的现状是小而散，企业普遍研发能力不足，品牌优势不强，产品附加值低，低层次竞争的现象屡见不鲜，农业产业化应该充分利用杨凌品牌，整合优势资源，发展农业高新技术产业，为陕西省农业产业化作出更大的贡献。

第六章　陕西省农业品牌发展对策及建议

乡村振兴，产业为核心；产业发展，品牌为基石。品牌需深度融入并主导"三农"工作。若无品牌，消费者难以识别优质产品；若无品牌，农产品难以将产业优势转化为市场价值。品牌是推动乡村产业整合发展的关键力量，是实现"绿水青山转化为金山银山"的关键所在。强化农业品牌建设，提高品牌竞争力，是实施乡村振兴战略、推动农业高质量发展的必由之路。

一、三轮驱动的陕西农业品牌总体战略框架

由于农业本身投资大、周期长、见效慢、风险多，农业品牌建设面临多重挑战。农业品牌建设以政策制定和统筹规划为起点，而政策制定和统筹规划需要一个强有力的、具有权威性和能够有效整合分配资源的行为主体来执行，故地方政府是农产品区域品牌建设工作的先行者和主要承担者。政府有能力、有手段、有资源、有政策，拥有统筹协调能力，也有权威性、公信力和凝聚力，在农业品牌建设中承担"主推的角色"。

农业品牌创建过程中，"政府主推、企业主体、市场主导"三轮驱动，需要立足市场需求，政府和企业各司其职，互为依托；发挥所长，相互配合；共同驱动，才能走得稳、走得顺。这也是中国农业现代化、品牌化的必然选择和发展战略，如图6-1所示。

（一）政府主推

区域经济的持续健康发展，离不开当地政府对当地特色产业的深度挖掘与精心培育。在这一过程中，政府的角色举足轻重。特别是在农业品牌建设的道路上，政府更需要担当起两大核心任务：一方面，对产业的细致挑选与精心培育，另一方面，区域公用品牌的精心打造与提升。政府应立足整体，从宏观角度出发，制定出科学合理的产业发展规划与战略品牌顶层设计。通过搭建一系列包括科技、标准、监管、流通、金融、人才等在内的产业支持平台，优化农产品品

图 6-1　三轮驱动的农业品牌总体战略

种、提升产品品质、建立并完善质量标准体系，进而夯实产业发展基础，全面增强产业竞争力。同时，政府需积极推广农产品区域公用品牌，组织对接市场与渠道资源，为企业和农户解决他们想做却难以独立完成的难题，推动区域经济的全面繁荣与发展。

例如，在安吉白茶的初步发展阶段，鉴于茶企与茶农在品牌建设方面的实力相对薄弱，且尚未形成强烈的品牌意识与愿景，因此安吉县政府肩负起了品牌建设的主要责任。县政府以高瞻远瞩的视野，对安吉白茶产业的进步、品种的改良、质量的把控等方面进行了全面而深入的规划。为了激发农户与茶企对白茶产业的热情，县政府制定了一系列优惠策略。此外，县政府积极引导茶企和茶农走出安吉，广泛参与各类茶叶展览与评比活动。通过不断的获奖与展示，安吉白茶的品牌影响力逐渐扩大。在政府的引领下，成功完成了"安吉白茶"的商标注册，并由国资委推动成立了安吉茶业集团有限公司，打造了竹乡、白帝、采茶妹等一系列产品品牌，从而进一步推动了白茶产业的繁荣与发展。

再如，虽然中国是全世界人参种植面积和产量最大的国家，但产业附加值和品牌建设做得最好的却是韩国。韩国通过举全国之力打造高丽参，推动产品品牌"正官庄"的发展。"正官庄"背后的企业主体是韩国人参公社，创立于1899年，是专门掌管高丽参制造及输出的官方机构。"正官庄"人参产品更是由韩国政府直接监制，其品质得到国际的认可及信赖。

（二）企业主体

由于陕西省农业龙头企业弱小分散，导致产业不兴、品牌不强。如果缺乏市场经营具有强大实力的企业法人主体，将导致农产品区域公用品牌的使用混乱、产品鱼龙混杂、各方搭便车等严重现象，造成区域公用品牌人人使用、人人不珍惜，最终劣币逐良币。比如，洋县黑米好，要买哪个品牌呢？洛川苹果好，哪家最正宗呢？这种现象反映的是产业和品类没有领先企业进行市场主导，没有建立和落实在一个企业法人式的经营主体上。此外，没有主体企业，或者主体企业偏弱，无法把分散的农民组织并带动起来，无法实现品牌与消费者最终链接，产业蓝图规划绘制得再美、基础打得再好、口号喊得再响，都可能成为无法达到的空中楼阁、成为"美丽的神话"。这是很多区域农业品牌举步维艰的症结所在。

因此，产业要兴旺，品牌要强大，要有品牌产权明晰、善于市场经营的企业法人主体。有了实力强大的主体企业，乡村振兴和品牌强农工作就有了抓手，工作才能落到实处，也才能实现从产业优势到市场优势，从产品优势到品牌优势的跨越。联合体企业品牌，既是区域公用品牌的战略抓手和载体，又让产区内的经营主体不再"吃大锅饭"，担起"主导产业，代表品类"的重担，解决了产业内部分散、主体弱小、走不出去、邪不压正等问题；同时，解决了消费者面对区域公用品牌不知道选择谁的问题。

联合体企业指由政府引导或主导，由龙头企业、中小企业、合作社及家庭农场等构成，以区域公用品牌为基石，分工协作为前提，规模经营为依托，利益联结为纽带，同时注重企业品牌和产品品牌的塑造。它是一种实体化、法人式的全新经营主体，一体化地代表产业和品类参与市场竞争。联合体企业是产业和品类中的核心力量与领导者，更是农产品区域品牌建设的核心载体与主体。

联合体企业品牌，是在国家倡导的"农业产业化联合体"新型经营主体基础上的实践、延伸和深化。其组建方式，产权关系可以不变，也可以相互参股、控股，可以是民营（如"好想你"枣业）、国有独资（如寿光农发集团），也可以是混合所有制（如新疆果业集团）。

例如，涪陵榨菜区域公用品牌和乌江榨菜企业品牌的成功，源于政府很早就组建了重庆市涪陵榨菜集团这个国有控股的市场经营主体，并通过体制和机制创新，持续激活企业，一步一步把产业做强做大，成为"中国榨菜第一股"。

再如，山西沁州黄小米集团是在"沁县沁州黄开发服务中心"的基础上改制组建，三十年如一日，培育新品种、探索新技术，守护小米文化，拓展全国市场，成为中国小米第一品牌。同时，带动和推动沁县小米产业做优做强，成为富民强县的支柱产业。

（三）市场主导

随着国家整体经济的高速发展，人民人均收入水平随之提升，居民的消费水平和消费结构不断增强和升级。脱贫攻坚任务取得胜利后，人们对美好生活的向往要求更高，对农产品质量、品牌有更高的需求。市场是品牌的最终检验地，农业品牌需要满足市场需求。只有实现与消费者的链接，产品才能从农民到市民、从地头到餐桌、从产品到品牌的"惊险一跃"。只有市场需求，才能主导产业、品类建设，才能实现产品及产业溢价。

乡村振兴的基石在于产业的繁荣与发展。依托农业这一根本，需要有效整合资本、技术等多元化资源，进行跨界且集约化的配置。这使得农业生产、农产品加工与销售、餐饮、休闲及其他服务业得以紧密融合，形成有机整体。着力解决产业聚集中的核心问题，推动产业集群的形成与发展，为乡村振兴提供坚实的产业支撑。

产业集群构建的法则为：三产融合、横纵延伸及差异化竞争。三产融合指农业生产、农产品加工及农业相关服务业，通过一二三产融合，实现农文旅结合，农工商、农科教一体化，把农业服务、农副产品、农耕活动、休闲娱乐、养生度假、文化艺术、科普教育等有机结合在一起。差异化竞争指从企业联合体品牌到多个层次品牌，错位经营、竞合发展、共生共荣。横纵延伸指通过核心业务、支持业务、配套业务、衍生业务等横向延伸业务线，通过种、养、产、供、销等纵向延伸产业链，实现多点增值。

要发展产业集群，需要市场主导，要结合市场需求，进行差异化品牌定位，进行相关的产品、渠道、价格、传播等策略设计，"互联网+科技"赋能农业，实现全产业和供应链多点增值，真正将产地价值、产业价值变成品牌价值、市场价值。

例如，"好想你"枣业，结合消费者的多元化、个性化等需求特征，建立了国内首家红枣博物馆，举办红枣文化节，推出了"好想你"红枣种植示范园、红枣养生苑、枣木雕刻园等。如今，"好想你"中国红枣城已经成为著名的旅游景点，大大提高了新郑红枣产业和"好想你"的知名度，让"好想你"成为河南乃至中国的一张名片。

二、"点、线、面"区域公用品牌创建路径

区域公用品牌建设，不单是品牌或产品策划，也关系到产业乃至区域经济的未来发展，这是全局性、领衔性、基础性的工作，需要政府主抓，做好顶层设计，为产业和企业赋能。

《中共中央国务院关于实施乡村振兴战略的意见》已明确指出："要实施中央统筹、省负总责、市县抓落实的工作机制，并建立市县党政领导班子和领导干部推进乡村振兴战略的实绩考核制度。"在推进农产品区域公用品牌建设的过程中，省、市、县政府必须明确各自的定位与分工，以确保不出现职能错位、失位和抢位的现象。同时，各级政府层级需要站在全局和战略的高度，进行系统的规划和推动，以引领农业品牌建设向高质量发展。在深入分析和总结国内外典型案例以及国家战略方针的基础上，本书提出，农产品区域公用品牌建设应借鉴省级农业品牌赋能工程的面、省级大单品优势工程的线以及县市农产品品牌主体工程

的点，通过点线面的有机结合和协同推进，全面实施三大工程，以实现省、市、县三级政府的联动效应。如图6-2所示。

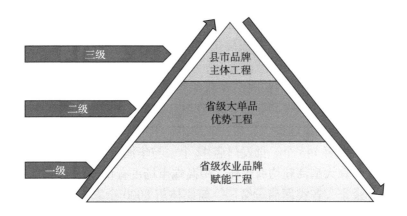

图6-2 "点、线、面"区域公用品牌创建路径

（一）"点"：县级主体工程

县（区、县级市）级主体工程在农产品区域公用品牌建设中扮演着至关重要的角色，既是主力军也是主战场。在推进品牌建设的过程中，应紧密结合当地资源禀赋，选择适合的区域公用品牌模式。县级主体工程应以区域公用品牌建设为核心战略，全面推动县域的乡村振兴、产业兴旺和高质量发展。同时，县级主体工程也是地市优势品牌工程和省级农业品牌赋能工程的重要支撑力量。

县（区、县级市）级主体工程倡导"一县一业"或"多县一业"，需要打破机械的行政区划疆界，遵循农产品自然生长特征，创建跨区域、集聚共性特征的强势品牌。不搞大而全的多品类品牌是关键，一定要先聚焦人、财、物打造一个主导产业，如洛川苹果、眉县猕猴桃、盱眙龙虾、陕北大米等。

1. 案例一：洛川苹果

洛川县地处渭北黄土高原沟壑区，因洛河穿境而得名，因洛川会议而著名，因洛川苹果而驰名。全县总耕地64万亩，其中苹果总面积53万亩，农民人均3.3亩，居全国之首。先后被确定为全国优势农产品（苹果）产业带建设示范县、全国农产品质量安全县、国家绿色食品（苹果）生产基地县、陕西省"一县一业"示范县，苹果产业已经成为洛川实现县域经济增长和农民增收的支柱产业。2023年，苹果总产量114万吨，鲜果收入75亿元，总产值突破140亿元。2022年，洛川苹果区域公用品牌入选国家农业品牌精品培育计划。

其中的经验：①提升苹果质量。建成保留全世界4000多种品种的苹果种质资源圃、国家级苹果选种场、世界苹果新品种新技术展示园。建成洛川县苹果科技示范基地，筛选出洛川 1 号、洛川 2 号 2 个芽变品种。成为第一个整县通过国家绿色食品（苹果）原料生产示范基地，通过出口注册认证果园 13 万亩，有机苹果生产基地认证累计达到 6.8 万亩，创建国家级苹果标准园 2 个，建成省级示范园 63 个（居全省第一位），建成矮化密植果园 14.6 万亩，搭建防雹网 10.5 万亩。②加快品牌培育。获得北京奥运会、上海世博会、广州亚运会、亚洲博鳌论坛等 30 多项重大冠名权，荣获国家及部省奖项 280 多个，2023 年洛川苹果通过品牌化销售占总产量的 90% 以上，区域公用品牌价值 687.27 亿元（居全国水果类第一位）。③拓宽渠道建设。先后在北京市、上海市、西安市等 38 个大中城市建成洛川苹果品牌店 143 个、批发门店 42 个，与华润万家、盒马鲜生、百果园、永辉超市 800 余家大型商超均有合作，中高端市场占有份额逐年扩大。全县拥有电商企业 800 余家，各类网店、微店、新媒体店 8000 余家，2022 年，苹果网上销售量达 10.8 万吨，占全县苹果总产量的 10% 以上，实现销售金额 15.13 亿元，建立了较为完善的市场销售渠道。④强化宣传推介。采取开门办节会、走出去推介方式，连续成功举办了十六届洛川国际苹果博览会，年均参加农交会等国内外大型展会 10 场次，自主开展宣传推介 40 余场次，产地采风、销区见闻等品牌故事分享常态化举办。⑤加大品牌保护。成立洛川苹果品牌保护工作专班，采取"区域品牌+企业产品品牌"捆绑式授权使用管理模式，全县累计授权 396 家，其中实体企业、合作社授权 345 家，网店、自媒体平台授权 51 家。近期制定印发《洛川苹果品牌包装及洛川苹果地理标志证明商标规范使用通告》，对全县授权企业、合作社全面排查，实现洛川辖区经营主体品牌商标使用全覆盖。

2. 案例二：眉县猕猴桃

眉县位于关中平原西部，地处秦岭北麓，地理环境优越，农业资源丰富，产业特色鲜明，是我国优质猕猴桃主产区。近年来，眉县县委、县政府把农业品牌化作为提振县域经济发展的首要任务，聚力打造眉县猕猴桃区域公用品牌，猕猴桃已成为县域经济的主导产业和农民收入的主要来源。全县猕猴桃种植面积 30.2 万亩，总产量 52 万吨，综合产值 58.5 亿元，全县 90% 以上的行政村、90% 以上的农户种植猕猴桃，亩均猕猴桃销售收入突破 1 万元，畅销国内 30 多个大中城市，出口到俄罗斯、马来西亚、泰国、阿联酋、哈萨克斯坦等国家和地区，荣获中国猕猴桃之乡、国家级猕猴桃地理标志示范样板、国家级出口猕猴桃质量安全示范区、中国特色农产品优势区、全国"互联网+"农产品出村进城工程试点县等称号，眉县猕猴桃正朝着眉县招牌、陕西名片、国家品牌阔步迈进。

其中的经验：①强化政策扶持。成立猕猴桃产业发展领导小组，制定《眉县猕猴桃产业发展规划》《关于大力发展猕猴桃产业的决定》《关于推进猕猴桃产业持续健康发展的意见》《关于进一步支持农业发展的政策意见》《眉县现代农业发展扶持政策》等系列政策，县财政每年列支 500 万元专项资金，支持猕猴桃基地建设、产品认证、品牌创建、宣传推介。②提升产品品质。资源禀赋造就了眉县猕猴桃的酸甜黄金比，培育了一批适应性强、品质优良、风味独特的猕猴桃优良品种。通过 30 多年经验总结，形成并推广《眉县猕猴桃标准化生产技术规程》《猕猴桃丰产稳产优质高效技术要点》，确保了眉县猕猴桃品质。建成全国首家猕猴桃试验站、陕西省猕猴桃研究所、宝鸡市猕猴桃苗木繁育中心、新西兰猕猴桃花粉研究中心，核心技术研究应用走在了全国前列。③严格质量监管。眉县猕猴桃质量安全管理工作机构全县镇办全覆盖，400 多名猕猴桃质量安全监管员常驻猕猴桃生产村和合作社，建成全国面积最大、设备最精、功能最全的国家级（眉县）猕猴桃检测中心。全县有机猕猴桃认证基地 13 个，欧盟 GAP 认证2100 亩，绿色食品认证 27860 亩，出口果园备案 15 个，地标登记保护 16.2 万亩。④制定战略规划。编制了《眉县猕猴桃区域公用品牌战略规划》《眉县猕猴桃区域公用品牌标识系统使用管理办法》《眉县猕猴桃地理标志证明商标使用管理办法》，确立"眉县猕猴桃——中国猕猴桃标志性品牌"的战略定位，创意设计眉县猕猴桃品牌形象图案和"眉县猕猴桃、酸甜刚刚好"的传播口号，对眉县猕猴桃区域公用品牌标志、卡通形象、传播口号、包装标识、注册商标等申请了登记保护。⑤广泛宣传推介。坚持每年举办 3~5 次大型猕猴桃宣传推介活动，组团赴北京市、上海市、广州市等地参加农交会、绿博会等国内大型展会，在台北举办眉县猕猴桃台湾推介会。连续成功举办十届中国·陕西（眉县）猕猴桃产业发展大会，创办眉县猕猴桃微信平台、拍摄《太白山下猕猴桃》科教故事电影、策划"我和眉县猕猴桃"故事征文、抖音短视频大赛等系列活动。⑥加强品牌销售。完善国家级猕猴桃批发市场功能，建成科技研发与会展中心区、果品及果用物资交易区、鲜果冷藏处理区、综合加工区、物流配送区、综合管理服务区六大功能区，培育大型猕猴桃企业 11 个，专业合作社 189 户，认定家庭农场 93 家，发展果业中介服务机构 300 多个，建成电商服务站 91 个，在北京市、上海市、广州市等主销城市建成品牌形象店 20 个，建成村级淘宝服务站 71 个，培育电商企业 41 户，快递物流企业 35 户，注册网店 300 多家，微商 1000 余户。

（二）"线"：地市优势品牌工程

为推进地区特色品牌建设，其关键影响体现在三个方面：首先，促进资源优化配置。鉴于各地农产品种类繁多，必须精准定位，集中优势资源，才能最大化地提升其影响力和推动力。其次，占据市场心理份额。通过精心打造具有代表性的明星产品，能够深化消费者认知，进而塑造出独特的市场地位。最后，树立行业标杆。通过打造领军产业，不仅能够产生良好的示范效应，更能推动特色产业的升级发展。在确立地区优势品牌的过程中，必须坚持的原则。

在众多产业中，选择最能代表区域的主导产业，聚心聚力，按公用品牌的标准，有限建设，形成龙头带动效应、光环效应和眩晕效应。要站在全国甚至全球的视角，从外向内看本省的特色农业产业资源，找出全国乃至世界第一、唯一或领先的优势特色产业（品类），打造超级大单品品牌，形成特色优势产业连片聚集效应，带动省、市的品牌农业经济发展。选择的标准为：①产业有没有可能做成全国、省域或行业领导者。能不能做成领导者，不光看产业的体量、未来扩展性，还要看全国竞争格局，甚至全球竞争格局。②产业生态条件、品种品质有没有特色，能不能做出附加值。只有做出附加值，才能带动地方经济和农民增收，从而保证产业可持续和良性发展。③产业是否符合未来消费发展趋势。如玉米鲜食化、生猪产业北移等，要顺大势。如：国内的有宁夏枸杞、吉林大米、湖南茶油、云南普洱、新疆核桃、青海青稞等；国际的有法国波尔多葡萄酒、美国爱达荷土豆、加州巴旦木等。

例如，广西壮族自治区南宁市下辖的横州市，百万人口，产业众多，茉莉花、甜玉米、双孢蘑菇、大头菜等产业在全国都能排到前列，重点打造哪一个。通过充分论证，基于茉莉花的千年文化基因，以及不可替代的产业优势，制定了以茉莉花为主，将横州市打造成"山水古横州，东方茉莉城"的战略定位。通过茉莉花提高横州市的品牌认知度和美誉度，进而带动其他产业（暗线）和区域经济整体发展。

例如，韩城大红袍花椒。

韩城是一座全国闻名的花椒大市，有中国名特优经济林花椒之乡、中国花椒之都美誉，入选第三批中国特色农产品优势区。韩城大红袍花椒荣获中国驰名商标、地理标志保护产品等多项资质，2023 年入选国家农业品牌精品培育计划，品牌价值达 213.61 亿元。连续三年平均年产量 3000 万千克以上，产值突破 40亿元，约占全市 GDP 的 10%。目前，全市有 10 万椒农，从事花椒的生产、加工、销售企业 300 余家。

措施及成效：①销售渠道不断拓宽。全市花椒销售体系健全，线上线下交易活跃，线下销售约占年总产量的 90%，全市建有芝阳花椒产业园区、西庄、西塬等多个花椒专业交易市场，拥有一支 2000 多人的花椒专业销售队伍，在北京市、重庆市、成都市等地设有花椒直销网点 100 多个。专门为重庆市、北京市、滕州市、长沙市、长春市等地经销商授予"韩城大红袍花椒"直营店称号。支持企业建立互联网电商平台扶农助农引流，宣传和推销韩城大红袍花椒，线上销售量也逐年提升。②营销宣传加快推广。成功举办八届全国花椒大会，积极参加杨凌农高会、农交会、丝博会、进博会、糖酒会、食博会、全国产销对接会、花椒产业高峰论坛、海峡两岸博览会等大型活动，与央视合作拍摄韩城大红袍花椒宣传片，创建韩城大红袍花椒产业全国知名品牌示范区，编纂完成《韩城大红袍花椒志》，通过多种方式宣传，提升韩城大红袍花椒区域公用品牌知名度。③品牌海外推广提速。全市共8家涉椒企业获得出口资质，产品已出口马来西亚、韩国、越南、阿联酋、美国、新加坡、日本等。亿恩爱曲等海外企业来韩调研韩城花椒并签订定期供货合同，孟益沟公司花椒产品亮相德国科隆世界食品展并达成合同3个，为康食品公司、陕西宏达香料、韩城四海花椒等多家企业产品也远销海外。④品牌保护持续优化。注册韩城大红袍花椒集体商标，制定《韩城大红袍花椒证明商标使用管理规则》，发布《韩城大红袍花椒销售规范》，为规范韩城大红袍花椒市场经营行为，维护市场秩序提供了标准依据。设计并启用韩城大红袍花椒新包装，实行一袋一码、溯源二维码，为加强韩城大红袍花椒区域公用品牌保护提供了技术保障。

（三）"面"：省级农业品牌赋能工程

在推动全省农产品区域公用品牌建设和农业高质量发展战略任务中，省级政府发挥着至关重要的引领和推动作用。站在全局的高度，省级政府应具备前瞻性的视野，通过搭建农业服务品牌平台、提供支撑，以及进行价值、政策和服务等多方面的赋能，有效发挥服务地方、推动地方发展的双重职能。为实现这一目标，必须构建四大平台：

1. 价值平台

基于省域的人文历史、地理位置和产业特色，提炼并传播省级农业的核心价值。通过设计独特的宣传口号和形象标识，构建一种类似文化旅游的农产品价值平台。例如，广西壮族自治区以"壮美广西，生态农业"为口号，凸显其"壮美"与"生态"的价值；海南省以"海南农品，四季领鲜"为口号，强调其农产品的四季新鲜特性。

2. 宣传和销售平台

借助主流媒体强化省内特色产业的宣传，确保广告内容不仅仅是形象宣传，而是与具体产业紧密结合。如广西壮族自治区在推广"壮美广西，生态农业"和"广西好嘢"的同时，也展示了横州市茉莉花、容县沙田柚等区域品牌。此外，通过与阿里巴巴、京东等互联网公司合作，建立统一的市场销售平台，为农产品销售提供便利。也可考虑自建平台，如"乡味宁夏"等。同时，参与或主办各种展销活动，以提高品牌知名度和销售效果。

3. 政策驱动平台

农产品品牌建设是推动乡村振兴、脱贫攻坚和农业供给侧改革的重要抓手。省级政府应全面考虑、统筹规划，制定相关政策，包括发展理念、目标、产业政策、金融政策等。例如，广西壮族自治区在农产品品牌建设方面表现出色，出台了一系列支持政策，将品牌建设纳入地方实绩考核，建设了一批高质量的现代农业产业园和特色农产品优势区。

4. 监管和服务平台

省级政府需整合国内外资源，构建农业高质量发展的管理和服务平台，提供科研、交易、认证、质量追溯、市场交易和电商培育等全方位服务。这些平台旨在解决企业和县级政府在农业发展中遇到的实际问题，推动农业高质量发展。

三、农业品牌战略体系设计

各地市在具体打造品牌过程中，需正视品牌消费、互联网消费中的"去中心化、多元化、个性化"消费趋势，聚焦于自身资源禀赋，打破唯规模量化模式，遵循生态链原则，立足资源禀赋，遵循农产品的生长特性、区域文脉特征，建设可持续的农业品牌组合模式，形成有机、有效、互补共赢的品牌生态链。

根据产品、产业及区域视角，农业品牌组合模式共分为单产品单产业、多产品单产业、多产品多产业、区域联合品牌组合模式。在确定组合模式后还需要追求：

（一）产品品质为发展基础

在市场经济环境下，企业间的竞争异常激烈，而竞争的实质是产品质量的竞争，质量好的企业才能在激烈的市场竞争中立足和发展。同时，产品质量也是企业树立品牌的前提。品质这个基础若不牢，品牌就是空中楼阁。优质的产品才能树立良好的品牌形象，而劣质产品难以维持品牌的形象，甚至会损害品牌的声誉。在营销方面，产品的质量是市场营销的后盾。高质量的产品给企业的市场营销以十足的信心，是市场营销成功的保证。如果质量不好，再有成效的市场营销也只能是前面开拓市场，后面丢失阵地。

例如，户县葡萄，是国内具有代表性的葡萄区域公用品牌之一，尤其是当地最著名的"户太8号"，粒大、穗壮、色泽好、含糖量高、耐储运，鲜食加工兼用，是绝佳的葡萄品种。"初似琉璃，终成玛瑙，攒攒簇簇圆圆小"生动描述了户县葡萄的可人形象。"户太8号"经过不断的优化选育，品质不断提升，屡获国家金奖。此外，鄠邑区还培育了红提、红贵族、新华一号等多个适宜当地栽种的品种，逐步形成了西部以早熟品种为主、东部以中晚熟品种为主的较为合理的品种结构。同时，户县葡萄生产加工技术日趋优化，配套栽培技术逐步完善成熟，葡萄多次结果和无核化生产技术获得国家发明专利，处于国际领先水平。研究所开发的"户太"葡萄汁、葡萄酒（干红、半干）和白兰地等系列产品市场反响热烈，在冰葡萄酒生产试验上更是取得突破性成功。除了先进、成熟的种植技术，户县葡萄的出色品质离不开鄠邑农人们的虔诚匠心。经历了千年农耕文明哺育，鄠邑民风敦厚、重诚守诺、耕作勤恳、心怀敬意，精心培育每一颗葡萄。在鄠邑各界"葡萄人"的共同努力下，户县葡萄产业不断壮大，并荣获"中国果品区域公用品牌50强"称号。

再如，洛川苹果，延安市围绕苹果产业，制定了《洛川苹果技术规范》《延安苹果技术综合体》，出台了《延安苹果、洛川苹果品牌使用及管理办法》，实现了区域公用品牌的"标准生产、授权使用、依法管理、规范运行"。认定绿色有机苹果生产基地130.3万亩、良好农业基地25.7万亩、出口基地14.5万亩、直采基地18.6万亩、智慧果园16个0.7万亩，三个县区实现了整县区认证。建成"果畜沼"生态循环果园47.1万亩。建立良种苗木繁育基地0.3万亩。延安苹果高质量发展"百千万"示范工程面积311.3万亩，苹果质量追溯实现全覆盖。

新西兰的佳沛奇异果，它源自于引进100多年前从中国带回去的猕猴桃种子，现在能在全世界具有影响力的最重要原因，是它的品种改良。通过对比可看出，佳沛奇异果尤其它的黄金果和中国原生猕猴桃最大的不同：外面的毛少，手感更好；酸甜度控制得非常好。所以说，佳沛奇异果打遍全世界，品种是第一要义。

因此，"质量是企业的生命"，而且"质量才是硬道理"。要想在激烈的市场竞争中立足与发展，企业必须狠抓产品质量，以质取胜。

（二）以品牌价值找准品牌定位

品牌价值是品牌在消费者心中的独特形象和价值感，它反映了消费者对品牌的认同度和忠诚度。对于企业而言，品牌价值是一种宝贵的资产，可以让产品的附加值更高，从而获得更高的利润空间，它不仅影响市场份额和销售额，甚至能够影响公司的财务状况和股票价值。

品牌定位是企业在市场竞争中，为了提升品牌形象和知名度，采取的一种策略，是一种市场化、商业化发展的必然趋势，甚至是国家大战略中的一个核心组成部分。它主要指企业通过建立和提升自身品牌的影响力和知名度，来推动产品或服务的销售，进而实现企业的长期发展目标。

（1）江华县地处湖南、广西、广东三省交界处，县内南、北、东三面地形兼高度在600米以上，以高山为主；西面海拔高度在200~400米，素有"中国天然氧吧"之称。以盆谷为主，加上亚热带湿润季风气候带来温和的气候与充沛的雨量，这里森林覆盖率极高，植被茂盛，土壤肥沃，进而形成了完美的绿色自然生态系统。作为湖南省唯一的瑶族自治县，江华县在全国13个瑶族自治县中瑶族人口数量位居第一。瑶族是中国最古老的民族之一，与瑶族宗脉一同流传的还有民族色彩浓烈的瑶族文化，不论服饰、建筑、音乐，还是舞蹈，都无不透露着江华瑶族人在历经千年变迁后对于自然、生活仍抱有的坚韧之性格，也见证着

"江华苦茶"的浓郁滋味。

"宁可三餐无酒，不可一日无茶"是对钟爱饮茶的瑶族人最生动的写照。由于江华地区多高山深谷，雨雾缭绕，因此湿气、寒气较重，有时甚至还有瘴气，瑶族人在与自然相处的过程中发现，饮用由生长于当地野茶树所炒制的苦茶能够去湿、祛寒、祛瘴，于是，江华苦茶便成为瑶族人居家生活的必备品，还被誉为"瑶都神草"。"进屋就是客"，无论是否相识，族人均会为来客敬上大碗茶，盛情款待，相比于延续千年的茶道与人们对茶艺的敬重，瑶茶并没有复杂的讲究，就是把茶叶放进热水壶里泡开，倒出茶水直接喝。一碗"苦后回甘"的"江华苦茶"，尽显瑶族人质朴、率真的民族魅力。正是"江华苦茶"在地理环境和文脉上的独特性，形成了它的品牌价值基础。

（2）象山是著名的柑橘之乡。"象山柑橘"拥有"四独特"产业价值，即天然的种植优势带、十年磨一剑的品种研发、抗台风抗病害的大棚栽培技术以及产业联盟型的组织建设。基于此，研究象山柑橘的品牌化建设，发现消费者的柑橘消费偏好，总结出"象山柑橘"的六大价值特征：地理，依山傍海、肥沃滩涂；气候，阳光充足、温和湿润；历史，商业种植、源源流长；品质，亦香亦甜、口感惊艳；品种，良种丰富、推陈出新；技术，远赴海外、学习借鉴。地理标志产品之所以能与其他产品形成区隔，非常重要的两点在于其区域性、独特性。这是它们能够形成品牌的基础特质，核心价值必须从此提炼而得并进行演化。对于"象山柑橘"来说，产品特点和区位优势是它区别于其他柑橘最重要的两点，是其进行品牌升级的"金钥匙"，而产品特点中又以"渣少味甜"最为突出，所以品牌核心价值和品牌口号需从中深挖。依据"象山柑橘"自身特点与消费者心理的最佳契合点，决定融合"山海"这一地理区位元素和"甜"这一味觉的消费者预期元素，让消费者一联想到"象山柑橘"就能感受到来自山海之地的清甜香味。最终，将"象山柑橘"的品牌口号凝练为："橘生山海间 味道自然甜"。基于这一品牌的价值定位，"象山柑橘"成功进行了品牌化升级改造。

（3）兴安盟大米，产于内蒙古自治区东北角，品质上乘但不为人知。战略应根植于何处？在不产大米的"心智"如何创建品牌？东北大米好，全国人民都知道。站在东北肩膀上是一条捷径。进一步探究发现，兴安盟位于黑吉蒙三省交界，并且处在上游，上风上水。同属大东北，兴安盟居上游。兴安盟＝东北上游，从政治经济区划、地理区位、生态区域三个维度都立得住脚。兴安盟大米战略之根——"东北上游生态大米"脱颖而出！

因此，对于企业而言，提升品牌价值是非常重要的，这需要企业在品牌定位、品牌形象等方面进行不断的投入和创新。同时，需要关注消费者需求和市场变化，不断优化产品和服务，提升消费者对品牌的满意度和忠诚度。而对于区域品牌而言，一个地方一定要明确自己到底发展哪个产业，或者是以哪个产业为龙头来打造品牌，而不是什么都一起做，要分清主次。

（三）依托品牌定位树立品牌形象

品牌形象是企业或其某个品牌在市场、社会公众心中所表现出的个性特征，包括品名、包装、图案、广告设计等，它体现公众特别是消费者对品牌的评价与认知。一个好的品牌形象可以让消费者更容易产生信任和忠诚度，愿意长期购买该品牌的产品，从长期来看，这一品牌忠诚度可以增加企业的市场份额和收益。所以，品牌形象与品牌不可分割，形象是品牌表现出来的特征，反映品牌的实力与本质。结合区域自然资源或人文资源的特点，从整体上进行农产品区域品牌形象构建，具体包括区域品牌的命名、品牌口号的确立、品牌标志的设计以及产品外观包装的设计等一系列要素。

"灞桥樱桃"在自然资源、产品形态、历史文脉、行业地位方面体现了四大价值支撑，围绕价值支撑树立起"展现地方文脉，唤醒美好记忆，引导诗意生活"的核心价值，充分发挥品牌语言塑造场景感的魔力。为了再塑品牌的想象空间，"灞桥樱桃"提出了完全不同于竞争对手的品牌口号：寻踪白鹿原，此物醉红颜。依托品牌口号，"灞桥樱桃"提炼出鹿和樱桃两个符号元素，将其巧妙融合，打造出品牌主形象。同时，"灞桥樱桃"创制了具有品牌识别性和立体传播价值的传播辅助图形，将白鹿、樱桃、灞桥、西安古建筑巧妙融合，用于产品包装、常规宣传物料、常规衍生品等，统一品牌对外的视觉形象，契合"此物醉红颜"的品牌核心价值，增进消费者对品牌的全面认知，加深品牌形象。如图6-3所示。

图6-3 灞桥樱桃品牌LOGO及包装

（四）以立体化传播拓宽品牌影响力

立体化传播指利用多维度的手段和方式，将信息进行全方位、多角度的传播。它包括传统媒体和新媒体的传播方式，如电视、广播、报纸、杂志、互联网直播、社交媒体等。立体化传播可以实现信息的快速、广泛传播，提高信息的覆盖率和影响力，提高品牌的知名度和美誉度，从而增强品牌的影响力和竞争力。

1. 方式一：重要事件营销，打响品牌名声第一枪

事件营销指以某一重要事件为核心，运用市场营销策略，通过各种宣传渠道，传递品牌、概念、文化、产品等信息，以达到品牌宣传、产品推广和销售提升的目的。它以消费者为中心，通过一系列精心设计的活动和互动环节，给消费者创造独特的体验，并在此过程中完成品牌营销。其主要的特点是：短期、独特、体验、沉浸式、话题性、传播性。它能够通过有趣、有价值、有自然的交互方式，让消费者更好地了解品牌、产品或服务，以达到提高用户忠诚度、发掘潜在用户、推广品牌、促进销售等目的。

（1）2020年，中国·山东国际苹果节在烟台国际博览中心开幕，线上线下展示活动同步拉开，来自国内外主要苹果产区及优质果品产区的24个展团参展，烟台市八个苹果主产区在此亮相。多个苹果品种及其深加工产品亮相现场，10个直播间的"网红"主播们准备就绪，智慧苹果"云参观"、助农惠农线上平台和产销对接平台搭建完成，"烟台苹果"产业以全新的面目展现在世人面前。

（2）杨凌农高会创办于1994年，至今已成功举办了28届，累计吸引70多个国家和地区的上万家涉农单位，以及数以千万计的客商和群众参展参会，参展项目及产品超17万项，交易总额过万亿元，经第三方品牌价值鉴定机构评估，农高会品牌价值高达871.19亿元。现如今农高会已经成为"国际知名、国内一流、企业认可、农民喜爱"的农业科技盛会，成为我国农业科技成果示范推广的重要平台和国际农业合作交流的重要窗口。杨凌农高会品牌建设主要得益于：领导的高度重视，精心谋划；始终坚持"服务三农"的办会宗旨，紧紧围绕破解农村发展、农民增收和农业现代化等热点难点问题，服务农业企业、农村基层干部、农技推广人员和农民群众等目标群体，开展农业科技创新、示范推广、技术培训等系列活动；不断创新办会理念，积极融入"一带一路"、"互联网+"等国家重大战略部署，坚持展会"三化"办会方向，敢创新勇求变，为展会不断注入新动能、新活力。

陕西省各级政府也可以设立农产品品牌日，通过宣传推广等活动形式展示当地特色农产品的品质特色和文化内涵，增强消费者对特色农产品的认知和信任。同时，可开展品牌营销活动如打折促销、赠品等吸引消费者购买农产品，提升品牌知名度和市场份额。

2. 方式二：线上广告，辐射全国强势曝光

在当今"互联网+"时代，进一步拓宽网络营销渠道，多视角、多维度与电商进行融合，充分发挥互联网信息共享、网络传播速度快、范围广的核心优势，进行农产品产销直面对接。

陇南成县拥有 50 多万亩核桃园，卖核桃是当地百姓最主要的收入来源。近几年，随着成县核桃产量的增加，如何卖出这些核桃，成为每一个成县人面临的首要难题。成县县委书记李祥尝试了微博卖核桃的想法，没想到此举立即在微博上引起了强烈反响。书记坚持天天发微博，带动了全县人发微博，同时带动了海内外的成县人发微博。发微博卖核桃成了全民运动，核桃书记的名号也随之传播开，自上而下、自下而上的整体运动产生能量和新闻场，让成县的核桃一炮打响。查干湖冬捕节，一个地方的旅游文化节庆活动，每年都发新闻："40 斤头鱼拍出 999999 元的历史最高价""美国鲤鱼泛滥，模仿中国查干湖冬捕方式""查干湖冬捕被疑造假，鱼越捕越大""查干湖冬捕上了央视新闻，又上新闻联播"引得新闻媒体、新媒体大咖、网红直播、自媒体平台争相报道，主动传播。每一年的"查干湖冬捕节"都因此成为全国热点，大家纷纷热议，为查干湖冬捕节旅游带来百万人流。

陕西省各级政府也可以利用微博、微信等社交媒体平台，发布有关农业产品的信息，吸引更多人关注和转发。增加农产品曝光率，推广农产品。同时，可以与消费者进行互动，回答消费者的问题，解决消费者的疑虑。也可以利用直播平台抖音、快手等，开展直播销售活动，通过直播展示产品的种植、加工、品尝等过程，让消费者更直观地了解产品特点。同时，可以邀请网红、明星等进行合作，提高产品的曝光度和购买意愿。

3. 方式三：农旅结合，带动产业提质升级

所谓农旅结合，就是农业生产项目和旅游企业的合作，作为一种新的旅游发展模式，它可以充分发掘两者的潜力，结合两者的特点，进而产生"1+1>2"的效果。而通过实践发现，农旅结合在实施乡村振兴战略、精准扶贫、建设美丽乡村等方面，都有着积极的作用和意义。

阳山县杜步镇金海家庭农场作为农业企业，积极谋取和广东第一峰风景区的合作，以"时令水果采摘"作为阳山旅游新热点，打造"休闲、生态观光、田园采摘"线路，借助旅游提高农副产品附加值，进而推动经济发展。实践证明，这一合作模式取得了巨大的成功，获得了令人满意的现实效果。金海家庭农场收入比上年增长 20%，游客增长 30%，其中，2019 年春节期间，该农场迎来各地游客 1 万多人次，售出蜜丝枣 20000 多斤，枣地鸡 800 多只，番薯干 800 多斤，番薯 500 多斤，油粘米、黑米 1000 多斤，黑糯米酒 300 瓶，收入达到 30 多万元。

陕西省可以在旅游景区内设置专门的农产品展示和销售区，展示当地的特色农产品，如有机蔬菜、水果、粮食等，能够增加农产品的知名度和销量，同时也能为游客提供更加丰富的旅游体验。也可以开发农业观光旅游线路，将农业观光与旅游相结合，让游客深入了解当地的农业文化和特色农产品。在农业观光旅游

线路中，可以安排游客参观农场、果园、牧场等农业生产场所，让游客亲身感受农业生产的过程和魅力。

4. 方式四：全渠道覆盖，助力销量提升

全覆盖渠道传播方式是一种营销策略，它利用各种可能的传播渠道和方式，包括线上和线下的渠道，如电视广告、社交媒体、电子邮件营销、线下活动等，将品牌信息广泛传播出去。通过这种方式可以帮助品牌扩大市场份额，提高品牌知名度，增加销售额，并建立品牌形象，从而促进品牌的发展。

周至猕猴桃联手传统商超，与华润万家、联华、家乐福、卜莲花等国内大型连锁超市的商超供应合作；开设品牌旗舰店，在重点推广城市设立品牌农产品展示展销店；搭建线上平台，建成电商一条街和电子商务县镇村三级平台，建成运营电商体验中心（猕猴桃主题馆）和电子商务公共服务中心；加强对外贸易，与陕西"一带一路"大宗商品交易中心签订《原产地猕猴桃产业发展战略合作协议》；完善物流仓储，建设运营两个京东云仓，建成了32个天猫优品服务站，菜鸟物流以及圆通、中通、韵达、申通等20余家物流快递企业进驻周至。

此外，周至还建设、运营了全国最大、创建最早的猕猴桃专业网站——中国猕猴桃网，掌握各地产业资讯，搭建专业交流平台，进一步扩大品牌影响力。

可以通过建立线上线下销售网络，包括实体店、电商平台、社交媒体等，将农产品推向更广泛的市场。也可以与大型超市、社区电商平台的合作，将当地特色农产品推向全国市场。

5. 方式五：以热心公益提升品牌美誉

做社会公益对推广农产品同样具有重要作用。一方面，社会公益活动可以帮助农民提高农产品的产量和质量，提升农产品的市场竞争力；另一方面，社会公益活动可以为农产品打开销售渠道，帮助农民增加收入。同时，社会公益活动还可以提高消费者对农产品的信任度和认同感，进一步促进农产品的销售和推广。

（1）2020年初，新冠疫情发生，象山柑橘产业联盟考虑到"象山柑橘"富含维C和维生素，有助于增强抵抗力，决定无偿捐赠。联盟结合产业优势，广泛动员成员单位以及爱心果农捐赠柑橘到一线，接到通知的成员单位和果农都选择捐赠自家最好的柑橘到抗疫一线，给医护人员、公安干警、记者编辑送去温暖。据报道，捐赠的柑橘价值近20万元。

（2）烟台市积极组织义捐献爱心行动，新冠疫情期间组织爱心企业开展"烟台苹果，驰援黄冈"爱心行动，累计向湖北省黄冈市捐赠苹果220多吨，有力支援了黄冈战"疫"，中央电视台《新闻联播》进行了专题报道。公益活动能够吸引到自然流量，有益于提升品牌的知名度，同时提升品牌在消费者心中的好感度与美誉度。

也可以通过社会公益来推广农产品，包括在农村开展农业技术培训、农产品质量安全宣传，以及为农产品滞销的农民提供销售渠道等，以此提升产品美誉度，扩大品牌影响力。

6. 方式六：打造特色文创产品，深化品牌符号印象

文创产品设计可以结合企业特色文化，在产品的功能、形态、材质等方面进行创意性的设计，让产品得到独特且别具一格的视觉感受，让品牌以实体形态拉近与消费者的距离，使品牌符号深入人心，从而让产品在市场竞争中脱颖而出，提高产品的品牌影响力。

为打造地域特色鲜明、具有较强竞争力的企业产品品牌，不断提升汉中地理标志农产品品牌影响力，陕西味见汉中公用品牌运营有限公司推出了《味见汉中一把好牌》系列文创产品。《味见汉中一把好牌》以大众喜闻乐见的扑克牌形式，以"品质优选"为辅助词并加以界定，以"味见汉中、政府主导、公益品牌"为背景做背书，构建软实力，打造硬品牌，全方位塑造"悠悠汉家芯，天赋汉中味"的品牌自信。扑克牌牌面涵盖了汉中大米、洋县黑米、汉渔虾稻米、汉中菜籽油、山茶油、核桃油、茶叶挂面、汉中红薯粉条、汉中调味品、汉中柑橘、汉中猕猴桃等数十余产品，改变了以往汉中优质农产品传统的营销传播推广模式，让更多人"看得见，摸得着"汉中的地理标志农产品品牌，为进一步扩大当地农产品品牌影响力产生深远而又积极的推进作用。如图6-4所示。

图6-4 味见汉中文创产品

四、农业品牌战略体系

（一）农产品区域公用品牌管理策略

农产品区域公用品牌管理策略设计，首先，进行农产品区域品牌定位。通过市场调研分析，明确目标市场，结合产品以及竞品的优点和缺点做相应的产品市场细分，在所有的细分市场中，选择一个自身产品能满足消费者某个需求的市场，从而进行差异化的市场定位。其次，树立农产品区域品牌良好形象。结合区域自然资源或人文资源的特点，从整体上进行农产品区域品牌形象构建，具体包括区域品牌的命名、品牌口号的确立、品牌标志的设计以及产品外观包装的设计等一系列要素。再次，提炼农产品区域品牌文化。结合某个地区所拥有的历史文化特征，深入挖掘产品品牌的文化内涵。最后，规划农产品区域品牌宣传路径。明确和系统地规划农产品及其品牌对外传播的具体路径，对于当地农产品美誉的打造、提升消费者对于品牌的认识了解以及渐渐培养出强烈的忠诚度均具有很强的现实意义。农产品区域品牌的传播需要结合传统的线下途径（线下展销会、博览会、人员促销等）和新兴的互联网途径（自媒体平台投放广告、线上电商直播等），多个方位和渠道进行区域品牌的宣传推广。以"铜川大樱桃"农产品区域品牌为例，具体阐述一个农产品区域品牌管理策略设计过程。

下面以铜川大樱桃区域公用品牌管理为例进行研究。

1. 研究背景

铜川市海拔高、昼夜温差大、日照充足、土层深厚、雨量适中，是具有区域优势的渭北果业发展重点区，是樱桃生长的最佳适宜生长区。铜川大樱桃不仅含有丰富的糖分，还含有丰富的蛋白质、钙、磷、铁等维生素和营养物质，其中维生素中的铁含量尤为突出。通过深入研究铜川大樱桃的品牌问题，在厘正铜川大樱桃品牌的相关概念与理论的同时，运用文献资料、实地调查、个案研究、对比研究、定性分析等研究手段，对铜川大樱桃环境进行了深入的研究，并结合我国其他樱桃品牌的实际案例，总结其经验，提出了一些针对铜川大樱桃品牌的优化策略。另外，在查阅文献、收集资料、对比分析、归纳总结的基础上，结合当前国内外大樱桃产业发展现状，面临着巨大的机遇和挑战，对比大连大樱桃、天水大樱桃、烟台大樱桃等知名品牌樱桃的品牌管理策略，取长补短，探索出更好的品牌管理策略和更好的发展路径，为铜川大樱桃品牌走出区域、走向全国乃至世界奠定务实的品牌理论。

2. 内外部环境分析

（1）产业现状分析基础。2000年来，铜川地区充分利用地理优势，围绕"樱桃产业"，依靠政策扶持、技术指导、示范引导、规模生产和科学规划，形成了以"铜川大樱桃"为特色的品牌。此后，市委把发展果树作为农业结构调整和农民增收的重要支柱，加大力度推广大规模、高标准、高质量的果树。铜川市从源头上积极引导农民规范生产模式，推广矮化栽培、生态防控等配套技术，使红灯、萨米特拉、吉塞拉等一批樱桃种子和砧木得到推广及销售，还创建了海升、金藏、三联等一批高质量的樱花园。铜川市大力推广樱桃高产栽培技术和检疫技术，促进了樱桃产业的发展，2019年，铜川市陈坪村樱桃面积达到300多亩，产值超过1亿元，农民人均纯利润达到25000元。黄土高原上的陈平、耀州移寨、印台周陵和王邑的樱桃产业也已实现，为铜川的扶贫、致富和农民增收做出了重大贡献。大樱桃非常有价值，大大提高了农民的收入。

　　樱桃是世界各国共同开发的优质高性能果树，具有很高的经济和生态价值以及优良的营养和保健功能，又被称为"果中珍品"。陕西作为中国水果大省，近年来大力发展樱桃产业，樱桃果园面积不断提升，2018年樱桃种植面积居全国第二位。如图6-5所示。

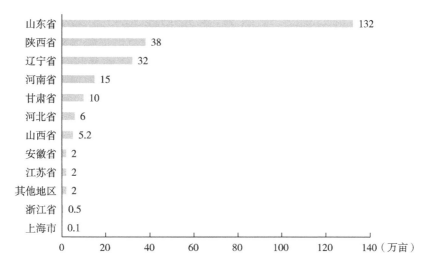

图6-5　2018年我国各省市樱桃种植面积

　　铜川市位于陕西省中部，地处关中盆地和陕西省北部高原的交界处。由于海拔高、昼夜温差大、土层深厚、日照充足、雨量适中，铜川市非常适合北方落叶果树的生长，是具有区域优势的渭北果树产业发展的重点地区，是中国优质苹果、樱桃、鲜桃等特色果树的主要产区之一。自2000年以来，铜川市依托独特优良的自然条件，引进和试种欧美樱桃，不断优化果品质量，2010年获得"中国优质甜樱桃之都"称号。

铜川大樱桃，不仅具有早熟、色泽鲜艳、果实大、口感好、耐储运、无污染等诸多优点，而且含糖量高，富含蛋白质、钙、磷、铁等维生素和硬物质，尤其是铁。近年来，铜川大樱桃品牌因铜川大樱桃的"大而全、色彩鲜艳、多汁可口"而闻名，其品牌的名气和声誉也在稳步增长。

铜川市目前有超过 40000 公顷的樱桃树，每年生产超过 20000 吨的樱桃。在努力打造铜川大樱桃高端品牌的同时，铜川市从源头抓起，在种植樱桃的同时，积极引导农户和相关合作社进行标准化生产，以及矮化栽培、生态病虫害防治、水肥一体化管理等果树种植所需的技术。铜川市每年都会组织一次集樱桃产销为一体的大型活动，推广和宣传铜川大樱桃的品牌效应。樱桃生产基地积极与快递公司和电商平台合作，在农村建立快递服务，对樱桃进行包装、配送和运输，并将铜川樱桃空运至销售点。新的商业模式和方法，如"水果+乡村旅游"，也在几个主要樱桃种植区蓬勃发展，极大地提升了品牌的知名度，稳步做好了品牌的建设工作。

合理利用灌溉设施，可以在不浪费水资源的情况下满足樱花树的生长和发展需要。积极应用有机肥、生物肥、羊粪、禽粪等有机肥推广，为农林带头人确保农民生活、生产与环境的和谐。同时，为适应三产发展的需要，对旅游开发进行了改革，将旅游造林、教育、卫生、生态保护、农业体验和收获有机地结合起来，进一步发展有机农业。铜川樱桃持续健康发展，促进了铜川市农业的持续健康发展，实现了广大果农的愿望，丰富了果业，使传统樱桃取得了更高的优势，樱桃产业的发展有了更广阔的市场，产量和效益立即提高。

陕西省是中国的果树大省之一，苹果和猕猴桃产量分别占全国的 1/4 和 1/3，梨、葡萄、樱桃、橙子和枣子产量分别占世界的 1/7 和 1/5，面积和产量均居中国首位。其中，樱桃是世界各国共同开发的优质高性能果树，具有很高的经济和生态价值以及优良的营养和保健功能，又被称为"果中珍品"。在樱桃生产中，铜川市返璞归真，积极引导果农实施标准化果园生产管理，大力推广矮化灌木作物使用、环保型病虫害防治、水肥一体化管理等配套技术。2016 年，铜川市新区樱桃面积占城市耕地面积的 60% 左右，占城市产量的 87%；2018 年，铜川市新区的樱桃面积占城市耕地面积的 70% 左右，占城市产量的 80%。如图6-6 所示。

截至 2020 年，陕西省预计将种植 28.36 万公顷的樱桃，生产 14.3 万吨，成为全国第二大优生地区。同时，铜川市和西北农林科技大学建立了全省首个樱桃综合试验示范基地，并建立了陕果、海城、神农、金硕、三联等一系列"最佳樱桃园"，确保"舌尖上的安全"。经过多年的发展，樱桃种植区现已覆盖铜川市和该省的五个区。目前，樱桃的种植面积为 38000 公顷，年产量超过 20000 吨。

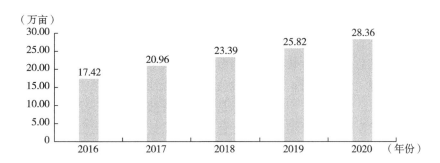

（万亩）

图 6-6　2016~2020 年陕西樱桃果园面积统计

在一些樱桃生产旺盛的村庄，樱农的平均收入达到 3 万元，果农的人均收入超过 1 万元，使大多数农民通过发展樱桃产业摆脱贫困，过上幸福生活。

（2）铜川大樱桃品牌现状分析及不足。以苹果、樱桃为主的水果产业是铜川市果农致富的希望产业，更是促进铜川乡村振兴产业兴旺的优势特色产业。多年来，铜川市支持引导企业（合作社）推广使用"铜川苹果""铜川大樱桃"两大区域公用品牌，不断扩大特色果业品牌推介宣传。

铜川大樱桃以其"个大色艳、汁多味美"而远近闻名。2013 年 3 月，"铜川大樱桃"商标品牌核准注册，成为国家地理标志产品，荣获"最受欢迎特色产品奖"；2015 年，被认定为陕西省著名商标；2017 年，登上世界地理标志大会展台；2019 年，被评为"中国十大好吃樱桃"；2020 年，品牌价值达 1.89 亿元，连续 4 年荣登"中国果品区域公用品牌价值榜"；在 2021 年第二届中国樱桃展上，入选"中国最受市场欢迎的樱桃区域公用品牌 20 强"榜单，如图 6-7 所示。

图 6-7　铜川大樱桃

总体上看，"铜川大樱桃"区域公用品牌创建工作虽取得了一定成效，但与发达果区相比还有较大差距，仍存在一些问题需要引起重视。

第一，果品品质差异性较大。当消费者购买水果时，最直观的评判原则是关注原产地和品牌，但他们所追求的是价值和质量，结合了美和好的味道。标准化的生产管理技术，加上水果生产的主体是大多数分散的农民，受产地自然条件和当年气候因素的影响，在果型、大小、色泽外观质量和内在品质控制上有一定难度，致使好果不多，多的不好。

第二，品牌价值创意不够清晰。在商标申请中，铜川市注重以"铜川"这一地名来有效区别于其他产区的樱桃，对标识的基本要素做了很少的抽象设计和色彩识别，但未能直观地对其进行表达和诠释以及专业的价值定位和价值创意，缺少一个明确的价值符号。例如，"眉县猕猴桃"的价值定位是"眉县猕猴桃、酸甜刚刚好"；福山大樱桃的品牌创意由水墨画的大樱桃组成了一个"good"的造型，并赋予一个接地气的价值表达——"福山大樱桃，个个不用挑"还有一些工业快消品，"怕上火，喝王老吉""农夫山泉有点甜"等，好记易懂。

第三，品牌宣传推广力度不大。近年来，"铜川大樱桃"在国内市场有了一定的认知度，铜川大樱桃公共品牌价值逐年提高，但与我们平时所了解的烟台大樱桃、洛川苹果、白水苹果、福山大樱桃、大连樱桃等品牌相比，铜川大樱桃品牌要在全国叫得响、站得稳，宣传推广力度差距还很大，品牌知名度和市场影响力还不高。

第四，品牌标识广告的实际力度还不够。时至今日，经过多年的免费推广和使用，全市使用"铜川大樱桃"品牌的企业（合作社）尚未超过100家，加之缺乏强有力的激励扶持政策，多数企业仍在打自己的牌、唱自己的调，甚至近两年来一些县区开始花费大量的资金和精力自立门户、自创品牌，对推广使用"铜川大樱桃"自主品牌"不待见"，因此加快区域公用品牌整合任重而道远。

第五，品牌政策支持力度不够：2013年以来，铜川市每年用于打造两个地标品牌的专项资金只有100万元，且逐年减少较多。但省内渭南市、延安市、宝鸡市等都拨付了水果产业发展专项资金，支持水果品牌建设和产业发展，其中，延安市自2007年起每年市级财政支出3000万元；宝鸡市水果产业专项资金1500万元；渭南市财政自2015年起拨付现代水果产业经费设立了专项基金，重点支持水果生产地区，投入2000万元。其中，白水县投资1200万元，实施了在中央电视台播出的系列广告，并连续三年邀请著名影星许晴为白水苹果助阵，使名不见经传的"白水苹果"在全国范围内广为人知、耳熟能详。

第六，品牌保护与市场监管亟待加强。多年来，"铜川大樱桃"一直没有规范统一的包装设计和广告标识，致使其他产地的包装箱大量进入铜川果区，装果贴牌销售，不利于维护"铜川大樱桃"品牌形象。更为突出的是，每年进入樱桃季节，在高速新区出口的公路沿线，随处可见叫卖"铜川大樱桃"的游摊商贩，有的甚至拿到街头市场上游卖，各色均无一例外地标有"铜川新区"或"新区陈坪"等产地字样，这种假冒"铜川"产地樱桃美名，严重扰乱了铜川大樱桃产地市场秩序，侵害了铜川市多年精心培育起来的铜川大樱桃品牌的名誉。

（3）樱桃品牌竞争对手分析。

1）铜川大樱桃区域公用品牌。经过查阅资料，铜川市还引进了几个新的樱桃品种，如秦朔1号、贝尼兰和早大果。由于种植区早晚温差比较大，土壤含水量适宜，樱桃的口感非常好，在收获季节更受全国各地游客的欢迎。铜川樱桃集国内外众多樱桃的优点于一身，被权威专家誉为世界罕见的水果珍品，而铜川大樱桃品牌更是大多数消费者的最爱。

2）烟台大樱桃区域公用品牌。烟台大樱桃是山东省烟台市的特产，是中国的国家地理标志产品。烟台大樱桃是中国最早种植的樱桃，有近140年的历史，在基础设施和生态环境方面有着无可比拟的优势。烟台大樱桃被誉为"果中珍品"，因为它的颜色鲜艳、清澈，味道甜美，而且营养价值高。对烟台大樱桃品牌最好的诠释是"北方春国第一支"（见图6-8）：2007年12月10日，国家质检总局批准建立"烟台大樱桃"地理标志产品保护制度。

图6-8　烟台大樱桃

烟台市与大连市隔着一片海域，地势低矮，山峦起伏。主要地势平缓，峡谷纵横，是一种温和的季风气候。烟台市下辖4个区，1个县，7个县级市，2016年，烟台市工业总产值6925.66亿元，第二产业增加值467.51亿元。烟台市在环境、经济、文化等诸多方面的综合影响下，农业得到了较好的发展，并取得了较大的发展。

对于烟台大樱桃品牌建设，烟台市委以及市政府在"十一五"和"十二五"期间，专门安排市财政专门拨款，用于培育优质大樱桃品种，建设示范基地，推广营销。大力发展生产经营主体，保护烟台大樱桃品牌，鼓励和扶持规模较大的生产基地和专业企业。鼓励合作社、家庭农场等利用自身的优势品种和种植技术，努力打造名牌水果。

烟台市政府于 2006 年成立了烟台大樱桃地理标志保护工作领导小组，并向质检总局提出了"烟台大樱桃"的申请（见图 6-9）。2007 年 12 月，国家地理标志产品申请通过；2009 年 5 月，烟台大樱桃正式被国家工商行政管理局授予地理标志。防止烟台大樱桃受到各类假冒产品的伤害的同时，也能有效地提升烟台樱桃的知名度和市场份额。截至 2013 年，根据中国农产品区域公用品牌评价报告的统计，烟台大樱桃的品牌价值高达 2784 亿元，位列特色水果类产品之首，烟台大樱桃之名，名扬海内外。

图 6-9　烟台大樱桃品牌主形象

截至 2016 年底，烟台的樱桃面积已达 20500 公顷，占全国樱桃面积的 1/4 左右。从全国来看，烟台生产了近 20 万吨樱桃，占全国樱桃产量的 2/3，2016 年上半年实现净销售额 3.73 亿元。而且它实现了巨大的贸易量，促进了 30 多万人的就业。同时，建设了 28 个樱桃生产专业镇，625 个专业村，921 个总储量为 1896500 吨的风力和气体低温罐，安装了 58 条樱桃生产线。此外，还制定了樱桃品牌拓展战略，拥有张家庄、宝林、皇后山、卧龙、醉美、金城、都江堰、福满林、山东、青杠湾等 20 多个品牌，其中 12 个品牌被批准为国家绿色食品和环保产品。烟台大樱桃产业可以说是烟台经济的一种支柱，2021 年，烟台樱桃的品牌价值为 47.58 亿元，在中国果区公共品牌价值排名中位列第 11（樱桃类第一）。如图 6-10 所示。

图 6-10 烟台美早大樱桃

3）大连大樱桃区域公用品牌。大连大樱桃是辽宁省大连市的特产，也是国家农产品地理标志产品。大连大樱桃的栽培已有 130 多年的历史。大连大樱桃的果实发育良好、浆果大、下摆宽、蜡质厚、颜色浅，味道甜酸纯正、果肉厚而硬。

2018 年 2 月 12 日，农业部正式批准对"大连大樱桃"实施农产品地理标志登记保护。2019 年 11 月，入选中国农业品牌目录。如图 6-11 所示。

图 6-11 大连大樱桃

大连大樱桃种植基地位于安波、四平、旅顺口县和金州。大连现有樱桃种植面积 28 万亩,产量 17 万吨,是中国最大的温室樱桃种植区(厂内樱桃种植面积 7.4 万亩,产量 3.2 万吨)。大连市的樱桃在 2017 年被认定为国家地理标志产品,并获得中国园艺协会樱桃分会颁发的"中国首批优质樱桃示范区"奖。大部分农户和商户都经营着电商快递,当地政府鼓励樱桃企业开设网店促进销售,并与多个国家级电商平台合作,让大连大樱桃尽快走进市民的生活。该项目已经取得了成功。近 10 年来,大连大樱桃产业迅速发展并初具规模,大连有 3/5 的耕地是樱桃,2016 年,全国樱桃种植面积超过 226 万亩,其中大连有 41 万亩,生产面积约 15 万亩,约占全国樱桃种植面积的 1/5。大连的樱桃产量从 2010 年的 3.53 万吨增加到 2016 年的 9.37 万吨,而樱桃种植面积从 2010 年的 20.4 万亩增加到 2016 年的 41 万亩,几乎翻了一番,分别增长约 165% 和 101%。2016 年全国樱桃产量约为 60 万吨,其中大连占了近 10 万吨。大连市的产量占全国的近 1/6;2016 年,大连有 7 个樱桃园基地,樱桃加工企业增加到 10 余家,标准果园达到 159 个,其中,精品果园 37 个,樱桃产业总产值 20 亿元,水果生产者的人均净收入超过 38000 元,在过去十年的发展中,大连大樱桃产业实力稳步提升。大连大樱桃品牌的知名度稳步提高。如图 6-12、表 6-1 所示。

图 6-12　大连大樱桃

表 6-1　全国三大樱桃产地所产大樱桃对比

地区	品牌价值（亿元）及排序	优势
山东烟台	53.72/9	种植历史长达 140 年,规模最大的产区,生态环境和基础设施具有极大优势,产出大樱桃占比具有绝对优势

续表

地区	品牌价值（亿元）及排序	优势
辽宁大连	未上榜	利用温室栽培，国内最早上市的大樱桃，名副其实"第一春果"，加之大樱桃电商销售受重视，物流冷链系统相对完善
陕西铜川	1.89/126	更靠近南部，陆地大樱桃上市时间较早，占据先发优势。政府较为重视宣传工作，每年有大量营销宣传活动

资料来源：中国果品区域公用品牌价值榜。

（4）SWOT 分析。

1）优势。自然环境地区优势。铜川市海拔高、昼夜温差大、日照充足、土层深厚、雨量适中，是具有区域优势的渭北果业发展重点区，是樱桃生长的最佳适宜生长区。自然环境的很多因素决定了农产品的品质，而品质在一定程度上对品牌的发展有重要作用。

社会文化优势。铜川市具有世界唯一文化。铜川市是唐代大医药学家孙思邈的（药王）故乡，有孙思邈行医修道隐居之地药王山，药王孙思邈养生文化在全世界具有唯一性，经常适量食用樱桃对健康有益，能预防贫血，还能起到一定的抗氧化作用，借用药王的养生文化，在铜川大樱桃品牌中对品牌自身的价值起到一个升维的重大作用。

技术优势。技术可以间接决定产品质量，产品又决定品牌。因此，技术的优势是铜川大樱桃品牌发展的非常重要的方面，铜川大樱桃目前具有生产加工技术因素和信息技术两个比较高端的技术板块。

市场需求的主导地位是巨大的。铜川大樱桃品牌的发展与市场需求分不开。随着社会的发展，消费者的消费水平和结构在迅速变化和提高。消费者对农产品的需求正在从对数量的追求转向对质量的追求。这让市场需求无限扩大。

品牌保护法律法规的支持。中央经济、农村工作会议频频对农产品品牌建设做出了专门的要求，其中农业农村部专门颁发了《关于农产品地理标志管理办法》、"中央一号文件"连续多年提到加强对农产品品牌保护，国家质量监督检验总局关于《批准樱桃实施地理标志产品保护公告》，同时铜川市积极响应中央的号召针对樱桃产业发展制定了很多项品牌以及产业、企业的发展政策与支持措施，这些支持也是铜川大樱桃品牌得以发展的重要优势。

2）劣势。品牌发展观念落后。目前，由于农业生产和营销等传统观念的影响，樱桃等农产品的营销仍以简单化的生产和营销模式为主，对市场和品牌的认识明显不足。同时，一些企业家对品牌有错误的理解，认为品牌就是一个"商标"，把品牌和注册商标混为一谈。因此，某些农产品认证后没有进行全面规划和政策支持，没有进行品牌宣传和全面推广，导致品牌发展进程停滞不前。

品牌发展要素不足。品牌发展的要素包括品牌发展过程中的人力资源要素和资本要素，而目前品牌发展的两个要素缺失，是樱桃品牌发展的严重障碍。

品牌经营模式单一。铜川大樱桃品牌的商业模式对其发展也非常重要。目前，铜川地区对于特色樱桃的经营模式主要是简单的政府管理、企业管理和行业管理混合三种关联，但这种相对独特的品牌经营模式并不利于品牌的长久健康发展。

品牌管理机构职能混乱。品牌管理机构对于设计和维护品牌形象起着至关重要的作用，目前铜川市樱桃品牌管理行政机构的职能较为混乱，所履行的职能模糊不清，使消费者在遇到侵权问题时无法实现自己的权利，这点非常不利于品牌的发展，加深了消费者的不安全感，也影响了消费者对品牌的认同，阻碍了品牌的发展。

3）机会。国内外需求量巨大。在国际上，如日本、韩国和欧盟也增加了对樱桃的需求，但不同的是对樱桃的质量要求，这些国家对樱桃品牌的要求也很高，导致铜川市樱桃出口严重不足。国内的人均农产品消费处于短缺状态，还有足够的空间，为铜川樱桃品牌的快速发展提供了机会。

互联网等电商兴起。近几年，拼多多、淘宝、京东等电商扩张乡村市场，为铜川大樱桃品牌的发展奠定了坚实基础。因此，铜川大樱桃品牌的发展可以顺势而为，抓住时代的洪流，依托结合互联网电商的营销模式，用更为先进的理念促进品牌的建设以及发展。

大众消费与追求的升级。随着收入的整体提高，人们普遍开始追求高品质的生活，在购买农产品时越来越喜欢购买品牌农产品。铜川大樱桃作为铜川地区最重要的农产品之一，其果品质量一直以来得到广大消费者认可，这为品牌的升级建设提供了一定的发展资本，为品牌走出铜川市，走向高端开了个好头。

4）威胁。国内市场竞争激烈，品牌鱼目混珠。特别是与铜川大樱桃品牌能够媲美的樱桃品牌的竞争。例如：大连大樱桃品牌、烟台大樱桃品牌等，都在和铜川大樱桃品牌抢占国内的品牌市场。

国外竞争压力巨大。受新冠疫情影响，不少从事樱桃出口企业不得不开始将业务重心转移到国内业务上及其他水果业务上，这极大地缩减了铜川大樱桃品牌的国际知名度，导致品牌的升级流行一直处于停滞状态，同时给了其他樱桃品牌抢占国际品牌市场的机会。

假冒产品负面影响。区域性国有品牌的非排他性，在发展过程中往往缺乏持续的关注和品牌管理，利益诱惑会导致无序的市场行为和社会问题。由于"铜川大樱桃"这一名称在某一地区的相关经济体中使用，可能会在销售时充斥市场，无法保证铜川大樱桃品牌始终保持良好的质量和良好的知名度，这会对铜川大樱桃品牌的发展产生负面影响。

如表6-2所示，铜川大樱桃品牌身处国内外需求量巨大、互联网电商的兴起、大众消费与追求的升级的三大主要机会中，也处于国内竞争日益激烈、国外竞争压力巨大、假冒产品负面影响的三大主要威胁中。伴随着充满机会与威胁的外部环境。铜川大樱桃区域公用品牌对于自身品牌建设要合理利用内容资源的优势。利用自然环境地区优势培养出高品质樱桃品种；利用社会文化优势对铜川大樱桃品牌进行价值升维；创新技术优势提高全方位的产品质量与工作效率；抓住市场需求的巨大缺口，迅速抢占先机、抢占市场；利用品牌保护法对区域公用品牌的支持，规范市场，提高铜川大樱桃品牌的知名度以及自身声誉。同时，要及时发现品牌建设的自身劣势，培养企业、合作社和农户对铜川大樱桃的品牌观念，让他们了解品牌的重要性；提取一部分资源去补足发展要素不足的问题，不论是引进人才，还是建立足够的资源市场，都对品牌的发展起着重要的作用；拓展多种经营模式，合理利用兴起的电商平台去经营产品和品牌；品牌管理者要积极地监督品牌建设中的不利因素，及时阻止伪劣品牌等不良行为的发生。

表6-2 铜川大樱桃品牌SWOT分析

内部资源	优势（strength）： 自然环境地区优势 社会文化优势 技术优势 市场需求优势巨大 品牌保护法律法规的支持	劣势（weakness）： 品牌发展观念落后 品牌发展要素不足 品牌经营模式单一 品牌管理机构职能混乱
外部环境	机会（opportunity）： 国内外需求量巨大 互联网电商的兴起 大众消费与追求的升级	威胁（threat）： 国内竞争日益激烈 国外竞争压力巨大 假冒产品负面影响

3. 铜川大樱桃区域公用品牌策略设计（STP策略）

（1）市场细分。市场细分对于竞争激烈的农产品市场而言，将带来重大的效果。在农产品市场环境中，有受众特征、心理特征、地理特征、行为特征四种基本类型。根据"铜川大樱桃"区域公用品牌的建设情况，将分别从受众特

征、地理特征、行为特征三个方面对铜川大樱桃进行市场细分分析。如图
6-13 所示。

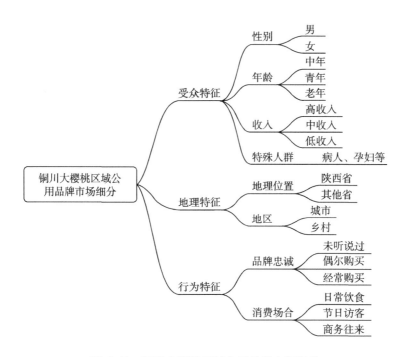

图 6-13 铜川大樱桃区域公用品牌市场细分

第一，根据受众特征细分。根据受众特征细分，铜川大樱桃品牌的消费者可
在性别的基础上分为男和女；在年龄的基础上分为青年、中年、老年；在收入人
群的基础上分为高收入、中收入、低收入。还有一些孕妇、病人等特殊的人群。
铜川大樱桃作为全民都"买得起"的高品质水果，是炎热天气人们日常食用的
水果之一。不论男女老少，不论高收入人群，还是中、低收入人群，甚至孕妇和
一些生病的病人都能作为日常食用，也可作为全民走亲访友的日常礼品。

第二，根据地理特征细分。地理特征对于铜川大樱桃品牌的细分市场来说是
非常重要的因素，处于不同地理环境下的消费者会有不同的食用偏好和需求，其
地区市场规模与消费能力也不一而通。我国的樱桃种植地区大致可分为东、南、
西、北、中部。至于铜川大樱桃主要销售地为陕西省本土以及其他西部地区。由
于天然的地理条件优势，北部樱桃多为大连大樱桃，中部、东部及南部则多为烟
台大樱桃。因此，将地理位置细分为陕西省以及其他各省。以地区为基础又可分
为城市和农村，铜川大樱桃虽主要在陕西省本土销售，其品牌知名度也主要集中
于铜川市及周围地区，但应在全国范围的农村和城市都有铜川大樱桃产品的销

售，并且铜川大樱桃属于全民都消费得起的果类农产品，所以，城市和农村都可作为其扩展市场。

第三，根据行为特征细分。消费者的行为特征主要由场合、利益、使用者状况、使用率、忠诚度、准备阶段、对产品的态度几个要素组成。根据铜川大樱桃区域公用品牌建设及市场销售情况来看，铜川市当地消费者主要在铜川大樱桃品牌的合作社或旗舰店购买，常用于走亲访友、商务往来、送礼回馈等特殊场合，以及消费者自行购买相关产品进行日常食用，这些本土人员或经常购买或偶尔购买。而在外地则是车站、机场建立的品牌专卖店，作为铜川市特色农产品进行销售，多是对铜川大樱桃品牌有一定了解或之前接触过系列农产品的消费群体进行偶尔购买。甚至也存在一大部分从未接触铜川大樱桃品牌的消费者。

（2）目标市场选择如表6-3所示。

表6-3 铜川大樱桃区域公用品牌目标市场选择

受众特征	性别	男	★
		女	★★★
	年龄	青年	★
		中年	★★★
		老年	★★
	收入	高收入	★★★
		中收入	★★★
		低收入	★
	特殊人群	病人、孕妇等	★
地理位置	地理位置	陕西省	★★★
		其他省份	★
	地区	城市	★★★
		乡村	★
行为特征	品牌忠诚	未听说过	★
		偶尔购买	★
		经常购买	★★★
	消费场合	日常饮食	★★★
		节日访亲	★★
		商务往来	★

第一，以女性、中老年人为目标人群市场。从性别角度出发，年轻男性的主要精力大多放在事业发展上，对购买日常水果、食用日常水果都较少数，并且也经常会忽视营养健康方面；中年男性则大都事业稳定且成立了自己的家庭，各方压力较大，身体机能开始下降，开始注重饮食习惯与身体保养，是潜在的未来消费人群；老年男性由于年龄问题，且开始出现一些老年性基础疾病，尤其注重身体和营养的补充，平时经常会食用一些绿色农产品，属于致力于拓展消费范围的人群。年轻女性大多有美容养颜，瘦身滋补的需求，对农产品的品质、营养及功效极其关注，同时相对来说是价格不敏感群体。中老年女性不但关注自身身体健康，同时担负着整个家庭包括小孩、老人的饮食责任，对富含蛋白质、维生素、铁等微量元素营养价值的农产品食材有着巨大需求且了解较多，属于重点消费客户。

第二，以中、高收入家庭的消费群体为目标人群市场。从收入情况分析，低收入人群对物价比较敏感，大多会选择品质一般的水果，以小型商超或菜市场为购买渠道，而不会选择品牌樱桃；中等收入人群对物价的反应不那么灵敏，同时关注食材的健康营养价值，易受他人推荐，媒体广告，线下推广的影响，是重点培养的消费人群；高收入群体对价格敏感程度较低，非常讲究品牌消费，十分看重食品安全、品质、产地等要素，喜欢高端产品，是重点针对的消费群体。铜川大樱桃品牌自身非常契合中高收入人群的购买习惯，既满足了他们的高品质产品要求，又满足了他们对品牌的要求。

第三，以陕西本地及其周边西部城市地区、经常购买的人群为目标人群市场。作为陕西省铜川市本土品牌，受到省市两级的重视，且产品口味、风味特征符合当地人的饮食习惯与食用需求，应先立足本地市场，快速扩大销售额与市场规模，保持增长趋势。同时，西部最为有名的樱桃当数铜川大樱桃，因此可以抢占先机大力拓展铜川大樱桃在西部地区的影响力，防止被烟台大樱桃、大连大樱桃等占领大部分市场。当然，要在市场选择上分清主次，以城市为主，乡村次之，因为乡村多为农户，有些有自己种植的水果供自己食用，有些低收入群体则购买铜川大樱桃次数较少。

（3）品牌定位。综合实际现状分析，铜川大樱桃品牌定位为高端品牌、高营养价值、悠久历史文化、区位优势、文旅项目。

具体而言，铜川大樱桃区域公用品牌的品牌定位综合产品、历史、区域、文旅因素打造高端品牌。产品定位要突出铜川大樱桃的高营养价值，富含人体所需的多种微量元素；文化定位要突出铜川大樱桃种植的悠久历史和文化底蕴；区域定位要突出铜川四通八达的交通网络，铜川大樱桃货通全国；文旅定位要立足为期20天的铜川市樱桃旅游节，在新区举办樱桃园生态旅游、休闲采摘、鲜果品尝、樱桃购销以及吃小吃、看电影、听秦腔等一系列文化、休闲、娱乐活动。这些定位能迅速引起消费者良好的品牌联想和共鸣，加固消费者对铜川大樱桃品牌的记忆，提高品牌的忠诚度，最终发展壮大铜川大樱桃品牌。

4. 品牌核心价值的确定

对铜川大樱桃公区域公用品牌的核心价值提炼为"品牌、营养、安全、文化"这八个字。

（1）品牌。铜川大樱桃品牌是铜川大樱桃本身的强大生命力，现在越来越多的消费者去选择自己所了解、所熟悉的品牌产品，因此，将铜川大樱桃区域公用品牌打造成高端品牌，做成知名品牌，在消费者心中刻下深刻的忠诚度很重要。

（2）营养。营养是取决于身体对食物的吸收、消化、代谢和排泄的过程。在这个过程中，它利用食物中的营养物质和其他对身体有用的成分来构建组织和器官，调节各种生理功能，维持正常的生长和发育，预防疾病并保持健康。铜川大樱桃的特点是含糖量高，富含维生素和营养物质，如蛋白质、钙、磷和铁，其中铁的含量尤为重要。因此，营养可以为铜川樱桃品牌的发展做出重大贡献。

（3）安全。食品是人类最重要的东西，而食品安全是最重要的。产品质量和安全永远是最基本的，它们是首要的，只有这样，消费者才能方便地购买，方便地食用。高质量往往与安全相联系，优质的品牌基础与安全密不可分。因此，安全必须是品牌基础的一个核心价值。

（4）文化。有文化的产品不仅具有自身的文化内涵，更能与消费者发生共鸣。这更有可能引起特殊消费群体的厚爱。铜川大樱桃本身源远流长，而铜川市的区域文化更是无比深厚。因此，应该将文化属性的品牌作用充分发挥。

5. 铜川大樱桃品牌 CIS 的 VI 设计

铜川大樱桃品牌的 LOGO 由粉色和绿色相结合成特大绿粉"大樱桃"塑造而成的，其中绿色部分有三层含义：第一层含义，直接突出大樱桃为铜川市出产，图中的三叶草是一个英文字母 T，T 是铜川市的铜的拼音首字母，这样更能突出品牌的发源地，更有利于消费者牢记铜川大樱桃品牌。第二层含义为颜色本身含义，绿色代表的往往都是健康，在水果等食物方面，消费者基本将绿色和健康画上了等号，这呼应了上面的铜川大樱桃安全的核心价值。这有利于消费者们信任铜川大樱桃品牌，认可铜川大樱桃品牌的安全。第三层含义为象形含义，绿色部分整体来看很像一个正在舞动的充满活力的少年，这活化了铜川大樱桃品牌的 LOGO，让消费者们看到的是一个动态的 LOGO，更能使消费者们产生共鸣，认为吃铜川大樱桃也能使自己充满活力。对于粉色部分也含有两层含义。第一，樱桃本身往往给人的心理暗示便是粉色的，这就是以粉色为主体的原因，虽然实际樱桃一般都是深红色的，但深红色的颜色往往代表燥热，而粉色给人清新的感觉，能够在品牌 LOGO 的外观上给人舒适高端的感受。第二，粉红有时也往往会和新鲜画上等号，水果的果肉的粉红就会让消费者觉得是刚刚成熟的，新鲜的水果。因此铜川大樱桃 LOGO 的外层是以粉色为主体。潜移默化地在消费者心里树立对铜川大樱桃品牌的好感度。如图 6-14 所示。

图 6-14　铜川大樱桃品牌 LOGO（示例）

铜川大樱桃品牌的主形象设计是在铜川大樱桃品牌的 LOGO 设计中间加上"铜川大樱桃"以及他的英文品牌名称"TONGCHUAN BIG CHERRY"。这样的设计有助于消费者们进一步辨识铜川大樱桃品牌。如果说品牌的 LOGO 是铜川大樱桃品牌的符号的话，那么铜川大樱桃品牌的主形象就是品牌最直观的宣传标识。同时涵盖的英文名称也进一步代表了铜川大樱桃品牌进军国际市场、打造高端品牌的决心。如图 6-15 所示。

图 6-15　铜川大樱桃品牌的主形象（示例）

6. 品牌传播策略

优化和加强广告传播。针对陕西省本地及其周边城市目标人群市场，可以以优化和加强广告传播为主，尝试改变以往没有目的性、针对性的广告传播方式，将所有的广告资源聚焦到"铜川大樱桃"品牌上，聚焦到"品牌、营养、安全、文化"的定位上。比如，可以在高速公路出入口、高速公路沿线、国省干道，设置巨型"铜川大樱桃"品牌和广告定位内容，让越来越多通过高速出行的人群知晓铜川大樱桃品牌。再比如，设置朗朗上口的铜川大樱桃品牌宣传语"铜川大樱桃，好吃得不得了！"。让消费者们口口传颂，迅速增加品牌知名度。

优化和加强人际关系传播。针对女性、中老年目标人群市场，可以以优化和加强人际关系传播为主。例如，铜川市政府发动铜川市樱桃企业员工、农户等将品牌产品介绍给自己的邻里目标人群亲友，也可通过员工在微信群分享相关信息，从而加深对铜川大樱桃营养的了解。比如，铜川大樱桃品牌的樱桃颗粒大、营养高等。再比如，将食用较多的消费者，每年给予一定的优惠并将他们作为圈内形象代言人。通过这些活动，拉近铜川大樱桃品牌与消费者之间的关系，增加对铜川大樱桃品牌的认同。

优化和改进事件营销。针对中、高收入目标人群市场，可以以优化和改进事件营销传播为主。事件营销可以抓住消费者的好奇心，利用事件提高品牌知名度，成为街头巷尾的热门话题，并且随着事件范围的扩大，作为社会新闻出现在媒体上，这极容易吸引人们的眼球，因为他们即爱好品质又好高端品牌。例如，铜川市樱花旅游节就是一个很好的例子。铜川大樱桃旅游节将持续20天。活动期间，将在新区开展一系列文化、休闲和娱乐活动，包括樱桃园生态旅游、休闲采摘、鲜果品尝、樱桃交易，以及茶点、看电影和听秦腔等活动。旨在培育、推广和发展樱桃产业，打造集生态旅游、休闲度假、水果鉴赏于一体的新型旅游品牌，体验农耕乐趣，彰显铜川市经济建设成就，树立文明、健康、优雅、和谐的城市独特魅力和形象。其目的是突出铜川市经济建设的成就。此次活动旨在彰显铜川市经济建设的成就，树立铜川文明、健康、时尚、和谐的城市独特魅力和形象，以此引起外界人员对铜川大樱桃的注意和欣赏。

优化和加强展会传播。针对城市为目标人群的市场，可以以优化和加强展会传播为主。铜川大樱桃品牌没有完善的专属展会，但可以借助大型城市各大农产品展会，铜川大樱桃品牌可以走遍中国各大城市有利于铜川大樱桃品牌在城市的扩张工作。此外，展会期间，铜川大樱桃可以印制和发放展会背景、海报和产品手册等营销传播材料，设计特定的舞台进行小实验，邀请参展者品尝铜川大樱桃，并发放优惠券。还可以对展会推广人员进行品牌推广技巧的培训，通过现场说明会，向消费者和商家提供详细的品牌信息和合作意向，从而提高铜川大樱桃品牌知名度。

优化和加强互联网传播。针对以全民为人群的市场，可以尝试优化和加强互联网传播。铜川大樱桃品牌的发展最终目标必然是全民皆知全民皆消费。而互联网已经成为了当前传播速度最快、效果最明显、传播成本最低的传播媒介。可以为铜川大樱桃品牌全民皆知计划提供一个非常便利的渠道，将其从不可能变成了可能。对于铜川大樱桃品牌的传播，应该借助抖音、百度等自媒体，加强与这些搜索引擎的合作，争取在搜索"农产品""营养""农产品文化""健康"等关键词的时候，网页能够推送出铜川大樱桃品牌的产品。也可以加强事件的包装，制造重要的网络热点。

（二）农业企业品牌战略及策略设计

以下结合以陕西省紫阳茶业发展有限公司紫阳富硒茶为例进行研究。具体思路为：将市场营销学品牌管理理论、品牌传播理论以及品牌延伸理论等专业背景作为研究基础，系统全面分析紫阳富硒茶所面临的内外部环境，在此基础上，对企业进行品牌定位，并从品牌形象、文化培育和品牌传播等方面进行策略设计。

1. 研究背景

社会经济的发展在提高群众消费水平的同时，也提升了消费者的消费意识，顾客在本质需求不变的前提条件下，购买过程中的关注重点从产品本身向品牌转移，尤其在既关乎温饱又影响健康的食用品领域内。自古以来，"柴米油盐酱醋茶"在民众日常生活中占据着不可或缺的重要地位，我国作为茶树的原产地和最早发现并利用茶叶的国家，孕育的茶文化更是源远流长。"神奇的东方树叶"——陕西省紫阳富硒茶依托其绿色、有机、富硒的独特天然优势相继获得了一系列国家级资质的商标和品牌认证，并正式作为世界上首次通过科学鉴定的优质富硒保健茶载入《中国茶叶词典》。此外，紫阳富硒茶成功注册国际商标，并实现第二批中欧互信地理标志协定保护名录的入选，为该品牌开拓国际市场打下了坚实的基础。尽管陕西紫阳富硒茶已经拥有如此强大的产品支撑和品牌价值，却仍具有品牌效应不足的痛点，如何让一个县域品牌打破地域局限、保有竞争地位的核心在于是否制定并执行了有效的品牌策略，这正是紫阳富硒茶品牌下相关企业管理者应关注的焦点。

2. 紫阳富硒茶环境分析

（1）内部环境分析。在对紫阳富硒茶的品牌现状有了初步了解后，通过对品牌现存问题进行分析和总结，明确了陕西省紫阳茶业发展有限公司制定富硒茶品牌策略的着手点。

1）品牌管理现状。作为我国最北缘的古老茶区、中国名茶之乡、全国重点产茶县、陕茶的核心区，紫阳县始终秉承"做中国好茶，做健康的茶"的理念，成功建设起"紫阳富硒茶"区域公用品牌，种植总面积25万亩，其中90%以上为山坡茶园。紫阳富硒茶年产量可达7000吨左右，主营产品囊括了绿茶、白茶、红茶、黑茶、调味茶等，以陕西省和西北地区为主要目标市场，辐射全国十几个省份，线上线下多渠道营销，全年综合产值直逼45亿元。

自2004年以来，"紫阳富硒茶"相继获得国家地理标志保护产品、国家证明商标、中国驰名商标、国家"质量之光"年度魅力品牌、百万网友心中全国"'一村一品'"十大知名品牌、"中国十大富硒品牌"、"最受老百姓喜爱的品牌"。"紫阳富硒茶"区域公用品牌价值因此从 2015 年的 19.67 亿元跃升至 62.22 亿元，同时进入 2018 年中国茶叶县域品牌生态圈影响力排行榜前 20 名，紫阳县也在 2018~2020 年连续三年荣获"中国茶业百强县"称号。目前，紫阳茶叶发展有限公司正在大力推进茶园全域绿色生产加工，推动生产标准化、产品品牌化、经营多元化、产业一体化，将富硒茶产业的提质增效作为首要工作目标。

2）品牌问题分析。第一，品牌管理重心局限于陕西。紫阳富硒茶的品牌影响力具有较强的地域局限性，仅仅在陕西省内拥有较高知名度，但放眼全国市场，则完全不敌其他茶饮品牌。在该问题的影响因素中，闭塞的地理条件导致交通不便是一大不容忽视的重要缘由，由于当地交通条件落后，使得不管是紫阳富硒茶品牌文化的对外输出还是茶产业最新市场动向的对内传播都受到了极大影响。加之品牌策略的定位不当，致使紫阳富硒茶在走向全国市场范围的步伐略显沉缓，相较于竞争对手完全无法凸显自身的独特优势和产品特点。所以当外省甚至本省非安康市的消费者提及茶饮产品时，鲜有关于紫阳富硒茶相关的品牌联想。

第二，品牌历史文化发掘不够。横向对标其他富硒茶品种或其他普通茶产品，紫阳富硒茶品牌都较其拥有更为深厚的文化历史背景，但显然对于紫阳富硒茶而言，品牌拥有者并未充分利用这一优势进行差异化品牌定位。在激烈的市场环境中，个性化品牌核心价值可以在竞争者之间打造难以突破的壁垒，从而保护本品牌市场份额，但紫阳富硒茶的品牌文化却并未重视这一独特优势。在现有的品牌标语、品牌标志或产品包装中，完全没有体现该茶的品牌价值，产品同质化十分严重。侧面表明了紫阳富硒茶品牌拥有者对于品牌建设工程缺乏专业度，在生产资料投入比例上划分不清，因此致使对于本品牌的个性特点发掘不够。又由于品牌文化的发掘力度过小，致使在后期策略制定过程中存在信息偏驳或信息遗漏，产生蝴蝶效应。多重原因导致最终推进品牌建设乏力，其负面影响自然从品牌影响力不足、品牌传播不够等方面反映出来。

第三，非陕地区品牌认同较低。由于紫阳富硒茶品牌传播策略实施效果一般，并没有在买方市场上引起相关话题讨论，其品牌热度也较低。一般较成熟的品牌会凭借公共事件、突然事件或特殊时间节点，可能通过某一产品系列的特性，也可能通过该品牌背后的文化内涵，将本企业产品同公众实时讨论热点联系起来。比如，清明时节即可以提倡消费者参与采茶、品茗等特色民俗活动的体验，由消费意见领袖带动舆情讨论，将紫阳富硒茶品牌加以传播，但紫阳富硒茶并未意识到通过品牌跨界联想带动品牌推广这一传播途径。同时，国内多种名茶处于行业领先地位，如西湖龙井、六安瓜片、洞庭碧螺春以及安溪铁观音等占据了绝大多数消费者心智和市场资源，使得紫阳富硒茶处于市场挑战者的劣势地位，即便紫阳富硒茶通过短时间内品牌推广获得了消费者注意，但也无法维持热度，更无法形成品牌认同。

第四，品牌传播媒介落后。截至 2021 年上半年，我国网民用户已经突破 10 亿大关，互联网普及率高达 71%，形成了生机盎然的数字社会，实则为经济高质量发展提供了强劲的内生动力。如此规模的网民基础可为品牌传播策略制定提供新的方向，但紫阳富硒茶的媒介整合却较为落后。首先，在线上平台的建设上，如微信公众号、品牌官网、主流媒体官方账号以及在线购物平台旗舰店，紫阳富硒茶的覆盖范围不够全面，即便有不少网店开设，但内页设计和管理显得较为草率。其次，因为多数消费者周均上网时段较长，互联网成为接收碎片化信息的主要来源，相信消费意见领袖就是节约其他消费者购买成本的一种方式，但紫阳富硒茶也并未建立品牌自有社群。最后，由于营销观念的落后和营销手段的单一，即便有考虑到通过直播带货等自媒体进行品牌宣传，但并未达到品牌预期，也是由于前期平台建设不足，未积累用户数量。

（2）宏观环境分析。通过对陕西省紫阳茶业发展有限公司的外部环境分析，了解宏观环境以及行业竞争格局，从而研判富硒茶的市场发展趋势和行业最新动向。在对上述内容把握的前提条件下，评估该企业资源与外部环境的适配程度，为后续策略的制定提供依据。

1）政治环境分析：为了全面贯彻落实"绿水青山就是金山银山"的可持续发展理念，陕西省紫阳县依托其地理优势大力发展茶产业，并将其作为兴县富民支柱型产业，坚持将紫阳富硒茶品牌做大做强。随着紫阳县品牌建设的力度加大，整个茶产业趋于品牌化之路，极大地推动了县域经济发展和人民生活质量改善。在"一带一路"倡议影响下，国内茶业开始接受国际大环境的竞争挑战，故而陕西省政府明确提出致力将茶产业孵化培育为继苹果产业后本省又一大特色优势产业。为了强力推动陕茶的快速健康发展，省政府先后制定出台并推行了一系列相关政策及规划，如《陕西省人民政府关于加快全省茶产业发展的意见》《陕西茶产业发展十三五规划》以及《陕西省茶叶标准化示范园建设规范》等。同时，省财政厅自 2013 年起设立茶产业发展专项政策资金扶持，紫阳县财政积极筹措 3000 万元设立特色产业贷助力脱贫攻坚风险补偿金，为全县中小茶叶企业提供免担保、免抵押、基准利率的信贷服务，政府不仅提供了强劲的资金支持，还同步全面完善和加强茶产业政策支撑体系。

2）经济环境分析：由图 6-16 可发现，2021 年我国居民人均可支配收入达

35128 元，较上年实际增长率已达 8.1%；全年全国居民人均消费支出 24100 元，比上年实际增长达 12.6%。

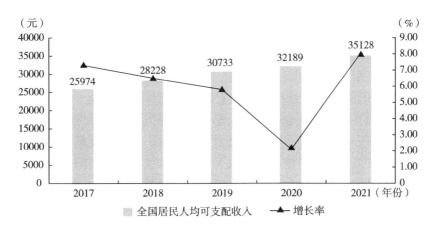

图 6-16 近 5 年国民人均可支配收入及其增长率

带动全球经济复苏的同时，我国国内经济正处于平稳上升阶段，市场也随之回暖，全年社会消费品零售总额 440823 亿元，比上年增长 12.5%。其中，粮油、食品类零售额比上年增长 10.8%，饮料类增长 20.4%。根据系统核算，近 5 年来我国国民人均食品烟酒消费支出额虽然存在波动幅度，但跳动基本维持稳定在 28%~31% 的区间内。2021 年，国内居民人均消费支出的构成结构，食品烟酒占比 29.80%，稳居第一位，属于日常主要开支。如图 6-17 所示。

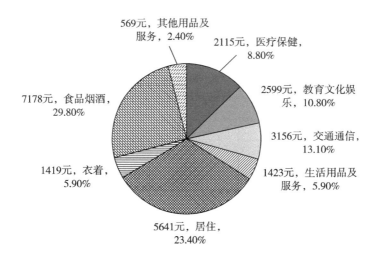

图 6-17 2021 年全国居民人均消费支出构成

3）技术环境分析：紫阳富硒茶在面市之前，每一片枝叶都需要历经从良种繁育、生产管理到精深加工等专业技术环节，这不仅是对产品独特口感的保障，更是对紫阳富硒茶品牌质量的保证。在茶业生产投资领域内，业界专家公认高投入与高产出相对等。因此，绝大多数情况下的茶园建设投入与收益成正比，强化科技支撑体系被越来越多的茶企重视。作为一种日常饮品，我国对于富硒茶产品技术最基础的要求是达到食品质量标准，安康市为确保其食用安全性制定出台了《天然富硒茶》行业标准，推行《安康富硒茶》团体标准。此外，为提高富硒茶产品品质，紫阳县聘请西北农林科技大学茶学专家担任顾问，深化与中国农业科学院茶叶研究所合作关系，成立专门技术推广机构。以繁育高聚硒茶种完善茶树品种体系为出发点，从浇种灌溉到杀虫灭害再到修枝剪芽，紫阳富硒茶以现代化专业技术设备贯穿于每一个生产环节，极力打造高品质产品。同时，互联网技术的普及为富硒茶传播媒介也提供了更多选择和支持。

4）行业环境分析：作为世界第二大经济体的中国，围绕稳中求进和高质量发展两大主题，极大确保了国内的宏观经济环境向好，中国茶产业在保持传统业态的同时，积极开展新中式茶饮的持续创新活动。由图 6-18 可知，2021 年全国茶叶产量达 318 万吨，增产 8.4%，充足的优质产品供给为消费市场的扩增给予了强力支撑。据中国茶叶流通协会数据统计发现，2020 年，大多数茶企的线下交易额断崖式直线下滑；但进入第三季度后，社会有序开展复工、复产和复市，茶叶销售市场加快潜能释放。此外，2020 年国内茶叶内销均价连续 3 年下跌至131.21 元/千克，减幅 2.98%，这一价格几乎与 2017 年均价相持平。

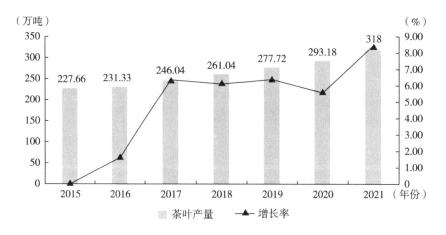

图 6-18　2015~2021 年中国茶叶产量及增速

就细化茶叶分类而言，2020 年的茶叶市场，绿茶独占鳌头，其内销量127.91 万吨，占总销量的 58.1%；其次红茶和黑茶旗鼓相当，销售形势看好，内销量分别为 31.48 万吨、占比 14.3% 和 31.38 万吨、占比 14.2%；然后乌龙茶21.92 万吨，占比 10.0%；再次白茶 6.25 万吨，占比 2.8%；最后黄茶 1.23 万吨，占比 0.6%。如图 6-19 所示。

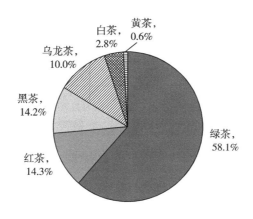

图 6-19　2020 年中国茶叶内销市场茶类分布情况

各类茶产品均价如图 6-20 所示，2020 年绿茶均价在 132.85 元/千克，红茶159.09 元/千克，乌龙茶 128.06 元/千克，黑茶 96.11 元/千克，白茶 143.35 元/千克，黄茶 138.06 元/千克。其中，黄茶价格较上年增幅显著，这源于山西省临汾市等地就黄茶饮用历史悠久为推手，通过在当地对黄茶知识的普及带动一波讨论话题和消费热度。该举措证明了茶叶市场需求仍然巨大且需要卖家进行一定程度的外部活动刺激。同时，黄茶的销量上涨无疑为紫阳富硒茶的推广和宣传提供了一个鲜明的学习范例，也彰显了品牌文化在消费市场的巨大能量和积极作用，以及品牌个性对于带动消费增长的益处。

当前，电商平台作为一种新兴渠道迅速崛起，2020 年，全国茶叶线上交易额领跑销售总量，数目高达约 280 亿元，比增 15.23%。茶饮市场线下外卖平台同步发力，速溶茶到袋泡茶再到鲜果茶成为了新式茶饮市场的一大突破口，并且已经在消费者市场开拓了一个全新的竞争领域。但茶叶市场需求升级却没能与产品供给和质量把控形成统一，因此国内的茶企发展仍显得前路漫漫。

5）竞争分析：由于物质生活条件的改善，人民生活水平不断提高，特别在食用品领域内，除基本的安全需求以外，更多的视野集中到了绿色和保持健康的功效上。在茶叶市场上，富硒茶因具备天然无公害的多重保健功效而备受消费者

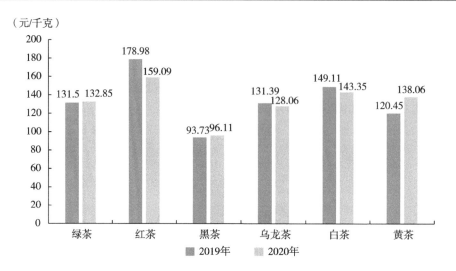

图6-20　2019～2020年中国茶叶内销均价

推崇，市场潜力和市场容量巨大。紫阳富硒茶产自"世界硒源·富硒茶乡"，得天独厚的生态优势赋予其绿色、有机、富硒的独特优势，故而获得了以陕西省为首的消费者群体的认可和支持。但鉴于目前国内天然富硒茶产地主要集中在湖北省、陕西省、贵州省等地，其中湖北省恩施市又是国内首个被发现的高硒地区，所以紫阳富硒茶面临着激烈的行业竞争环境，市场资源更多程度上向行业领跑者或行业龙头偏移。

利用大数据分析法分别从京东和淘宝两大电商购物平台收集了消费者关于富硒茶的购买记录共计884条，其中包括消费者选购的富硒茶属地以及该茶叶的销量和评论数。如图6-21所示，综合茶叶品类最高销量和评论数来看，当下最受买方市场认可的富硒茶主要来自湖北省，其次是陕西省，再次是贵州省，恰好与国内主要富硒茶产地契合。

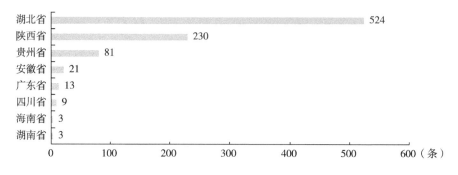

图6-21　各省份富硒茶部分电商平台消费频数

其中，湖北富硒茶以绝对优势占据销量第一的宝座，特别值得关注的又数湖北省恩施市富硒茶，其恩施玉露品牌的茶产品平均硒含量甚至高于紫阳富硒茶，并且在全国排名位置更为靠前，品牌影响力远大于紫阳。除鲜明的富硒产品特色以外，恩施富硒茶以扶农助农为另一大销售突破口，实施一定的品牌延伸策略，进一步开发其市场空间。由于消费者有了先入为主的消费观念，基于节省时间成本和其他购买成本的前提，多数顾客抗拒重新去了解一种全新的富硒茶品牌，因此恩施富硒茶稳定占据着大量的有限市场份额。显然在当下的富硒茶市场中，湖北恩施富硒茶已然实现了行业领导者的地位

虽然陕西省内紫阳富硒茶占据销量的71.7%左右，但汉中市汉江绿毫的品牌影响力也在不断向外扩张，无疑对紫阳富硒茶品牌的省内传播起到了一定阻碍作用。此外，贵州省富硒茶为了区别于湖北省富硒茶和陕西省富硒茶，亮出了"富锌茶"的独特卖点并推出贵芯茶叶系列产品，赋予贵州省富硒茶差异化的品牌个性识别。

（3）消费者需求分析。伴随着市场机制逐步向消费者视角偏移，其需求分析显得尤为重要和必要，只有充分了解消费者群体结构及行为习惯，才有助于了解当前的市场容量。消费者需求往往受到多重因素的交叉影响，如年龄、地域和文化等，因此本书除从群体划分角度分析需求外，还对消费者的购买行为进行了再次剖析，掌握以上信息才可以更加科学地解决策略制定过程中的问题。

1）消费者群体划分。由于富硒茶属于快消类食用产品，其服务的消费者群体范围覆盖面十分宽泛。以年龄和消费者购买行为特征为细分变量，本书将客户群体划分为以下类别：

第一，青少年群体：无固定生活来源、坚持自我、乐于尝试新鲜事物；

第二，青年群体：信息接受快、收入与开支基本持平、工作或学业压力大、生活节奏快；

第三，中年群体：收入固定、注重生活质量；

第四，老年群体：关注保健、学习能力较差、消费观节俭、信息识别差。

以上四大类消费群体均可发展为紫阳富硒茶的目标客户，由此可见紫阳富硒茶品牌在建设过程中具备巨大的潜在开发对象。

2）消费者行为分析。依托悠久的茶历史和精深的茶文化，我国的茶叶人均消费水平始终位居世界前列，广阔且持续稳定增长的茶产品市场需求使我国成为饮茶大国。如图6-22所示，尽管当前经济发展步伐放缓，但反而激发了部分消费者对于健康饮品的追求热潮，这种消费观念的转变使得2019年我国茶叶国内销售量突破200万吨，在2020年内销量为220.2万吨，较上年增长17.6万吨，内销售总额高达2888.84亿元。

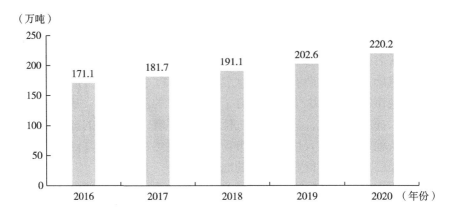

图 6-22　2016～2020 年中国茶叶消费量统计

电商平台把握时机取得了长足的发展，本书就电商平台茶叶产品消费者的年龄分布情况以及其所处城市层级分布情况进行了统计。26～35 岁的消费者成为购买茶叶产品的主力群体，占比超过 40%。处于 35 岁以下的消费者占据了国内整个电商平台下茶叶市场的 57%，且在近两年间 16～25 岁和 26～35 岁的顾客所占比例均有所增加（见图 6-23）。消费升级导致对新鲜事物和信息捕捉更敏锐的"85"后一代易于转变消费观念和购买行为，因而该群体正逐步壮大为富硒茶的潜在目标用户。

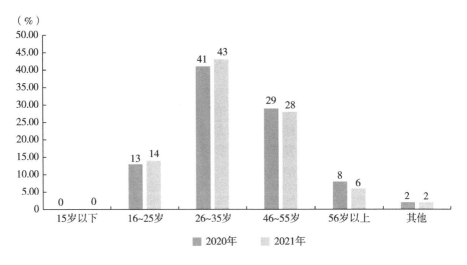

图 6-23　2020～2021 年中国电商平台茶叶消费者年龄分布

同时，交通条件的改善、物流业的繁荣以及数字化基建的普及也为电商平台中茶叶产品的市场下沉提供了极其强大的助力。五、六线及以下城市的茶叶消费水平极速崛起，2021 年茶产品消费总量在全国占比 13%，较上年增长达 10%，大幅攀升的比例也映射出该市场的无限潜力，如图 6-24 所示。

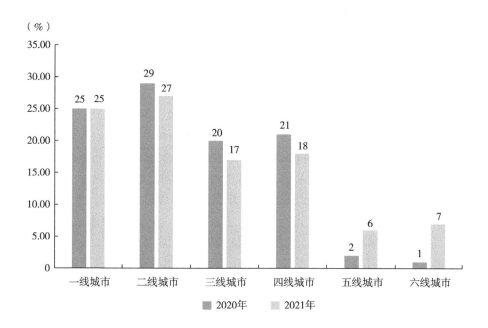

图 6-24　2020～2021 年中国电商平台茶叶消费者城市层级分布

国内学者针对安康富硒茶消费者行为及意愿开展了进一步系统调查，结果表明，富硒茶的消费人群向年轻群体倾斜，其中 20～30 岁的消费群体占比高达 39%，同时该群体对茶叶品牌文化的了解程度也是领先其他年龄阶段且位居第一。

此外，收入水平越高的人群往往具备更高的学历背景，他们对于品牌文化的认知程度更高，并为之付出金钱成本的意愿更大，由于具备更先进的消费理念，从个人日常饮茶习惯到节礼的社交需求，这一类人群对于富硒茶具备更广泛的消费场景。同时，收入水平的高低影响着消费者的送礼意愿。消费者对于不同价位的茶产品价格敏感程度也大相径庭，在低价区域，茶叶收益往往与当季产量多少相挂钩，存在一定浮动范围，但消费者往往可以接受此类价格调整。在高价区域，富硒茶产品以精装礼盒款为主，产品特性与品牌价值共同反映在此类商品身上，因此定价应具备稳定性，不易在短时间内产生大幅度波动。

（4）SWOT 分析。

1）紫阳富硒茶优势分析。第一，富硒生态环境优势显著。紫阳县境内基本以山地覆盖为主，全县大小河流共计 104 条，中国最洁净的河流汉江穿境而过，造就了国家重点生态主体功能区、南水北调中线工程水源核心涵养区。该县属于北亚热带湿润季风气候、夏无酷暑、冬无严寒、降雨适中、四季分明，优越的地理环境和适宜的气候条件为茶树生长发育和优良品质形成提供了良好基础。同时，紫阳县也是国内被发现的第二大富硒地区，全县境内达中硒含量及以上标准的土地面积占比为 54.2%，其中土壤硒含量平均高出南方其他省份数倍甚至数十倍之多。此外，深入探测其地层硒储量的结果目前稳居全国乃至全世界之最。据专家检测发现，紫阳土壤硒浓度适中，易于被植物吸收和富集，且安全无毒害，故此被誉为"世界硒源·富硒茶乡"。茶树叶片作为硒积累过程中的主要器官，赋予了紫阳茶叶天然富硒的独特品质。

第二，茶文化底蕴丰厚。紫阳县种植茶叶历史跨度 3000 余年，且属考究查证后发现的最早一批贡茶，可追溯至西周开国初到中唐再到晚清，紫阳茶每岁充贡，当地文化机构仍保存有清光绪三年、九年征茶"信票"物证。清代，坊间流传着"陕南唯紫阳茶有名"，紫阳毛尖位列当时全国十大名茶之一。当时著名诗人叶世卓游历汉江动情地写下佳句赞誉："桃花未尽开菜花，夹岸黄金照落霞；自昔关南春独早，清明已煮紫阳茶"。紫阳县是中国第一条茶马古道——"陕甘青新茶马古道"的源头之一，境内国宝级单位北五省会馆见证了茶马古道上水运码头文化和茶叶贸易的辉煌与荣光，也记录了紫阳富硒茶一路跋涉的历史故事。

第三，茶树种质资源独特。紫阳县被誉为我国北方茶区丰产、优质、抗性强的茶树品种资源天然基因库，拥有国家级地方群体良种"紫阳种"，是紫阳茶形成独特品质的基础。1965 年，"紫阳种"成为全国第一批 21 个地方推广良种之一，以楮叶种、柳叶种、大叶泡为主的品种发芽早、分枝密、抗逆性强、产量较高，鲜叶内含物丰富且比例协调，制成的茶品具有栗香浓郁、香气高长、鲜爽回甘、耐冲泡的显著特点。

第四，茶产业建设初具规模。作为陕南核心产茶区，紫阳县历届政府始终秉承做中国健康好茶的理念，坚持茶叶"一业"突破，推进实施"八大创新工程""十百千万工程""全域绿色发展工程"，强化了茶产业生产体系、组织体系、营销体系。"紫阳富硒茶"品牌相继获得多种国家级商标认证，区域公用品牌价值不断攀升，甚至作为保健茶载入《中国茶叶词典》，被农业农村部认定为农产品地理标志保护产品。同时，紫阳富硒茶品牌在国际市场上也取得了相关资质认定和认可，为后续开拓国际市场打下良好基础。

2）紫阳富硒茶劣势分析。第一，茶园建设规范化程度低。紫阳茶业有限公司旗下茶厂覆盖范围广，但日常管理工作方面标准化要求不足，致使在具体生产环节上存在随意性，难以有效实施质量管控。不同农户间在生产资料使用、生产环节把握、管理方式与时间上的不统一，影响了产品质量，不利于形成品牌合力。紫阳富硒茶品牌建设缺乏"统一标准、统一形象、统一口号、统一宣传、统一包装、统一标识"，品牌标准、品牌形象的专一性和系统性难以得到保证，其品牌的授权使用、管理、维护力度不够，影响了整个区域公用品牌形象建设，部分生产经营者急功近利，缺乏长远谋划，致使少数富硒茶产品出现昙花一现，难以支撑品牌建设的长远发展走向。

第二，品牌知名度具有地域局限性。尽管紫阳富硒茶品牌建设已经取得了卓越成效，但其生产销售大多局限在西北地区，甚至大部分市场集中在陕西省省内，其品牌的影响力还仅仅停留在局部地区，跨省、跨区域的知名度较低。尽管紫阳富硒茶的品牌价值逐年提升，但综合排名却出现下滑趋势。

第三，优秀人才资源匮乏。在品牌长期的建设过程中，紫阳富硒茶暴露出了缺少专业技术型人才和营销管理型人才的问题，在岗职员出现技能和知识水平参差不齐。紫阳茶业发展公司现有的组织结构无法满足深入开发富硒茶产品和建设品牌的专业需求，企业管理人员更反映在直播带货人员培训活动中，往往募集学员人数可达上百位，但事实上顺利结业并能胜任岗位工作的人数寥寥无几。

第四，茶文化背景利用不够。事实上，紫阳富硒茶的历史文化积淀已经超越了国内许多名贵茶种，但与之相比紫阳富硒茶的知名度却显得遥不可及，归根结底在于茶文化发掘与运用不够，没有最大限度发挥自身优势。尽管紫阳富硒茶可考证的历史渊源悠久，但茶企并没有在品牌策略制定上体现这一特征，并且产品开发和营销推广活动也没有围绕品牌独特文化背景开展，导致无法在消费者心智中形成差异化的品牌烙印。

3）紫阳富硒茶机会分析。第一，政府高度重视并积极引导。作为紫阳县兴县富民的"金叶子"，紫阳富硒茶产业收入惠及全县数十万茶农，成长为全县支柱性产业。紫阳县政府自筹茶产业专项资金注入发展前景好、带动能力强的茶叶龙头企业，包括每年预算1000万元茶产业发展专项资金、争取省茶业发展专项资金1500万元、捆绑相关涉农项目资金2000万元，共计4500万元用于茶产业建设。同时，县政府出台了《紫阳茶产业转型升级发展实施意见》《紫阳茶产业转型升级发展扶持暂行办法》，从茶叶基地建设、茶树种源建设、生产体系建设、公共品牌建设等七个方面予以奖补扶持；出台了《紫阳县茶产业"十百千万"工程实施方案》，鼓励大小茶企建立利益链接机制，实现抱团发展；出台了《紫阳县组建茶园标准化管理专业服务队暂行办法》《紫阳县茶园标准化管理技术手册》《紫阳县茶园标准化管理技术规范》《紫阳县茶产业全域绿色发展实施意见》引导和鼓励茶企、茶农、茶商走标准化、绿色化发展的路子。

第二，交通条件不断进步和改善。随着安康市机场的落成、西安至安康段城际动车的开通以及紫阳县高速公路的贯通，这个原本位于大巴山深处的小县城与外界沟通的交通条件得到了巨大改善，紫阳富硒茶的品牌推广也因此迎来了新的发展机遇。实际上不单是富硒茶产品外销路径得到了优化，来紫阳的游客数量也会随之增长，这为茶园积累了丰富的游客基础和消费者市场。

第三，富硒茶市场需求空间日趋广阔。相较于从前消费者对于茶饮产品的首要关注点在于品质味道，那么在消费升级市场中的客户需求则开始追求更绿色、更安全的产品功效。在食品安全问题层出不穷的时代，紫阳富硒茶成为世界首个通过科学鉴定，具有保健功效的优质富硒绿茶。现代人的消费观念转变催生了一种追逐健康生活模式的浪潮，这股潮流代表了广阔的市场需求，同时为富硒茶市场拓展奠定了坚实的群众基础。

第四，互联网发展带动高效营销。在互联网时代，品牌信息传播日新月异，既不存在时间局限，也不存在地域局限。因此，紫阳富硒茶的品牌文化和产品信息可以凭借网络技术迅速对外传播，影响省外消费者的品牌认知和购买行为。

4) 紫阳富硒茶威胁分析。第一，富硒茶行业市场竞争激烈。由于除陕西省外，我国湖北省、贵州省等地土壤硒含量也十分可观，故而上述地域的茶叶具备天然富硒的优势。其中，湖北省恩施富硒茶更是上升到该省战略建设地位，当地政府全力打造恩施玉露等富硒茶品牌，致使其品牌价值不断提升，同时在我国农产品区域公共品牌名录上取得了夺目的成绩。在未来市场上，紫阳富硒茶无法回避这些势头强劲的竞争对手。

第二，新中式茶饮需求日新月异。消费者无法满足的购买需求在线上商城或品牌自有平台得到了舒缓，各大茶企不断开发研制新兴产品，如速溶茶、袋泡茶受到了多数顾客群体的青睐。加之消费社群中意见领袖推崇提神醒脑的生活仪式感，影响着与互联网社交紧密连接的新中式茶饮消费群体的需求。

第三，食品安全要求和绿色技术壁垒增强。食品安全问题频发导致国家质检部门加大了对茶饮产品的质量监管，不仅要关注产品农药残留、食品添加剂含量占比情况，还有重金属元素含量等多重指标。这要求紫阳茶业有限公司对产茶技术标准和出茶安全制度不断升级换代，如此的高标准和严要求更需要管理者具备更专业的素养。同时，如何在保证无毒无公害的前提下，提升茶树品种对于土壤硒元素的富集能力也为茶企提出了新的技术壁垒亟待攻克。

紫阳富硒茶 SWOT 矩阵如表 6-4 所示。

表 6-4 紫阳富硒茶 SWOT 矩阵

Strength（优势）	Opportunity（机会）
①富硒生态环境优势显 ②茶文化底蕴丰厚 ③茶树种质资源独特 ④茶产业建设初具规模	①政府高度重视并积极引导 ②交通条件不断进步和改善 ③富硒茶市场需求空向日趋广阔 ④互联网发展带动高效营销
Weakness（劣势）	Threaten（威胁）
①茶园建设规范化程度低 ②品牌知名度具有地域局限性 ③优秀人才资源匮乏 ④茶文化背景利用不够	①富硒茶行业市场竞争激烈 ②新中式茶饮需求日新月异 ③食品安全要求和绿色技术壁垒增多

3. 紫阳富硒茶品牌策略制定

（1）STP 策略。为紫阳富硒茶制定 STP 策略主要可划分为以下三个步骤：首先从市场细分来把握茶叶买方不同的需求；其次结合企业现状就上述市场选择开拓对象，充分了解买卖双方的情况；最后依据市场营销学品牌策略相关理论知识为本企业进行品牌定位。

1）市场细分。为了解不同市场对于紫阳富硒茶品牌的认知程度和产品需求情况，根据不同变量标准进行市场细分，可以真正帮助企业挖掘最具发展潜力的市场，同时有针对性地制定出符合特定需求的品牌策略。但在现实的市场中，由于不同的客户群体间存在较大个体差异性，因此其反映出的产品需求不尽相同。资源的有限性决定了紫阳茶业有限公司无法也不可能实现针对每一位客户的定制化服务，所以，只有通过识别某一群体的共性特征，然后才能开展后续更加有效的营销活动。

通常，市场细分的主要划分依据包括人口和地理特征标准、产品态度标准、价值标准以及心理特征标准等，本书将从价格因素、地理因素和消费行为因素三个方面对紫阳富硒茶买方市场进行细分：

第一，以价格作为细分变量，将紫阳富硒茶市场划分为低端日常、中端小康和高端节礼市场。由于富硒茶产品组合较为丰富，从绿茶、红茶到花茶等均有不同价位的产品，因此针对价格敏感型消费者以及特殊消费场景的顾客均可以实现覆盖。针对低端市场，均价浮动在 100 元每斤的散茶系列和袋装茶系列即可满足一般消费者的日常饮用需求，且简单大方的量贩组合包装更易于收纳和存放；针对中端市场，紫阳富硒茶的盒装和罐装系列产品可供选择的价格区间为 200 元每斤到 500 元每斤，完全可以满足收入水平更高且对于茶饮标准更高的消费群体；针对高端市场，紫阳富硒茶选用精品级或特级名优茶进行臻贵礼盒包装，价格设定在不超出市场规范的前提下，可以向更高价位靠拢或以最高标准定价，让成功人士在满足基本饮用需求的同时，更满足了自我实现的心理需求。

第二，采用地理作为细分变量，将城市划分为一线高消费城市、二三线中消费城市和四五线低消费城市。消费水平不同的背后折射出收入水平的不同以及消费理念的不同：一线城市的消费者由于接受信息更为及时和宽泛，其消费观念比较先进，愿意付出更多的金钱成本来提升自我的生活质量，这一群体往往追求更为健康和时兴的生活方式；二三线城市的消费者虽然生活环境的基础建设和物质水准稍落后于一线城市，但因此反而更加向往与更精致的生活靠拢，也由于当地的商品流通和选择范围更狭小，所以消费对象比较局限；四五线城市的消费者较以上提及的两类群体更缺乏优质商品的购买途径，尽管当今的电商平台建设繁荣，但偏远地区的交通便捷性大大降低了买卖双方的沟通效率，而固定的选择范围也局限了消费者的比价空间。因此，针对不同地域的消费市场，紫阳富硒茶不仅要开发不同系列的产品，也需要设计不同的营销推广策略。

第三，根据消费行为作为细分变量，将消费者群体划分为日常化的习惯型消费者、特殊化的偶然型消费者和年轻化的摇摆型消费者。由于茶叶文化从古代起便开始渗透到中国民众的日常生活中，所以不乏多数消费者已经将饮茶、品茶内化为一种个人的生活习惯，那么对于这部分的消费者群体来说，购买茶叶已然成为了一种日常刚需，本书将他们统称为日常化的习惯型消费者。除此之外，在一些特殊的节假日或社交场合，茶叶又变换为一种全新的身份——伴手礼。不管是礼敬于长辈，抑或是分享给同辈，还是赠送到晚辈，富硒茶产品的优质饮用体验和富硒茶品牌的深厚文化底蕴都决定了它不失为送礼佳品的不二选择。由于这种购买往往限定了消费场景，所以本书将他们定义为特殊化的偶然型消费者。还有一种新兴的消费群体，他们的年龄大都集中在 85 后到 00 后，由于具备思维活跃的特点，消费观念更与时俱进。因为生活环境决定了该群体在发生购买行为时不止关注产品本身的特点，其所属品牌包含的附加价值更易与他们的消费心理形成共鸣，达到一种品牌认同和契合。或学业或工作带给这一群体较大的生活压力，一方面寻求更健康、绿色的生活方式，另一方面消费领袖通过社交媒体宣扬产品特色，两大诱因促进了富硒茶在茶叶领域的崇高地位。但也因为处于信息爆炸的互联网时代，更易于被舆情导向影响消费行为的他们在本书被划分为年轻化的摇摆型消费者。

2）目标市场。紫阳茶业有限公司实现品牌资产积累和销售目标最大化的前提是达到顾客满意，而消费者需求的满足程度是决定顾客满意的关键要素，这些要求企业一切的战略制定和策略实施应紧密围绕目标市场展开。基于前文对紫阳富硒茶特点和竞争优势的全面分析，只有确定与品牌匹配的目标市场才可以最大化实现营销策略的成功。

现阶段，紫阳富硒茶在陕西省境内享有较高的知名度，但仍然存在如汉中富硒茶、平利茶等竞争对手，企业应考虑如何占据该区域行业领导者地位。当放眼全国市场，紫阳富硒茶的品牌影响力显得较为逊色，除名茶品系外，恩施富硒茶品牌显然更受消费者认可，此外又有贵州富硒茶与紫阳富硒茶相持不下。如何在保持带动销量的同时，进行业务拓展和市场扩张，这是紫阳富硒茶作为国内富硒茶行业的市场挑战者有待考量的问题。根据前文消费者需求分析可知，富硒茶的主要消费群体正向着年轻化不断过渡，且中小城市间的茶饮消费水平正在不断崛起，上述细分市场可以成为茶企下沉市场的突破口。因此，为了保证既不影响紫阳茶业发展有限公司的短期利益，又可以提升紫阳富硒茶的品牌影响力，本书将其潜在市场归纳为以满足日常消耗的低端市场为主要消费群体和立足点，同时兼顾中高收入水准且具备社交需求的人群，以及向往新中式茶饮的年轻一代消费市场。

由于高端市场的消费者购买茶叶产品时，追求心理满足略大于实用需求的满足，故而其消费心理往往更倾向于购买全国知名品牌，当下紫阳富硒茶显然不够契合该群体的身份特征；针对低端市场的消费者购买茶叶产品时，追求实用需求的满足则略大于心理满足，故而其消费心理往往更关注茶叶本身的口感或仅仅作为一种日常饮品加以选购，对于紫阳茶的富硒产品特征和品牌文化特征则会投入较少关注度。因而，本书最终将紫阳富硒茶的目标市场确立为：中等收入水平的85后群体，该消费者群体对于信息和事物的接纳能力更强，消费观念更为先进的同时已然具备一定的购买力。

3）品牌定位。通过上文对细分后市场的分析结果可知，紫阳富硒茶的目标客户可主要划分为以下三大板块：对低端市场，严格把控产品质量，以品牌信誉维系大基数的客户群体；对中端市场，优化现有产品组合，以品牌创新占据更多的市场份额；对高端市场，深刻植入品牌文化，以品牌形象突破消费者对于紫阳富硒茶属于中低档茶饮的固化思维。综上所述，本书将紫阳富硒茶的品牌定位概括为"承载千年历史的有机保健型功效茶饮"。具体过程如图6-25所示。

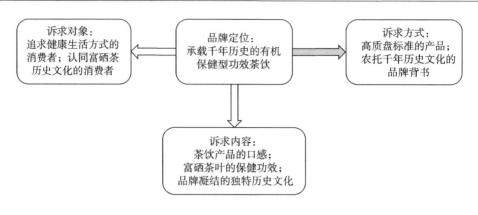

图 6-25　品牌定位过程

（2）核心价值与品牌个性确定。紫阳富硒茶品牌定位中的独特核心价值及品牌个性主要通过源远流长的茶饮历史、天然绿色的品质保障和独具特色的保健功效所阐释：

穿越千年——该关键词主要作用在于传递文化认同。作为四大文明古国之一的中国，这里繁衍生息的华夏儿女自信传承数千年以来的古老文明，吸收精华也摒弃糟粕。起源于 4700 年前的茶文化在激荡的历史长河中印刻下了浓墨重彩的记号，关于中国人爱茶、种茶、饮茶、品茶这件事，即便流转千年仍然深入人心。紫阳富硒茶的可考究种植历史已达 3000 余年，并且作为中国第一条茶马古道兴衰的见证者，紫阳富硒茶因此被赋予了不同于其他茶叶的厚重历史感，码头文化、茶叶贸易的荣光与辉煌在物是人非里被寄藏在了紫阳富硒茶的入口一瞬间。

皇家贡茶——该关键词主要作用在于增强产品信赖。紫阳富硒茶作为历史上第一批敬献朝廷的贡茶，其产品质量早在几千年前就得到了顶级的资质认证，由此为紫阳富硒茶打造了长达千年的品牌背书。随着科技的不断进步，紫阳富硒茶产地获得了全国富硒茶产业知名品牌示范区、全国十大生态产茶县、中国茶业发展示范县的国家级认证，全部茶叶种植于绿色无污染的生态茶园，成长于空气质量优良的气候条件，出品于安全把控严格的产茶车间。紫阳富硒茶不仅代表了陕南大巴山深处淳朴居民对待食品制作的匠人精神，还寄托了一份对高品质严要求的执着。

防癌抗癌——该关键词主要作用在于吸引客户群体。进入物质生活条件丰富的 21 世纪以来，人们对于健康生活方式的追求成功提升了我国平均寿命指标，越来越多的人坚信养生的神奇功效。从古至今，病从口入这一说法被绝大多数的国人所肯定，因此，为了提前预防生理疾病而衍生的以食为补也受到了不少人追捧。1989 年，紫阳茶在北京中国预防医学科学院通过了由国内著名食品、茶叶、营养、医学等多学科专家组成的专家委员会科学鉴定，成为国内外首个天然富硒保健茶，具有抗衰老、防癌、抗癌、抗辐射和提高人体免疫力等作用。以上保健功效中，防癌抗癌最引人瞩目，因为癌症发病率之突然、康复率之低下和生存率之渺茫，致使大多人群对此闻之色变，但富硒茶在日常生活食用情境中即可防患于未然，不仅可以满足消费者追求养生保健之需求，更可以极大充实心理满足感。

作为第五届中国农业博鳌论坛指定产品，紫阳富硒茶带着最坚定和最古朴的诚意为广大消费者提供更高的品质和更好的口感。本文经过缜密分析，最终将"穿越千年、皇家贡茶、防癌抗癌"提炼为紫阳富硒茶的品牌核心价值。

4. 紫阳富硒茶 CIS 品牌形象设计

（1）紫阳富硒茶导入 CIS 的作用。CIS 企业识别系统（Corporation Image System）可以通过理念识别、行为识别和视觉识别直观、准确地对内、对外传达某一企业的经营理念和核心价值，从而以鲜明的企业形象创造高品牌美誉度，这一策略同样适用于紫阳富硒茶的品牌建设。

（2）紫阳富硒茶 CIS 设计。

1）MI 理念识别系统设计。紫阳富硒茶应该以源远流长的茶饮历史、天然绿色的品质保障和独具特色的保健功效为核心竞争优势，将此确立为品牌理念识别系统的核心。长达 3000 年的植茶历史和首批皇室贡茶是紫阳富硒茶品牌主要区分于市场上其他富硒茶的竞争优势，而防癌抗癌的附加功效又是区分于市场上其他普通茶叶的竞争优势，因此企业应注重对旗下产品的文化价值赋能。以穿越千年为引，使得消费者产生心里好奇，通过内驱力激励其主动了解品牌文化；以皇家认证的高品质产品为形，在不同消费情境下满足多层次需求，带给消费者最直观的品牌体验；以防癌抗癌的附加功效为茶产品增值，将保障卓越品质和发扬特色文化作为理念识别系统的切入点，统领后续行为识别设计和视觉识别设计，打造紫阳富硒茶的独特竞争优势。

2）BI 行为识别系统设计。品牌形象可以通过 BI 识别进行立体表现和传播，紫阳富硒茶应该从内外两个层面进行系统设计。针对企业内部而言，管理人员应该先进行关于紫阳富硒茶品牌文化认同度高低的民意调查，此调查可通过面对面访谈和匿名问卷的形式开展，在保证结果真实性和有效性的前提下，研判企业员工的品牌意识。有了背调基础，由品牌经理人根据实际情况确定开展品牌普及教育活动的频率，可以定期团建或业务培训等方式加强内部人员的文化认可，形成因千年贡茶的品牌形象而自豪的企业荣誉感。在职工的意识领域搭建上层建筑，鼓励员工将品牌归属感践行于日常活动中，不因品牌现有影响力不足而萌生横向比较强的落差感，反而将品牌建设作为终身的奋斗事业，并为之付出实际行动。在任何可能与消费者接触的场景中，都传递出积极向上的品牌自信，每一位员工都是紫阳富硒茶的品牌代言人。针对企业外部而言，紫阳富硒茶的品牌形象传播等同于历史文化的传播。在国风、古风盛行的社会环境下，茶刚好契合了市场需求和潜在市场期待。紫阳富硒茶可以把握住该风口，讲述中国第一条茶马古道上的时代更迭和历史兴衰，以相关古诗句为语言标识，快速在大范围内树立品牌形象。

3）VI视觉识别系统设计。视觉是人类接收外界信息的最主要来源，因此紫阳富硒茶应该注重其商标、产品包装的设计，将品牌核心价值符号化，产生一种视觉锤效应，达到在消费者心智中形成品牌烙印的最终目的。由于富硒茶的产品特性强调绿色和有机农产品，其品牌的标准色可以采纳绿色系较清新淡雅的色彩，与品牌理念更为契合。同时，不论是袋装、盒装或罐装，紫阳富硒茶都可以节选简约山水画做装饰，或以水墨画加以点缀，或大面积留白仅仅附上品牌名称。既向消费者传达了产品特征，又书写了其文化底蕴。由于产品包装设计在不同消费场景下具有较大的差异性和针对性，因此本书为紫阳富硒茶设计了统一的商标，实现便于记忆的一致化对外品牌形象。

如图6-26所示，该标识采用"硒"为标志字，快速准确地传达出该茶叶与普通茶叶的不同之处，同时富硒也是该产品的一大特色。图中以绿色为标志色，绿色象征着生机与活力，在此处的深刻寓意为有机。画面中，绿色的茶叶化为圆形包裹住硒字，茶叶的左侧芽尖浮有一朵祥云，茶叶的下方流淌着清澈的一汪清水，最底端著有"紫阳富硒茶"的品牌名称。

图6-26 紫阳富硒茶品牌标识

芽尖祥云容易让消费者联想到清明时节，漫山新绿，茶香沁人心脾，所有茶园笼罩在蒙蒙雾气之中，其间早有采茶人佝偻的背影。清泉川息实则是汉江在翻滚，作为优质水源的涵养地，一方水土养育一方文明，水既是茶的生命系统构成要素，又是茶实现自我价值的必备介质。通过以上品牌标识引起消费者的品牌联想，搭建起品牌文化认同的桥梁。

5. 品牌文化培育

品牌文化之于品牌的重要意义等同于精神脊柱之于平凡人类，一个品牌正是因其自身独一无二的品牌个性而不同于竞争对手，也是因其品牌文化而形成消费者心智中差异化的品牌烙印。在企业与消费者双向交流的过程中，品牌文化充当着一种无形的媒介将两者联结在一起，形成更深刻的感情羁绊。尤其在快消品市场，顾客的购买周期和消费行为存在极大的不确定性和未知可能，为了达成一种双方稳定的买卖关系，品牌文化培育发挥着至关重要的决定性作用。

（1）立足历史资源培育品牌文化。

1）坚持茶文化传承。相较于主要竞争对手的恩施富硒茶而言，紫阳富硒茶拥有更深厚的历史文化背景支撑。根据可查证的史料记载，关于紫阳茶的起源甚至可以追溯到西周时期，植茶历史横跨 3000 余年。进入后真相时代以来，消费者由原先更关注产品质量开始转向在意产品所属品牌的内在文化，能否与其心理预期相谋和成为影响购买决策的主要因素。

因此，依托如此优质的历史资源，紫阳茶业发展有限公司可以重点发掘和保护古茶园。首先，对下辖所属全部茶园进行条件勘验和登记造册工作，以生产能力为划分标准，在生产效率低下且年代久远的茶园周边兴建老茶馆，广泛开展茶文化普及活动。既可以实现对老旧茶园的重新利用，进而节约了生产成本，又可以彰显富硒茶的历史底蕴。同时，结合富硒茶"穿越千年""皇家贡茶"的品牌个性，设计茶馆的装修风格，并严格培训其中每位服务人员的品牌意识和品牌文化认同度。在茶馆中，桌椅摆件可多采用茶马古道的历史元素，服务员可全体身着古汉服，由此带给消费者全方位的立体沉浸式返古体验。

其次，通过承办或协办茶艺大赛、斗茶大赛、茶歌剧目等相关茶事文化活动，注重紫阳传统制茶工艺的保护与传承，不断提升紫阳富硒茶品牌的影响力，让茶文化能够传下来并走出去。就紫阳富硒茶而言，应以茶马古道的繁荣与衰败为题材，创作大型情景剧或歌舞剧，区别于一般文艺表演活动，在品牌推广的同时，起到了科普宣教的作用，更利于企业寻求政府扶持，从而集中整合更为优质的生产资料、发展资源。

最后，联合县文化馆和茶叶研究所对富硒茶开展田野调查工作，收集全县范围内"富硒茶的碎片"，碎片主要由村民亲身讲述本家族口口相传的种茶故事、民间采茶时哼唱的山歌或者家中留存的关于富硒茶老物件构成，而后对收集到的碎片进行筛选整理和编排工作，形成绘本。较普通宣传册而言，要更加突出紫阳富硒茶的独特地域环境、产品特色和品牌文化。在文化基础建设的工作广泛展开后，企业应该把握住每次大型集中采茶季，可以在开摘首日设置文化节，类似东北等地捕鱼活动开始前的仪式。在采茶中期，结束精品级茶叶的摘采环节后，组织亲子采摘活动或者亲自采摘活动，甚至可以与部分学校合作进行制茶科普公益项目。并且鼓励每一位消费者"为自己泡一杯中国好茶"，全过程参与制茶活动，由于有了更强的品牌互动和品牌涉入度，加之自我成本的大量付出，会使得消费者更加深刻理解品牌文化。通过上述活动的开展，既实现了对文化的深入发掘，也实现了高效继承。

2）坚持茶文化创新。紫阳富硒茶可以通过以下两种途径开拓品牌相关的新可能性：

第一，设计周边文创产品。以茶叶本身产品特色为出发点，上至茶杯、茶壶等茶器，下至茶味香薰、茶味香包等日常装饰，都可以在线上和线下渠道限量发售。既可以营造消费紧迫感，又可以实现凑单或组合式捆绑销售，为品牌讨论话题提供新的热点。同时在文创产品设计构思过程中，注意把握以品牌文化为核心卖点。①茶具方面，无论是茶杯还是茶壶，在其外观设计上应该形成系列化，以古风、国风为主要基调。产品外观的标志色和标志图案可以采纳突出以茶易马的"茶马系列"、对外贸易的"古道系列"、敬献朝堂的"皇室优享系列"和清新典雅的"古茶典系列"，在产品包装设计时应与内部产品系列所呈现的风格一致，并且使用统一商标和名称。②装饰品方面，同样应形成不同的主题系列分别代表不同的紫阳富硒茶品牌文化。可以金色为标志色形成与茶马古道相关异域风格的品牌联想；以青碧色为标志色形成与诗句"自昔关南春独早，清明已煮紫阳茶"淡雅文风的品牌联想；以朱红色为标志色形成与厚重历史"穿越千年"相呼应的品牌联想。在此基础上，组合紫阳富硒茶同系列的香薰、香包或茶具形成礼盒，在满足外地旅游者或民俗收集者的购买需求时，该过程中又可以形成品牌文化的再传播。除此之外，紫阳茶业发展有限公司应该对长期购买型顾客形成会员制度，在购买积分达到一定数额或者在有关茶叶的特殊时节，寄送不同会员等级的礼盒。通过这种方式，既进行了客户关系管理，有望打造品牌偏好或品牌忠诚，又将差异化的品牌个性、品牌文化和品牌愿景传递给消费者。

第二，开发茶旅融合。紫阳茶业发展有限公司可与政府合作，联合其他茶企或茶厂打造融观茶、采茶、制茶、品茶、识茶、购茶于一体的精品景点，同时由于紫阳县位于群山环抱之中，又有汉江穿城而过，因此可以形成山地型生态茶园观光带，形成错落不一的别致茶园景观。以茶业园区为载体，还可以打造融茶、花、果、林于一体的生态景观茶园，引导镇村建设生态茶庄、茶家乐，变生态茶园带为生态观光体验区，进一步实现茶园利用率的最大化。在茶庄或茶家乐中，形成融入以富硒茶为原材料的特色菜品，加之紫阳县特色美食"蒸盆子"，两两结合创新，由当地专业、权威的大厨开发出类似茶香土鸡蒸盆子等极具本土特色的农家菜，进行一次跨界合作。此外，有一点不容忽视的细节，政企联合应在县城主干道、主建筑、主商圈以及高速路周边，设置远观即可辨别的紫阳富硒茶品牌标识或者观光茶树带，吸引游客也等同于为紫阳富硒茶积累了潜在用户群体和品牌影响力。

（2）立足产品特点培育品牌文化。如果说历史资源是紫阳富硒茶的精神内核，那么优质的产品则是可供品牌文化寄托的实物载体，其全部的品牌个性、品牌核心价值都要通过这一介质直观地展示给消费者。在实际买卖交易过程中，目标客户群体正是通过形式多样的产品来接收品牌所希望传递的企业文化。紫阳茶业发展有限公司应该通过引进新工艺、新设备，不断提高绿茶、红茶加工质量，丰富现有的产品内容；依据产品功能和品质特性，细分产品类别，推行分级包装，全面提升茶叶包装设计制作的系列化、特色化和精致化水平。

在产品质量硬性保障的基础上，企业可以根据不同系列的产品特点打造不同的产品 IP 形象，以最直观的视觉效果传递品牌特色和产品特点。如绿茶的茶汤清澈，往往入口给人以微苦的口感，但入喉后总是能够余留满口清香，故而紫阳富硒茶的绿茶系列应该以一个身着素衣、眼神略带忧郁、面部轮廓立体的书生少年为主体形象。素衣对应清亮的茶汤茶色，眼神暗指口感略带苦涩，书生少年则给人一种茶香拂面的沁人心脾之感，此 IP 形象形成了与品牌文化之间的紧密关联。如红茶的茶汤剔透，初入口之时感觉齿间生津，给人以更温顺、醇香和厚重之感，故而紫阳富硒茶的红茶系列应该以一个粲然一笑、明眸朱唇、裙摆随风起舞的花季少女为主体形象。明媚笑容的甜美与红茶甘甜的口感相呼应，清亮的眼眸和澈丹的双唇分别指代了红茶的汤色和透明度，而裙摆依风而动的连续绵延之感则恰好对应了红茶的绵长回味。对于上述两种主要茶叶的 IP 形象设计，本书建议应采用古装，更加符合"穿越千年""皇家贡茶"的品牌联想。在对于不同系列的 IP 形象设计定稿后，企业可以在内部管理层发起不同方案的投票活动，选择最契合本企业、本品牌的设计作品。不仅可以将该形象使用于产品包装，同时可以融入茶马古道、以茶易马或进贡皇室的故事场景，以卡通人物视角讲述和传播紫阳富硒茶的历史文化背景，形成完全有别于竞争对手的差异化优势。

因为品牌文化在发展过程中不可能总是一成不变，产品特点的更新往往赋予其新的内涵，所以两者之间存在互相促进又交叉影响的关系。在复杂的品牌竞争环境中，严密的茶叶质量监管是品牌建设工程的根基，优质的产品服务供给是品牌文化培育的保障，统一的系列 IP 形象无疑能够将不同产品的差异特点和品牌个性最直观传达给消费者的途径之一。

6. 品牌传播策略

紫阳富硒茶想要在消费者群体中形成品牌影响力必须通过品牌传播策略，这既是品牌信息扩散的推广过程，又是消费者了解品牌的认识过程。在整个品牌策略内容中，传播策略起到了类似桥梁的重要作用。

基于上文对于紫阳富硒茶品牌的定位、核心价值的确定、文化的培育以及视觉形象的设计，本书关于品牌传播策略的制定主要从选定目标受众群体、明确推广内容和整合传播媒介三方面内容展开。旨在以最低营销成本的前提下，通过紫阳富硒茶的品牌传播推广达到提升品牌认识、品牌忠诚的主要目标。

（1）目标受众群体。

1）从消费心理方面划分。紫阳富硒茶的顾客群体需求无非分为自身日常饮用和赠礼他人两种，其往往具备较为丰富的购买经验和购买选择对象。在消费决策过程中，理性购买较感性购买占据更多的比重，他们对产品品质有较高期待的同时，也会考虑价格等消费成本。但由于当前茶叶市场品类冗杂，消费者无法获取全面、真实的产品信息，因此购买过程处于信息弱势地位，他们更倾向于重复购买行为或群体购买方式。紫阳富硒茶可以此为切入点，在品牌传播过程中考虑如何刺激消费者需求、激发购买欲望，把情感营销提升到整个推广策略的重要地位。对于日常饮用的高频次消费者，紫阳富硒茶应主打"健康生活伴侣"的品牌形象，主要以富硒茶的产品特点带来的保健功效为核心卖点进行推广；对于节礼赠送的社交需求消费者，紫阳富硒茶应主打"文化名茶""精品保健茶"的品牌形象，主要以富硒茶的文化特色带来的历史底蕴和情感联结为核心卖点进行推广，以此渲染品牌传播的效果。

2）从购买行为方面划分。首先，消费者接触品牌信息的渠道无非通过线下实体门店或卖场的产品展示、线上旗舰店或自有平台的产品推广、少量公众媒体的广告投放；其次，消费者购买商品的决策由收入水平、消费理念和社会环境所影响；最后，消费者对品牌评价则代表了对于购后体验的个体差异化。紫阳富硒茶的目标客户群体涉及市场范围较广，低、中、高端市场均有覆盖，故购买行为具有较大的差异性。因此企业需求根据市场细分针对不同消费者的需求特征，制定差异化的传播内容和传播方式，避免资源的无端浪费。

（2）明确推广内容。综观品牌传播的全过程，其推广内容的界定处于策略制定的核心地位，而紫阳富硒茶的品牌个性和品牌文化又处于推广内容的核心。

1）核心价值卖点。实现同行业不同品牌间差异化竞争的基础即为传播过程中的核心卖点，通过出售附加品牌核心价值的产品，向目标消费者传递紫阳富硒茶品牌的核心价值。在品牌传播过程中，紫阳富硒茶应着力发掘和优化自身的核心竞争力，对富硒茶行业进入者打造坚实的市场壁垒，大力保护现有的市场份额。

尽管在全国茶饮市场范围内，紫阳富硒茶处于市场挑战者的行业地位，但较其他竞争对手而言，该品牌兼具富硒高品质和深厚历史底蕴的独特优势。上述两者中，又应在其历史第一批贡茶的成员身份和出产于第一条茶马古道发源地的历史背景上做文章，凸显紫阳富硒茶的不同之处。同时，以带动陕南偏远县城兴县富民为政企合作的契机，加大对紫阳富硒茶的品牌文化背景渲染力度，立足陕西向西北地区乃至全国范围扩张。

2）辅助价值卖点。为了支持和丰满紫阳富硒茶的整个品牌形象，单薄有限的核心价值卖点显得动力不足，因此，需要企业发掘更多层次的辅助卖点侧翼支持。相较核心卖点的独特差异性而言，辅助价值不一定全都需要唯一性，但应至少在传播过程中易于被目标消费者群体所接受，并略优于竞争对手相关卖点。以下辅助价值卖点需要紫阳富硒茶加以重视：

第一，品牌情感。紫阳富硒茶产自陕西省南部一个山区小县城，人杰地灵的地理环境和生态资源孕育出了优质的茶产品。在过去艰辛困苦的脱贫攻坚道路上，小小的一片树叶承载了这片土地的温度，带着茶农手掌间渗出的汗水，紫阳富硒茶成长为数十万紫阳人的希望。从淳朴至善的大巴山中走来，从天然有机的生态茶园中走来，紫阳茶伴随着股股清泉，在叶片翻滚间化作消费者入口的一缕芬芳。

以地域文化为核心传播点，紫阳茶业发展有限公司可以借此诱导消费者的品牌认同感，在情感上追求与顾客的共鸣。在具体操作过程中，企业可以运用前文中提及的产品 IP 形象为主角，通过设计特定内容的宣传动画、广告标语和产品包装来体现其独特的品牌文化特点，将消费者与紫阳富硒茶联系起来，制造品牌偏好和情感羁绊。例如，创作《茶马古道，再会》《天子的茶》等历史题材动漫，将顾客带入紫阳富硒茶专属的文化情境中，虽然对于普通消费者来说，紫阳富硒茶只是进行购买决策时的一个普通选项而已，但一旦在买卖双方间搭建起情感沟通的桥梁，每当产生购买欲望时，消费者将不由自主地产生品牌联想。并且在接收到有关茶叶的产品或品牌信息时，对其正向评价会更倾向于紫阳富硒茶，进一步加深品牌文化烙印。当品牌文化与消费者契合度越高，品牌情感就越容易在买方市场建立；当品牌细分与目标市场匹配度越高，品牌情感就越容易产生品牌资产的增值。

第二，品牌联想。紫阳富硒茶除满足消费者的饮用需求以外，其品牌的历史渊源还可以带来丰富的品牌联想。因为食品安全保障已经成为产品上市的基础，为了避免同质化，紫阳富硒茶应该着力通过历史背景形成差异化的品牌联想。例如，在古风或茶艺相关消费场景进行品牌植入，许多消费者面对生活和社会环境带来的压力，往往会在茶意和禅意间不自主搭建起情感宣发的出口，企业可以此为突破点之一，通过宣扬一种修身养性的文化内涵进而使得消费者加强在富硒茶方面的品牌联想。同时，要注意增加紫阳富硒茶品牌的曝光度，通过公共关系维护这种方式在购买次数少或未购买的消费群体中提升品牌知名度和品牌联想。再者，在线品牌社群中的消费意见领袖也可以就紫阳富硒茶品牌的核心价值和品牌文化加以宣扬和引导，以领袖的信用为背书，推动消费者的消费心理转变或购买行为转变，从而促使消费者主动了解品牌、接受品牌，并通过品牌联想不断向品牌忠诚转化。

（3）整合传播媒介。

1）媒介选择。由于互联网的快速发展，可供企业选择的品牌传播媒介种类繁多，因此单一的某个选项显然无法适应不同的市场需求，这要求管理者因地制宜地对媒介加以整合。本书为紫阳富硒茶确定了广告、公共关系和社群关系三大传播方式：

第一，广告宣传。广告作为传统的传播媒介之一，可以通过纸质、电子广告等多种方式，在短时间内生动、具体地向消费者传递产品信息，从而影响其购买决策。紫阳富硒茶便可以通过投放广告，将品牌文化高度凝练为广告中体现的一段文字、一张图片或一个视频，将该产品的品牌情感具象化，从而诱导消费者的购买行为。

第二，公共关系。快速积累大量顾客群体基础可以通过开展积极的公关活动实现，紫阳富硒茶也可以通过这种方式与消费者形成良性互动。例如，成为大型活动或赛事的供应商，具体来讲紫阳富硒茶已经确定为第五届中国农业博鳌论坛指定产品，除此之外，还应继续积极发掘新的供应可能；广泛参加专业展销或论坛活动，类似杭州中国国际茶叶博览会、北京茶博会、西安丝博会暨西洽会、杨凌农高会等重点节会，大力开展紫阳富硒茶品牌宣传推介活动；对公益事业的赞助，继续把产业基地与困难农户紧密地联结在一起，帮助他们增收致富等，上述活动都可以对品牌传播起到积极正向的推进作用。

第三，社群关系。网络世界拉近了消费者与企业间的距离，同时打破了时空和地域的限制，组建品牌社群可以将存在某些共性的消费群体凝聚在一起，便于企业开展针对性的品牌传播活动。紫阳富硒茶可以组建本品牌专属的社群，如通过聚集有日常饮茶需求、健康生活习惯的消费者，向他们传递富硒茶的有机、绿色、富硒的独特卖点，吸引他们与卖方互动，提升紫阳茶的品牌涉入度，并形成社群传播，进而促进购买行为。

除此之外，品牌还应根据顾客的购买频率将消费者划分为不同频次的社群组合，针对低频段社群，定时且限量抽奖，为中奖者赠送紫阳富硒茶组合小样装，让这一群体了解到更多的产品组合。在一定程度上，企业帮助消费者以更低的试错成本找到最期待的理想产品，更是削减了消费者因自身购买选择不当导致对产品的不认可，或者以此对品牌形成的偏颇见地；针对中频段社群，购物节不定时发送不定额的折扣券或现金券，因为该群体已然形成了对产品的一定认可，但可能对价格比较敏感，因此需要通过企业让利来促进购买。品牌通过该举措可以带动销售额的上涨，更可以让消费者得到极大的心理满足，更利于形成品牌正向影响力的口碑传播；针对高频段社群，本书主张企业以赠送文创礼盒为沟通的媒介，该群体显然对产品特点熟知并形成偏好，因此需要文化内涵对买卖双方关系加以固化。特色民俗周边既是品牌文化的传播，又是维系客户群体的手段，但别具一格的赠品往往更容易获得消费者的认可，以品牌心意和情感营销为主策略，积极建设品牌忠诚。

2）媒介整合。判断一项品牌策略的成功与否，最直观的标准是观察销售额的变动幅度，这一数据可以反馈给企业最真实的实施效果。紫阳富硒茶品牌的传播可大致划分为品牌成长阶段和品牌稳固阶段两种：

第一，品牌成长阶段。由于现阶段紫阳富硒茶品牌知名度还存在地域局限性，因此正处于品牌成长阶段，如何走出陕西省并向外省地区进行品牌传播和产品推广成为企业正在面临的主要矛盾。所以，当下的紧要任务就是关注如何快速将品牌核心价值和品牌个性传达给大规模的群体消费者，并提前做好品牌铺垫和文化熏陶。在该阶段，首先企业主要通过大面积的广告投放增加紫阳富硒茶的品牌曝光度，其次开展公共关系建设以快速积累客户基础和形成品牌好感为主要目标，最后以不同的划分标准打造品牌社群进行消费者与企业之间的互动和双向沟通，努力寻求用户拓展的新路径，在潜在客户群体中留存品牌印记。

第二，品牌稳固阶段。通过2~3年的品牌建设和用户积累，该阶段下的紫阳富硒茶品牌知名度已经初具规模，所以，主要任务就是维护现存客户基础和加强品牌偏好向品牌忠诚的转换。在该阶段，企业可以以社群关系维护为主要媒介，以公共关系建设为辅助媒介，以广告宣传为基础保障媒介。加强在品牌自有社群中买卖双方的互动频率，不断强化紫阳富硒茶在目标市场中的行业地位和品牌影响力；同时佐以公共关系建设彰显品牌的文化价值，向消费者的品牌认知注射强心剂，深化这一群体对紫阳富硒茶的品牌认可度和品牌忠诚。

7. 品牌延伸策略

作为快消品，紫阳富硒茶消费群体的转换成本较低，因此在富硒茶市场上紫阳茶具有较高的可替代性，那么为了争取更多的市场份额，紫阳茶业发展有限公司应适当考虑实施品牌延伸策略。利用品牌自身的独特竞争优势，充分发掘和利用品牌无形价值资产，以此实现品牌的自我增值。同时，国民人均消费水平的提升也将传统茶饮市场进一步细化，更精致的市场需求也需要紫阳富硒茶不断丰富产品内容。

（1）单一品牌延伸策略。为了在节省营销成本的同时，开发能够快速抢占市场份额的新产品，企业可以借助紫阳富硒茶现有品牌影响力制定出单一品牌延伸策略。由于紫阳富硒茶属于茶饮市场，为了实现更为紧密的品牌联想，因此本书对该市场再次进行细分。

水果茶：由于大多数年轻人追求更为健康的饮用习惯，水果茶逐渐成为一种消费新风向。紫阳富硒茶完全可以考虑作为底茶，与市场主流奶茶品牌进行联名合作或者建立长期的伙伴关系，进驻一个全新的年轻消费者市场。并以富硒茶的"富硒"产品特点在消费者心智中植入"补充维生素的健康茶饮"消费理念，这种延伸策略在维系本品牌年轻化的同时，可以最大限度开拓 20～30 岁年龄的市场。一旦在该群体中达成品牌影响力持续扩大，紫阳富硒茶果茶类产品将能以最快的速度对外传播富硒茶品牌文化，甚至达到社群传播的效果。

奶茶：由于主流奶茶品牌具备高流量的优势，每当应季新品推出时都能够在社交平台上引起较大的讨论热度，因此茶和奶的奇妙碰撞也可以在消费者市场点亮激情的火花。不论是绿茶还是红茶，都能组合成不同的奶茶产品，而且该市场具备超强的发展潜力，压力大的年轻人对于甜品的需求十分旺盛，因此具备保健功效的有机茶叶能诱发消费者的购买行为。

（2）主副品牌延伸策略。上文中提及的单一品牌策略指所有延伸的新产品继续沿用原紫阳富硒茶品牌，因此当某一产品类别出现危机时，可能会对其他产品造成株连效应，并为品牌带来负面影响，损害现有品牌资产。为了规避和防范因品牌延伸策略而对紫阳富硒茶品牌带来的消极影响，本书研究制定了主副品牌延伸策略。即在保留主品牌核心卖点的同时，开拓全新的消费者市场，但要求该市场需求特征与原品牌文化、品牌核心价值和品牌形象高度一致，并且在顾客群体中产生契合度更高的品牌联想。

高端中式餐饮市场：往往在高消费水平的中式餐厅聚集着收入水平高且生活质量高的精英群体，这一人群的日常饮品选择较少为碳酸饮料、能量饮料或果汁饮料等，且局限于中式聚餐这类特定的消费场景下，茶饮不失为首要选择。首先，餐厅可提供紫阳富硒茶作为餐前会谈时的饮用饮品；其次，客人餐中饮酒时过渡饮品也可由富硒茶胜任；最后，餐后解腻时清口需求的满足也可以由餐厅征询客人是否需要富硒茶，一杯富硒茶可以最大限度满足消费者的多重需求。一般高档餐厅为了维护自身企业形象，在食品原料和产品的选购时往往需要以较高标准进行甄别，且通常为了保证食品安全问题，餐厅一般更倾向于固定供货商达成长久的合作意向和生意往来。紫阳富硒茶以其"绿色、有机、富硒"的产品特色，代表了陕西地方茶饮的一流水准，完全契合高端中式餐饮市场的定位。通过对这一市场的品牌延伸将扩大紫阳富硒茶在中高端市场的影响力，现实品牌资产的增值。

在线品牌社群市场：网络虚拟品牌社群逐渐成为当下时兴的采买途径，在该平台中信息传播的效率得到了进一步提升，买方间意见交换更及时有效，这一行为属于社会人际互动。同时，品牌社群实现了企业和消费者间的双向交流沟通，更有利于紫阳富硒茶品牌的客户关系管理，这一行为属于类社会互动。无论是品牌发布的产品相关信息或企业文化内涵，还是消费者提出对于品牌建设的建议或意见，都能满足其自我价值满足的需求和相当的品牌认同感。依托陕西省内的品牌认知度和影响力，通过鼓励消费者参与紫阳富硒茶品牌的价值共创过程，在线品牌社群或可成为紫阳富硒茶副品牌延伸的一大潜在目标市场。

富硒茶生态有机圈：由紫阳富硒茶为核心产品向茶具、茶器拓展，通过打造和构建系列饮茶场景，从而进一步增强紫阳富硒茶在消费者市场的曝光度，以及赋予消费者更多接触和了解富硒茶品牌的可能性。围绕紫阳富硒茶品牌的核心文化和品牌个性设计不同的场景主题，分别契合"穿越千年、皇家贡茶、防癌抗癌"的三个关键词：在"穿越千年"主题饮茶场景中建立品牌文化认同；在"皇家贡茶"主题饮茶场景中打造产品质量保障；在"防癌抗癌"主题饮茶场景中凸显产品富硒特色，通过完整生态圈的构造搭建更多连结消费者和紫阳富硒茶品牌的桥梁。

为了确保主品牌资产保值，紫阳富硒茶在进行单一品牌延伸和主副品牌延伸的过程中，应注意以下内容：

1）秉持品牌核心价值一致。即便品牌延伸旨在开发或拓展不同于现状的新市场领域，但只有保证品牌文化始终稳定，才能在消费者心智中建立起稳定的品牌联想，从而达到加深品牌烙印的作用。紫阳富硒茶品牌应坚持"茶饮历史、品质保障和保健功效"的核心价值，以此为纽带将新产品与主品牌紧密联结，培养和优化消费者的品牌情感。

2）保持策略制定与实际情况吻合。在确定实施品牌延伸策略之前，紫阳富硒茶应进行详尽的市场调研工作和自我竞争优势剖析。只有真正运用品牌独特核心价值来进行延伸，才可以实现主副品牌相互促进的正向带动效果。

3）坚持品牌延伸的效果评价。当紫阳富硒茶落地实施品牌策略后，企业品牌经理人应坚持实时动态监测茶叶市场的变化和反馈。品牌延伸策略无论成败，总会在一定程度上影响到已有品牌资产，只有通过实施效果评价，才能客观地制定出更符合当前市场环境和消费者需求的延伸策略，才能充分发挥该策略的优势。

8. 品牌维护

上述品牌相关策略只是指导紫阳茶业发展有限公司开展营销活动的一部分而已，当富硒茶已经因为品牌定位和品牌传播在消费者心智中占据一定地位后，企业想要在买方市场形成品牌烙印、品牌偏好和品牌忠诚往往需要建立相关的维护策略。由于市场需求的更新瞬息万变，如若紫阳富硒茶不能及时顺应市场环境而调整自身策略，那么客户对产品或服务的满意度可能会有所折损。攻城容易守城难的道理与品牌建设有异曲同工之妙，如何长期做到品牌资产的保值是所有品牌策略的难题。只有实施适当的品牌维护，紫阳富硒茶的品牌价值才能得以提升和保护。

第一，陕西省紫阳茶业发展有限公司应坚持提升产品标准质量的管控，保证品牌的基石和生命线。茶饮的包装和口感直观影响着消费者对于紫阳富硒茶品牌的认知，直接关系到消费者心目中的品牌形象。

第二，适时开展有效的品牌延伸更利于富硒茶品牌价值的利用，品牌不单作为一种识别符号存在，而是其核心竞争力的综合体现。充分挖掘紫阳富硒茶品牌的无形价值资产，可以在降低企业营销成本的同时，巩固行业中市场地位。

第三，紫阳富硒茶有必要长期坚持下沉市场进行品牌调查，因为品牌建设从来不是一蹴而就的成败，而是一个持续不断的大型工程。如何判断现行的品牌策略是否适用于当下的市场环境，以及品牌产品或服务是否很好地满足了目标消费群体的需求，都需要以品牌调查作为衡量标准。在调查过程中，调查对象应该既包括客户又包括内部职员，调查内容也应该既包括消费者对本品牌的意见或建议又包括竞争对手品牌。

第四，对于紫阳富硒茶品牌的危机管理应引起管理者的高度重视，时代动荡决定了品牌危机管理在企业长久发展路途上不可或缺的重要作用。近年来，食品安全问题屡屡暴露，国家相关监管部门也加大了这方面的打击力度，即便富硒茶在产品质量上无懈可击，但品牌传播过程中的营销活动也可能会面对危机所带来的风险。未雨绸缪地构建危机处理体系，可以在真正危机出现时沉着应对，紫阳富硒茶在日常管理工作中应保持危机意识，若不幸发生危机事件，企业管理层应统一口径积极对应公众言论。同时，根据具体情况及时协商解决消费者损失和品牌资产流失。

第五，始终运用法律武器维护品牌的正当权益，紫阳茶业发展有限公司应该加强法治意识的培养，因为法律是品牌维护过程中最主要和最有效的手段之一。富硒茶在商标的注册、使用以及销毁等工作中都应注意被侵权的风险，坚持不懈对不法行为的打假维权，最大限度维护广大消费者利益和自身品牌资产价值。

参考文献

[1] 娄向鹏. 品牌农业：从田间到餐桌的食品品牌革命［M］. 北京：企业管理出版社，2013.

[2] 娄向鹏. 品牌农业3：农产品区域品牌创建之道［M］. 北京：中国发展出版社，2019.

[3] 胡晓云. 中国农业品牌论——基于区域性前提的战略与传播研究［M］. 杭州：浙江大学出版社，2021.

[4] 胡晓云. 价值升维：中国农产品地理标志的品牌化个案研究［M］. 杭州：浙江大学出版社，2021.

[5] 胡晓云. 价值再造：中国农业品牌战略规划选本精要（第二版）［M］. 杭州：浙江大学出版社，2019.

[6] 吴伟生，迟云平. "互联网+"背景下农业企业品牌化建设与管理路径［J］. 农业经济，2021（7）：2.

[7] 吴芳. 农业品牌标准化建设路径［J］. 中国名牌，2021（6）：82-83.

[8] 蔡慧敏. 中国特色农业现代化发展问题与优化路径研究［J］. 农业经济，2024（2）：3-6.

[9] 刘国华，张璐，刘诗吟，等. 基于品牌战略的农业区域公用品牌标准体系调查研究［J］. 农业科技与信息，2023（10）：171-174.

[10] 陈红，李艳秋. 农业强国擘画下基于复杂网络演化博弈的农业品牌建设研究［J］. 江西财经大学学报，2023（5）：91-103.

[11] 白雨荷. 农业强国背景下高质量发展的思考与建议——以陕西省农业为例［J］. 中国商论，2023（11）：154-157.

[12] 杨念，王蔚宇. 农业高质量发展评价指标体系构建与测度［J］. 统计与决策，2022，38（19）：26-30.

[13] 杜志雄，陈文胜，陆福兴，等. 全面推进乡村振兴：解读中央一号文件（笔谈）［J］. 湖南师范大学社会科学学报，2022，51（3）：10-26.

[14] 冷功业，杨建利，邢娇阳，等．我国农业高质量发展的机遇、问题及对策研究［J］．中国农业资源与区划，2021，42（5）：1-11.

[15] 王卫卫，张应良．区域品牌赋能：小农户衔接现代农业的有效路径：基于四川省眉山市广济乡的室例调查［J］．中州学刊，2021（5）：36-43.

[16] 黄让．新时期推动我国农业高质量发展的对策建议［J］．农业经济，2021（1）：18-20.

[17] 黎新伍，徐书彬．基于新发展理念的农业高质量发展水平测度及其空间分布特征研究［J］．江西财经大学学报，2020（6）：78-94.

[18] 刘涛，李继霞，霍静娟．中国农业高质量发展的时空格局与影响因素［J］．干旱区资源与环境，2020，34（10）：1-8.

[19] 黄修杰，蔡勋，储霞玲，等．我国农业高质量发展评价指标体系构建与评估［J］．中国农业资源与区划，2020，41（4）：124-133.

[20] 孙江超．我国农业高质量发展导向及政策建议［J］．管理学刊，2019，32（6）：28-35.

[21] 赵剑波，史丹，邓洲．高质量发展的内涵研究［J］．经济与管理研究，2019，40（11）：15-31.

[22] 辛岭，安晓宁．我国农业高质量发展评价体系构建与测度分析［J］．经济纵横，2019（5）：109-118.

[23] 寇建平．新时期推动我国农业高质量发展的对策建议［J］．农业科技管理，2018，37（3）：1-4.

[24] 杨竟艺．乡村振兴视域下的生态农业经济发展策略［J］．农村经济与科技，2020（22）：223-224.

[25] 毕明莉．地域文化特色与农业区域品牌视觉形象的融合策略［J］．美术教育研究，2023（15）：120-122.

[26] 李闯，邵沁怡．农业品牌视觉设计的关键点：元素解构与意义建构［J］．美与时代（上），2023（8）：92-95.

[27] 郝文艺．新型农业经营主体参与品牌农业行为的影响因素［J］．全国流通经济，2023（6）：152-155.

[28] 田村正纪，胡晓云，许天．品牌的诞生——实现区域品牌化之路［J］．品牌研究，2017（6）：2.